Hacedor de caminos

Hacedor de caminos

ENCUENTRA LA VIDA QUE SIEMPRE SOÑASTE

ANN VOSKAMP

 Vida

La misión de Editorial Vida es ser la compañía líder en satisfacer las necesidades de las personas con recursos cuyo contenido glorifique al Señor Jesucristo y promueva principios bíblicos.

HACEDOR DE CAMINOS
Edición en español publicada por
Editorial Vida – 2022
Nashville, Tennessee

© 2022 por Editorial Vida

Este título también está disponible en formato electrónico.

Publicado originalmente en EUA bajo el título:
  Waymaker
  Copyright © 2022 por Ann Morton Voskamp
Publicado por W Publishing, un sello de Thomas Nelson, Nashville TN
Publicado en asociación con la agencia literaria William K. Jensen, 119 Bampton Court, Eugene, Oregon 97404
Todos los derechos reservados

Prohibida su reproducción o distribución.

Editora en jefe: *Graciela Lelli*
Traducción: *Andrés Carrodeguas*
Edición y adaptación del diseño al español: *Grupo Scribere*

Número de control de la Biblioteca del Congreso: 2022933244
ISBN: 978-0-82976-919-7
eBook: 978-0-82976-903-6

CATEGORÍA: Religión / Vida Cristiana / Crecimiento espiritual

IMPRESO EN ESTADOS UNIDOS DE AMÉRICA
PRINTED IN THE UNITED STATES OF AMERICA
22 23 24 25 26 LSC 9 8 7 6 5 4 3 2 1

Para Shiló.
Mi corazón está atado al tuyo,
hoy y para siempre,
sin importar lo que venga,
porque, de mil maneras,
el Hacedor de caminos abrió el mar y un sendero
hacia la maravilla que eres,
el milagro del Amor,
el sueño vuelto realidad,
nada menos que la misericordia de Sus brazos,
y en Él, sin importar el camino,
el alma está,
siempre,
segura.
Confiada.

CONTENIDO

Primera parte

1. EN EL PRINCIPIO 3

2. EL ARTE DE GIRAR 26

3. VEN, DÉJAME AMARTE... 52

4. CÓMO SER CONOCIDO 71

5. NO HAY LUGAR COMO EL HOGAR 93

6. VENGA TU REINO 120

7. EL CAMINO DEL MAR ROJO......................................151

    SELAH.. 176

Segunda parte

8. EN LA TORMENTA... 181

9. LA PEREGRINACIÓN... 193

10. EL TEMOR DE SER HALLADA 207

11. FAMILIA.. 222

12. LA CLEMÁTIDE 242

13. CIRUGÍA A CORAZÓN ABIERTO 262

14. EL HACEDOR DE CAMINOS 280

15. LA SEÑAL.. 300

16. EL CAMINO DE MOISÉS... 321

17. LA LUNA DE MIEL 355

El camino SAGRADO del caminante........................... 371

Contenido

Agradecimientos 378

Notas 381

Acerca de la autora 391

Primera parte

capítulo uno

EN EL PRINCIPIO

> ¿Dónde estoy? ¿Quién soy? ¿Cómo llegué hasta
> aquí? ¿Qué es esa cosa a la que llaman mundo
> y cómo llegué yo al mundo? ¿Por qué no me
> consultaron? Y si estoy obligado a participar
> en él, ¿dónde está el director? Yo quiero verlo.
> —SØREN KIERKEGAARD

Sigue siendo difícil de confesar: solo llevábamos cuatro días de casados cuando dimos por terminada nuestra luna de miel, tres días antes de lo acordado.

Cierro la puerta del baño en nuestra habitación de color verde limón con alfombra gruesa en el motel, pongo en caliente el control de la ducha, dejo que el agua corra con fuerza, tal vez ahogando al corazón despedazado. Me deslizo junto a la pared hasta el suelo, me derrumbo sobre el maltratado suelo de losa y lloro como una niña que quiere que venga su mamá; mis lágrimas se mezclan con el vapor. Él es un hombre profundamente bondadoso. ¿Acaso no quiere tomarme de la mano y acercarme a él, más de lo que quiere tomar sus botas de trabajo y sentir en sus manos la curva del volante de algún tractor? No se trata de que necesite estar viviendo el guion de algún sueño; solo necesito que ese guion dentro de mi cabeza me diga que él me desea, que no me va a abandonar, que de alguna manera me ve, me conoce y estoy segura.

Si no sabes si en realidad eres deseada desde el principio, puedes terminar en algún lugar donde nunca deseaste estar; un lugar con el que nunca habías soñado. Ninguno de los dos sabía esto en aquel entonces. En esos momentos, él solo sabía que quería regresar a la granja y volver al ritmo de su trabajo. Y, si soy sincera en medio de mi llanto, en el suelo de un cuarto de baño, me pregunto si en realidad yo también no estaría deseando encontrar una manera de salir de todo aquello. Y encontrar mi propio éxodo, salir de mí misma, de esta historia a la que no me había inscrito. ¿Dónde está el éxodo, la salida de las cosas que hieren más allá de las palabras, para ir a parar a una forma de vida prometida y expansiva?

El agua tamborilea en la ducha vacía. Tal vez pensemos que sabemos lo que queremos, pero lo que queremos en realidad es ser conocidos. Ser oídos. Ser vistos. Estar seguros. Mi desilusión se derrama en silencio por todo el suelo. ¿Cómo puedes esperar hallar una salida de todo lo que anda mal en tu vida, la única que tienes? Lo único que todos hacen es tratar de hallar su propio camino; que su propio sueño se vuelva realidad. Ese sueño nunca tiene que ver con sentir cosas milagrosas, sino con la experiencia de sentirse milagrosamente conocida.

Después de nuestra boda, después de la recepción, después de habernos alejado lentamente por el camino de gravilla, dejando atrás la tienda blanca que se había levantado en el traspatio de la finca de mis padres, mientras yo saludaba a los grupitos de invitados que aún estaban reunidos conversando en grupos con sus vasos plásticos llenos de ponche de limón afuera en el césped entre el granero y los viejos y retorcidos manzanos de mis veranos de niña, me había vuelto hacia él, hacia el hombre cuyo apellido ahora compartía. Había sonreído por largo tiempo en la oscuridad, llena de felicidad.

Este fue el principio.

En el principio, en nuestro principio, existía esperanza. Había una luna de miel. Había un Ford Taurus usado y también una bolsa de gimnasio llena de camisetas suyas en el baúl, junto con la maleta que yo había comprado para mi primer año en la universidad. Ahora, esta contenía mi bata de seda y la ropa interior que mi mamá y yo habíamos escogido y doblado con todo cuidado para esta luna de miel de sueños vueltos realidad, un tiempo que en el pasado se suponía que durara todo un mes, el mismo tiempo que le toma a la luna para menguar y crecer de nuevo.

Cierto: nosotros solo éramos dos chiquillos pobres que no nos podíamos dar el lujo de tener dos centavos que frotar el uno con el otro; ni siquiera podíamos soñar con escaparnos a un escondite en alguna montaña rústica o en algún lujoso lugar de veraneo lleno de sol. No solo porque estábamos ahorrando hasta el último centavo para el pago inicial de nuestro propio hogar, sino porque un mentor sabio que se sentaba en la última banca de la escuela dominical con su esposa de medio siglo nos dijo que si, en última instancia, una luna de miel tenía que ver con contemplar algún lugar hermoso, eso nos podría distraer de la belleza que significa finalmente poder ver a la persona. Por eso, lo habíamos decidido, y no tengo que mencionar que nuestros escuálidos bolsillos fueron los que sellaron el trato. Iríamos en el auto durante tres cuartos de hora por caminos campestres de gravilla hasta el lago. El mismo lago que habíamos conocido siendo niños en las meriendas campestres de pollo frito los domingos por la tarde; el mismo lago que habíamos visitado durante toda nuestra vida. Nos sentaríamos al borde del agua y allí comenzaríamos nuestra propia vida juntos. Iríamos a algún motel que no le hiciera daño a la billetera, que aún estuviera cerca del agua y, tal vez, si deslizábamos una ventana medio atascada y estirábamos el cuello, hasta podríamos escuchar el lago durante toda la noche; hasta escucharíamos la promesa de las olas, llegando una y otra vez para besar viejas heridas y lavar todas las cosas hasta dejarlas limpias, y comenzaríamos a volvernos uno solo.

Pero yo no tenía la más mínima idea de que todas las lunas de miel, ya sea con un compañero, con un trabajo, con un niño, con un sueño o con una esperanza, nos murmuran su propia y grave advertencia. Todas las lunas menguan. En el momento en que la luna es al fin luna llena, en ese mismo momento comienza a menguar. Así son todas las cosas; este es el ritmo del ser; estas son las cosas que nunca podremos cambiar. Como la luna, nuestros sueños, nuestros amores, nuestras esperanzas crecen y menguan, vienen y van, se levantan y caen. La vida llega en olas, y la forma de vivir es hallar alguna manera de dejarse llevar por ellas.

Bajo la quietud de las estrellas ese veinticinco de junio, allí mismo, bajo la forma ondulada de Casiopea, nos alejamos de nuestra recepción en el patio de la finca. Yo estoy vestida de seda blanca y con perlas y él lleva un esmoquin negro; ambos tenemos puestos nuestros anillos de oro grabados y las tímidas sonrisas de este tierno enlace mientras la luna menguante brilla sobre nuestras cabezas de recién casados y sobre las inclinadas espigas que llenan los campos al oeste.

Nos hemos casado. Ahora tendremos nuestra luna de miel bajo una luna menguante.

LOS PLANES DE LOS RATONES
Y LOS RECIÉN CASADOS

Mientras él se dirige hacia las olas de los Grandes Lagos, yo tiro del borde de mi vestido de novia, con su delicado borde manchado durante nuestra recepción en el traspatio. Levanto mis pies descalzos y los pongo debajo de mi cuerpo; me giro un poco en el asiento delantero de aquel Ford Taurus y descanso mi cabeza sobre su pierna. Él recorre mi cabello lentamente con sus manos de agricultor holandés, mientras susurra las palabras de una canción que solían poner en la radio: «Me parece que estamos solos ahora».

Él me recorre toda la nuca.

«No podrías estar más hermosa. Yo no podría estar más feliz».

Yo doy una risotada mientras él me hace rizos en el cabello con sus dedos. ¿Acaso seremos recién casados, dormidos pegados el uno al otro bajo una isla de luz de luna, como los lunáticos que creen que los sueños pueden durar sin nunca menguar?

Puedo sentir su delicada sonrisa en la oscuridad. Y debo haber cerrado los ojos por un instante solamente, pero con eso basta para alejarme hacia sueños ingenuos en los cuales traemos a casa bebés que nunca sepultaremos, y nuestros padres envejecen hasta convertirse en gloriosas figuras que se mueven con delicadeza, coronadas de plata, sentadas de las manos en sus mecedoras en el portal del frente, mientras cargan en sus brazos a los diminutos seres humanos que nuestro amor ha traído al mundo. Y todo el camino que teníamos ante nosotros cambia de ruta de maneras interminables, evitando choques frontales con el sufrimiento y nos encontramos en nuestra propia clase de tierra prometida.

Mi propia mamá tenía cuatro niños de cuatro años y menos y sostenía en sus brazos a su pequeño de tres semanas envuelto en pañales cuando se halló de pie ante una tumba abierta para sepultar a su hija de dos años. Lo primero que recuerdo, poco después de haber cumplido mis cuatro años, es haber estado de pie junto a mamá, mientras ella gritaba con horror al ver cómo el descuidado conductor de un camión de servicio golpeaba a nuestra pequeña Aimee, aplastándola en el patio de nuestra granja, justo afuera de la ventana de la cocina, mientras mamá y yo lavábamos los platos en el fregadero, y después salía despreocupado del patio para seguir por su camino. ¿Cómo era posible que un conductor de reparto no sintiera el cuerpo de tu niña bajo las ruedas de su camión, cuando ella lleva dentro todo tu corazón?

Mi suegra tuvo que estar ante las tumbas de dos de sus hijos, sepultando primero a su hijo discapacitado de cuatro años, del cual ella se había encargado de cuidar de tiempo completo. Tan solo seis años más tarde, su hijo de diecisiete años se detuvo directamente en frente de un camión al que no pudo ver en el cegador resplandor de un glorioso atardecer de viernes, cuando iba de camino a una reunión de un grupo de jóvenes de la iglesia. Solo estaba a unos tres kilómetros de su casa. Ella lo sepultó un martes por la tarde y después regresó a su casa con sus seis hijos más jóvenes para poner la cena en la mesa antes de que todos tuvieran que ir al granero para la ordeña de las vacas a las seis de la tarde.

Si no me lo repitió literalmente unas doscientas veces, no me lo repitió ninguna: «Tres cosas». Levantaba sus gruesos dedos por encima de las hojas de las legumbres, con su sencillo anillo de bodas de oro marcando un anillo rosado en su piel. Yo era una desgarbada chiquilla de diecisiete años con lentes, novia de su hijo, el más joven de sus nueve hijos, y ella y yo estábamos afuera en el huerto de su cocina, ambas inclinadas sobre un surco de judías amarillas, llenando al máximo nuestros canastos de madera.

«Solo había tres cosas de las que yo estaba segura cuando tenía veinte años: nunca querría casarme con un campesino. Nunca me querría marchar de Holanda. Nunca querría tener una familia numerosa».

Después se había levantado, irguiéndose en medio de un perezoso rayo de sol. Lo dijo con lentitud, para que yo no me perdiera aquel resumen de la historia de su vida:

«¿Y? Terminé casándome con un campesino. Dejé mi tierra, mi madre, mi familia, el día después de mi boda. Y después de eso, tuve nueve muchachos y terminé enterrando a dos de ellos».

Aún seguía de pie.

Aún de pie en medio de las legumbres. Aún de pie, ablandada y gastada hasta llegar a la belleza de la realidad, después que nada había sido de la forma que ella había soñado para la única vida que tendría jamás. ¿Qué me estaba tratando de decir? ¿Acaso aquella fuerte mujer holandesa con su delantal estaba suplicando lástima? Lo dudo. Tal vez en realidad estuviera tratando de decirme: los desvíos son la forma en que los sueños y los destinos se vuelven realidad.

El destino en el que todos soñamos finalmente es un punto de llegada donde por fin somos vistos, estamos seguros, tranquilos y protegidos.[1] Hasta las pesadillas de la pérdida y la tragedia y la angustia se pueden convertir en un inesperado despertar a tiernos sueños, si es que hay formas, aun en lugares oscuros, de ser vistos y conocidos, de estar seguros y protegidos. Los sueños son una valiente risa que permanece a lo largo de la noche, manos que encuentran las nuestras, luz cálida que toca nuestro rostro; y la posibilidad de ser conocidos aun aquí crece en nuestro corazón hasta hacerse dolorosamente grande. Dondequiera que seamos siempre aceptados y nunca estemos solos, nunca abandonados, nuestros sueños más profundos se pueden convertir en realidad…

aun en medio de pesadillas. Yo tenía la elevada esperanza de despertar a un sueño diferente que los de las madres de ambos. Sin tumbas. Sin puertas cerradas de un portazo ni guerras frías, sin diagnósticos como fulminantes relámpagos ni la persecución de una depresión, sin abandonos ni alejamientos, sin pérdidas constantes de trabajos ni montones de facturas sin pagar ni brazos vacíos. Sin el trauma de una tragedia que surgió de la nada, ni las adicciones improbables, ni las torcidas distracciones, ni la traición de una puñalada por la espalda, ni el rechazo abierto y total, ni el fracaso personal totalmente asfixiante del que no puedes escapar porque no te es posible escapar de tu propia piel. ¿Por qué pensamos que nuestra vida será por fin la que encuentre una manera de llegar a caminos más fáciles? ¿Por qué razón lo pensé así? Cuando esperamos que la vida sea fácil es cuando se hace más difícil.

Acepta la mentira de que se supone que tu vida debe ser el cielo en la tierra y tu sufrimiento puede ser un infierno de tortura. En cambio, la vida es sufrimiento, y el sufrimiento es simplemente la cruz que debemos cargar, parte de la topografía de la tierra que tenemos que cruzar en nuestro caminar hacia el cielo. Yo no lo supe durante años: la pantalla grande nos vende sueños falsos. En realidad, todas las pantallas nos están tratando de vender la mentira, desde Hollywood hasta Netflix e Instagram, la mentira de que lo único que tienes que hacer es comprar esto, hacer estos ejercicios, usar aquello, adoptar este estilo, creer esto, buscar aquello, obtener una carrera como esta, hallar alguien como este y tú también podrás hallar la forma de vivir una vida perfecta, tal como esta. Pero compra cualquiera de esas ilusiones perfectamente filtradas y promocionadas, y terminarás dolorosamente desilusionada. Sin importar lo que Instagram y todos esos anuncios brillantes estén promoviendo, tu sufrimiento no es una anomalía única: el sufrimiento es la experiencia universal de toda la humanidad. Tu sufrimiento no significa que hayas recibido una maldición; significa que eres humana. La pregunta no es: «¿Por qué hay quebranto y sufrimiento en mi vida?», sino «¿Por qué *no debería* haber sufrimiento?». Puesto que estamos viviendo en un mundo quebrantado, la pregunta es: «¿De qué manera soportarás tu sufrimiento?». Yo no lo sabía entonces y aún lo estoy aprendiendo ahora: la vida es realmente dura porque esa es la realidad del que está vivo. La vida es dura de mil maneras distintas y lo más fácil para nosotros se está perdiendo.

EXPECTATIVAS PELIGROSAS

Yo me muevo mientras él baja la velocidad del Ford Taurus para girar a la derecha en la oscuridad. Capto cómo se mueven las luces delanteras entre los árboles.

«¿Dónde… dónde estamos?».

Es una pregunta nacida en el Edén, suspirada en la oscuridad. Un eco de la primera buena pregunta de la historia: *¿Dónde estás?* Y tal vez como respuesta, todos nosotros, a lo largo de toda la historia, hemos tenido nuestro propio EPS, un sistema de posicionamiento de expectativas interno: expectativas en cuanto a dónde pensamos que deberíamos estar ya en el camino, o a dónde conduce nuestro camino, expectativas sobre cómo deberíamos ser amados, o sobre el tiempo que tendremos juntos, o sobre la forma en que se espera que se solucione todo al final.

Las expectativas pueden matar cualquier relación y, en especial, nuestra relación con Dios. Y los EPS nunca han dejado de ubicar finalmente al alma en un pequeño infierno fabricado por nosotros mismos, por nuestras expectativas de mantenernos al menos a la altura o de, finalmente, superar a alguien; a cualquiera. Es extraño cómo no puedes sentirte satisfecho en el corazón cada vez que sientes que otra persona va por delante de ti. Cada vez que mides la distancia aparente entre donde tú estás y donde está otra persona, tu alma se llena de descontento. Toda medición te hace daño a ti mismo. La comparación mutila el alma. Y comparar tu caminar con el caminar de cualquier otra persona es una forma de odiar a tu propia alma. Yo aún llevo unas cicatrices dolorosas.

«Ya casi llegamos», me susurra él en medio de la oscuridad, inclinándose hacia adelante en busca del nombre de una calle. Yo trato de encontrar mis zapatos. Me llevaría décadas mirar hacia atrás e identificar dónde estaba yo realmente.

La vida nunca se vuelve insoportable por el camino en el que vamos sino por la manera en que lo soportamos. No son los caminos duros los que nos matan; lo que nos mata en realidad es la expectativa de que este camino no sea lo que esperábamos que fuera.

«Me parece que es aquí». Él baja la velocidad para entrar al estacionamiento del hotel. Yo exhalo, alcanzo su mano y palpo esa extraña argolla de oro, alrededor de su virgen dedo anular. Nosotros. Juntos. Unidos.

LA LUNA DE MIEL

No recuerdo habernos registrado ni lo que debió haber pensado el empleado del motel ante aquel jovencito de rostro fresco en su esmoquin, con aquella sonrisa nerviosa. Sí recuerdo que abrió la puerta de nuestra habitación y el tono de la gruesa alfombra verde y cómo al entrar me detuve para que me dejaran de temblar las rodillas.

Nos encontramos al borde de la cama. Él me pasa los dedos por la nuca mientras recoge mi cabello y con torpeza me ayuda con la cremallera de mi vestido. En este momento soy más vulnerable de lo que me he sentido jamás. Los recién nacidos comienzan en vulnerabilidad y, con cada aliento que damos, solo seguimos aumentando en vulnerabilidad, o dejamos morir partes de nosotros mismos.

Él apaga la luz. Se vuelve para tratar de encontrarme en la oscuridad, debajo de las sábanas.

El arco de su pie desnudo encuentra el empeine del mío; ambos encontramos el camino en medio del espacio que nos separa, en el tímido enredo de una gracia tierna y nueva.

«¿Estás bien?».

¿Qué podré yo decir? Me siento extraña, como una introvertida nerviosa que se encuentra en medio de una pista de baile. Estoy como desesperada por esconderme. Él me levanta el mentón para hallar sus ojos, como si el ritmo pudiera hallar y mover hasta a los más nerviosos. Malditas las tramas de Hollywood. No somos películas vivientes; estamos viviendo nuestra propia historia milagrosa. Él me acerca a sí. Los sueños se convierten en realidades dentro de su propia línea de tiempo.

No lo vamos a apresurar; no lo vamos a forzar. La única manera de hacer el amor verdadero en cualquier lugar es de manera vulnerable, y la confianza necesita un tiempo hasta desplegarse para convertirse en una hoja de higuera que proteja. Yo me digo a mí misma que tenemos tiempo. No tengo la menor idea de si esto es cierto, pero me digo que tenemos toda una vida tierna en espera para sortearlo, porque una se tiene que relatar a sí misma historias que rujan como el León de Judá contra todas las otras bestias mentirosas que se ocultan en la oscuridad.

Los rayos de luz lunar caen a lo largo del suelo, a través de nuestras sábanas.

Todas estas canciones y pantallas, dando forma a nuestras expectativas de lo que debería suceder a continuación, de la forma en que aparecerán las olas, mientras nos elevamos y luego caemos en las profundidades del otro, seguidas por los resplandores crepusculares de las conversaciones entre almohadas; todo esto son solo espejismos evasivos. Uno más uno debió ser igual a uno. Sin embargo, aquí estamos nosotros, y aún somos dos.

Siento el corazón aplastado en la desilusión de mis temores que me paralizan. No trato de imaginarme la desilusión de él. Sigo palpando la nueva y extraña banda de oro que lleva él allí, en su mano izquierda. Su respiración se vuelve pesada y lenta con el sueño, allí mismo, junto a la curva de mi oreja. La luz de la luna brilla por encima de las cortinas de nuestra ventana del motel. ¿Seguiré siempre siendo la soñadora, que sigue los rayos de luna, que confía en que siempre existe un camino a través de la oscuridad, incluso cuando la luna mengüe?

Alcanzo su mano, que rodea mi cintura, entrelazo mis dedos con los suyos, los anillos tocándose el uno al otro. Cada vez que decidimos conectarnos, nos desconectamos de más dolor.

En la mañana siguiente, ya tarde, en medio de las sábanas, un rayo de sol se abre paso a través de una pequeña abertura en las cortinas de tapicería.

—Tú y yo… Es… como el Huerto del Edén, ¿no es cierto?

Yo me muevo. Me doy vuelta.

—¿Esto? —Me río, avergonzada y, en una fracción de segundo, toda la falta de experiencia y los desconciertos de la noche anterior me inundan una vez más y puedo sentir que el calor de mi vergüenza me sube por el cuello como una carta sin remitente mientras trato de cubrirme por completo con la sobrecama.

—Oye —dice él esbozando una sonrisa, y tirando de broma de la sábana—. ¿A dónde te me estás yendo?

—¿Qué quieres decir con eso de que a dónde me voy? —Me río nerviosa mientras él se inclina hacia mí.

—Quiero decir que... a mí me gusta el Edén. ¿A ti no? —Apoya su frente en la mía.

—Sí —susurro.

¿Quién no espera su propio regreso al Edén? Si cada vida comienza en lo que se supone que sea un acto de intimidad, ¿acaso no esperamos todos encontrar una forma de mantenernos, de vivir, envueltos en intimidad? Pensemos lo que pensemos, la unión, esa clase de unión que destruye la soledad, siempre es nuestro sueño. Porque, a fin de cuentas, la humanidad es creada a partir de la intimidad, y el destino de esa humanidad es en última instancia la intimidad.

Todos hemos sido creados a partir de la intimidad y para la intimidad.

Cualquiera que sea la senda en la que esperemos encontrarnos, el camino que más queremos hallar es uno en donde se nos desea y no se nos deja solos.

¿Quién, quién no tiene la expectativa de una consumación? Todos nos llenamos la cabeza con sueños de una vida de realización. Sinceramente, mi ingenuo EPS contenía algunas sobre la luna de miel que consistían en delicados dedos que se movían por el rostro, en párpados cubiertos con labios, en vulnerabilidad protegida con tiernas caricias; la expectativa de esa bendición celestial consumada. Y, en cambio, aquí estaba yo despertándome en una especie de desierto desorientador. Él con mal aliento y yo con el cabello en desorden por la cama; ambos tratando de tragar una desagradable sensación de fracaso. Y estaba sucediendo, algo idéntico a lo que le había sucedido a mi suegra holandesa, que nunca había querido dejar los techos de paja y los molinos de viento de Voorthuizen (Holanda). Y, sin embargo, se encontró allí, el día después de su boda, despertando en un barco que atravesaba el océano, rumbo a una tierra extraña, la cara verduzca por las náuseas causadas por las olas.

Sin importar qué papel firmaste en el día de tu boda, terminas dando la vuelta y diciendo: «Yo no firmé para esto».

Las lunas menguan con mayor velocidad de lo que esperas.

Puedes comprar un pasaje para ir a la tierra prometida… y despertar en los baldíos de alguna tierra desértica. ¿Hay alguna forma de convertir estos baldíos en tierra prometida?

Me doy vuelta y trato de memorizar sus ojos. Bondadosos. Aun bondadosos. No estamos aquí para vivir a la altura de las expectativas del otro. Estamos aquí para vivir cada uno con el otro; ser para el otro. (¿Quién se habría imaginado lo difícil que es hallar una forma de hacer esto?). Él me besa la frente, como si me estuviera leyendo la mente.

EL ÉXODO

Cuando él me dice en la noche de ese miércoles de nuestra luna de miel sin consumar que se quiere ir a casa, a mí no me importa cuántas noches él me llevó al borde del agua, a un pequeño rincón en la pared del restaurante, el Lakeside Café, para una cena privada a la luz de unos candeleros: costilla asada, término medio y pollo *cordon bleu*. No me importa que me hubiera reído y dicho que le quería pasar la lengua al plato ni que él también se hubiera reído y luego inclinado hacia mí para besar mis labios con un sabor que recordaba la calidez del vino. No me importa que hayamos corrido a la playa al atardecer, con el sol ya pegado a las olas sonrosadas que se elevaban ni que él me hubiera tomado en sus manos y yo me hubiera sentido hermosa. Lo único que me importaba era el hecho de que mi esposo de tan poco tiempo ya le hubiera querido dar fin a nuestra luna de miel tres días antes de lo debido, y me siento avergonzada, incómoda y salvajemente desesperada por encontrar algún tipo de éxodo propio.

Sal de este cuarto de baño, sal de este cuarto de motel barato, de la forma que sea, solo sal de aquí. Yo cierro la ducha. Me lavo la cara, lavo toda la vulnerabilidad de las lágrimas. No quiero que él lo sepa. No nos conocemos el uno al otro como Adán y Eva, y yo, con toda seguridad, no quiero que él sepa que me siento herida por el rechazo. Tomo una toalla para secarme con rapidez la cara y abro con cuidado la puerta del baño. Él está empacando sus cosas en la maleta y doblando su toalla de playa. Levanta la mirada y sonríe con delicadeza, totalmente ignorante de cómo salir antes de tiempo del paraíso de una luna de miel puede dejar una cicatriz sensible y torcida.

«Hola. Solo voy a tomar aire un minuto. Dolor de cabeza». ¿Para qué mencionar que la cabeza me duele mucho menos que el corazón destrozado?

Llego a la puerta antes de que él pueda decir algo; alcanzo la playa antes de que él me pueda seguir; llego al borde del agua y el agua choca fría con los dedos de mis pies, un agua que procede de algún otro lugar en el mundo, llena de historias que encontraron una forma de seguirse moviendo. De alguna manera.

«¿A dónde iremos desde aquí? ¿Cómo hemos podido llegar ya a este lugar?». Me estoy asfixiando con lo que siento por dentro; voy caminando demasiado de prisa a través de una franja de olas desordenadas. Si él quiere hallar una forma de salir de nuestra luna de miel para volver a su trabajo, ¿podría yo intentar encontrar mi propia manera de salir también? Si no podemos ni siquiera probar la leche y la miel en la fase de la luna de miel, ¿cómo serверán el resto de las fases de nuestra luna? Las olas siguen chocando con mis piernas.

«¿Dónde *estás*?». ¿Dónde está Aquel que prometía que si hacíamos las cosas a Su manera, todo nos saldría bien?

¿Dónde estás? (Génesis 3:9). Esta es la primera pregunta hecha por Dios que ha quedado registrada en toda la historia; de hecho, la pregunta más corta en toda la Biblia hebrea y su eco nunca se ha detenido a lo largo de la topografía de los tiempos. Solo dos palabras: *¿Dónde estás?* Las preguntas que más transforman la vida son siempre las más breves. En realidad, en hebreo es una sola palabra: *ayekah*. Esa misma palabra es la que Dios está diciendo en este momento, ahora mismo: *¿Dónde estás? ¿Dónde estás? ¿Dónde estás?* ¿Hacia dónde llevas tu vida? ¿En qué lugar del camino se halla tu alma? En donde estás, ¿es realmente donde quieres estar?

No, no estoy donde esperaba estar; no estoy donde me imaginaba que estaría; nada de esto es de la forma en que yo pensaba que sería. ¿Será que la alarma de mi EPS ha comenzado a sonar locamente?

Cuando el Dios que lo sabe todo hace una pregunta: *¿Dónde estás?*, acaso no estará preguntando con el fin de que *tú* comiences a descubrir la respuesta? Es el Dios que sabe de qué manera montar la coreografía del sol y la luna y las estrellas en los cielos, el que mueve estas olas, el que sabe dónde se había escondido Adán, el que sabe dónde está la cabeza, dónde le duele al alma, dónde tiene el corazón sus heridas. Dios no le está pidiendo a Adán ni a nadie sus coordenadas. Me está pidiendo a mí que escudriñe mi propio corazón y que lo coordine con el suyo. Las desilusiones y las decepciones, los sueños y las esperanzas desesperadas, todos ellos ya le son conocidos al Dios que lo conoce todo. Te pregunta en qué lugar de tu vida te encuentras porque quiere que menciones el nombre del lugar, que lo veas, que lo reconozcas, que te sientes con él e incluso hagas *amistad* con él.

¿Hacer amistad con este lugar? Pero si todo lo que yo quiero hacer es gritar por encima de las olas: ¡quiero hallar la forma de salir de aquí!

Ayekah significa que Dios comprende todo lo que está pasando por dentro y no quiere que el alma se esconda. Que no se esconda de los sentimientos, que no se esconda de la esperanza, que no se esconda de los sueños, que no se esconda del duelo. Al igual que con Adán y Eva, la tentación es salir huyendo. Cubrir quien yo soy y lo que estoy sintiendo aquí, porque preferiría vagar perdida a sentarme con el temor a sentir por completo, el temor a ser transparente y conocida, solo para experimentar una inundación de rechazo y de abandono.

Pero lo que nadie te dice es esto: cuando escondes quién eres, en última instancia, te estás escondiendo de ti mismo. Esta forma de estar perdido es agobiante y agotadora. Y si el maligno te puede mantener distraída de manera que no te tomes un tiempo para preguntarle a tu alma dónde estás en realidad, él te puede ir llevando cada día más lejos de la vida que tú soñabas llegar a tener.

Cuando hallamos la valentía necesaria para ser transparentes, nos hallamos a nosotros mismos. Solo cuando preguntes todos los días dónde estás, podrás encontrar tu camino. El Dios que te pregunta dónde estás es lo suficientemente grande para sostenerte tal como eres y dondequiera que estés.

¿Dónde estoy realmente?

«Examíname, oh Dios, y sondea mi corazón;
ponme a prueba y sondea mis pensamientos.
Fíjate si voy por mal camino,
y guíame por el camino eterno».
(Salmos 139:23-24)

¿Realmente quiero averiguar dónde estoy yo en toda esta historia? Lo sé, lo sé: rechaza las preguntas reflexivas y rechazarás la reflexión sobre ti mismo que tiene el poder necesario para cambiar hasta tu mismo reflejo. Pero lo único que yo quiero hacer es preguntarle a Dios dónde está Él en todo esto. ¿Le quiero decir dónde estoy yo al gran YO SOY? «Dios le habla a Adán y lo detiene en su huida. Sal de tu escondite [...] sal del tormento al que tú mismo te has sometido [...] Confiesa quién eres; no te pierdas en medio de la desesperación religiosa; sé tú mismo. Adán, ¿dónde estás?», así llama nuestra atención el teólogo Dietrich Bonhoeffer.[2]

Esta es la era de los Adanes: evadimos los brazos de Dios. Pero mantente solo y estarás perdido.

Ahora bien, cuando termina la soledad, termina la perdición, y tenemos a un Dios que dice ser Dios con nosotros.

La puesta de sol está pintando las olas con sombras de arrebol, ¿y cómo es posible que la vida duela tanto?

Llama la atención que Él usara la palabra *ayekah*, cuando pudo haber usado la palabra más genérica y corriente para expresar «dónde» en hebreo, *eifó*, que significa simplemente localizar.[3] *Eifó* es la palabra que usa Saúl cuando busca a David, y Noemí cuando le pregunta a Rut por dónde ha andado, y José cuando está tratando de seguirles el rastro a sus hermanos. En cambio *ayekah* expresa una motivación del corazón que va más allá de la simple localización; *ayekah* lleva consigo otras expectativas: «¿A dónde te has ido? ¿Dónde estás tú, si no estás aquí conmigo?».

Cuando Adán y Eva se apartan de su intimidad con Dios, es cuando Dios clama *ayekah*, porque está preguntando algo más allá del simple: «¿Dónde andas?»; está preguntando: «¿Dónde estás tú con relación a mí? ¿A dónde te has ido, que te ha llevado más lejos de mí? ¿Dónde estás tú cuando las expectativas eran que tú y yo estaríamos juntos para siempre?».

Dios clama, porque hay una distancia entre Él y Su amado, y la primera pregunta de que tenemos conocimiento en toda la historia te pide que te orientes hacia la topografía de la intimidad; que te sitúes dentro del Paisaje del Amor.

Dios sabe lo que es que haya problemas en el paraíso, que en el paraíso todo salga mal, que el camino perfecto desaparezca, que exista una distancia. Todas las veces en que nada está saliendo de la forma en que he soñado y le he gritado a Dios: «¿Dónde estás?», Él me ha gritado Su primera pregunta de todos los tiempos, con esa palabra única, *ayekah*, que suena como algo así:

> *¿Dónde estás tú, si alguna vez todo tuvo que ver contigo y conmigo,*
> *y ahora todo se trata de ti y de esa maldita serpiente mentirosa? Ay*
> *de mí, ¿a dónde te has ido? Yo solo te quiero a ti aquí conmigo.*

Porque, «el Señor tu Dios te está buscando» significa que «está en medio de ti […], se alegrará por ti con cantos» (Sofonías 3:17).

El Dios trino no se siente desilusionado contigo; no te está reprendiendo, sino que se deleita en ti, sonríe sobre ti, quiere estar contigo, te revive con Su beso de gracia y no puede dejar de cantar cánticos de amor por ti. Dios sabe que siempre se necesitan tres para sacar el Amor más real de todos; nunca solo dos. En el espacio entre dos seres humanos, solo Dios puede crear un amor que vaya más allá de las desilusiones. El camino que Dios más desea es el que nos mantiene cerca de Él. Desde el principio mismo, Dios ha experimentado dolor por todo espacio y toda distancia que haya entre nosotros. Cuando nosotros buscamos la forma de escaparnos, el dolor de Dios por toda distancia entre nosotros llevó a hacer un camino hacia nosotros. A estar con nosotros.

La cruz señala el Camino con los brazos abiertos.* Ya que nuestra caída fue un desprendimiento de Dios, nuestra restauración solo se encuentra en nuestra unión con Él. Si nuestro primer pecado fue apartarnos de Dios, arrancar el fruto del árbol y saborearlo, entonces nuestro regreso a la integridad es volvernos, unirnos a Dios y saborearlo a Él. Aunque nuestra caída rompió nuestra unión con Dios, Él nos abre un camino, desliza Sus brazos alrededor de nosotros y susurra que todo irá bien ahora, porque Él es Emanuel, Dios con nosotros. Nuestra historia solo puede conocer la restauración si se restaura nuestra unión con Dios. El símbolo mismo de la fe, la intersección de la cruz, expresa cómo Dios planea nuestra conexión. Dios siempre ha sido un Hacedor de caminos, y siempre ha hecho algo que va más allá de un simple camino *para pasar por la vida*. El Hacedor de caminos *está haciendo un camino hacia ti*.

> Ya que nuestra caída fue un desprendimiento de Dios, nuestra restauración solo se encuentra en nuestra unión con Él.

¿Qué tal si la única cosa que sanará nuestro corazón es dejar que Él funda Su corazón herido con el nuestro?

UN CAMBIO DE RUTA

Lejos en el horizonte hacia el oeste, puedo ver cómo un velero se dirige directamente hacia el sol y parece incendiarse; y tal vez,

---

* Los primeros seguidores de Jesús fueron conocidos como seguidores del «Camino» (Hechos 9:2; 19:9, 23; 22:4; 24:14-22).

después que se queme todo, esto sea lo que quede: el bienestar es una función del buen control de nuestra vela.

No nos es posible controlar la manera en que sopla el viento. No podemos controlar la forma en que se mueven las corrientes. No podemos controlar el camino de las olas. Hay un tierno misterio en los caminos de Dios. Los amantes dejan de amar. La gente se desalienta. Los planes se deshacen. Los cuerpos luchan. Las expectativas se tergiversan. El dolor lo inunda todo y ninguno de nosotros está inmune a que esto suceda.

No podrás controlar el camino que llevan las olas, pero sí puedes controlar el camino por donde te lleva tu vela.

Puedes mover tu vela de manera que se llene con el viento del Espíritu; te puedes mover hacia adelante por la corriente de Su amor; puedes cambiar de ruta en medio de las olas.

Mueve tu vela hacia el Espíritu y descubrirás que podrás salir de tu barca y caminar sobre las olas de vuelta hacia Él.

A diferencia de Adán, cuando Abraham oyó que Dios lo llamaba, su respuesta fue: *jinné*. «Aquí estoy. Heme aquí» (Génesis 22:1, paráfrasis de la autora). *Aquí estoy, mi Hacedor de caminos, cualquiera que sea tu camino.*

En este mundo de continuo dolor, ¿cómo fue posible para David dar paso tras paso después de la traición de su hijo Absalón? ¿Cómo pudo encontrar Marta un camino hacia adelante, después que Lázaro, y con él todas las esperanzas de ella, quedaran envueltas en lienzos funerarios y puestas en la fría oscuridad? ¿Cómo encontró Moisés un camino real para seguir adelante después de echar a perder las cosas en Meribá? ¿Cómo halló Agar el camino para salir adelante, cuando la muerte la acechaba, sus sueños yacían destrozados y se sentía abandonada por toda sensación de esperanza? Por todo el universo resuena el eco de Su *ayekah*, y lo único que tenemos que hacer es susurrar la respuesta más breve, una sola palabra: *jinné*, aquí. Aquí, no en el sentido de la respuesta a un pase de lista, sino en el sentido de *Estoy totalmente aquí*. Esta respuesta aparece solamente ocho veces en toda la Escritura y, cada vez que aparece, se convierte en un punto de quiebre.

Aquí estoy; jinné, completa; dame la vuelta, gírame hacia ti.

Estoy aquí, mi Hacedor de caminos, cualquiera que sea tu camino.

Jinné, aquí me encuentro.

Jinné, te estoy prestando toda mi atención.

La vida tiene que ver con la ubicación, ubicación, ubicación; atención, atención, atención.

Dios mío, esta ubicación, esta atención, este susurrar tu sincero jinné *puede doler.*

No obstante, por brutalmente duro que sea, a menos que sigamos ubicando nuestra alma, seguiremos perdiendo nuestro camino. Sé brutalmente sincero y expresa tu *jinné* en voz alta, porque no hay otra manera de encontrarte. Y, ¿quién se puede dar el lujo de perder su camino? Cualquier camino, por viejo que parezca, te bastará si no te importa adónde vas a parar. Ahora bien, ¿dónde te hallas realmente y dónde tienes la cabeza, si te conformas con cualquier camino?

Un camino cualquiera *no* vendrá bien con tu única vida. *Y esta es tu única vida. Te tienes que enfrentar a las olas.* Cuando no veas el camino, reoriéntate en medio de las olas. *Nunca se trata de la tormenta; siempre se trata de tu vela.* Cuando no parezca haber camino, puedo reorientar mi EPS, mi sistema de posicionamiento de expectativas, si me siento molesta porque él no me ha respondido de la manera que yo esperaba, me puedo reorientar y buscar las formas en las cuales él se está esforzando por conectarse. Cierto, él no me tomó en sus brazos por la mañana, antes de salir de la cama, pero también es cierto que sí me hizo la cama y que me trajo una taza de té caliente. Cuando parece no haber camino, puedo cambiar de dirección y explicar con delicadeza las formas en que necesito que me oiga, que me abrace, que me vea y que me dé seguridad. Cuando no parece haber camino, puedo cambiar de dirección y darle gracias por las formas de amor que he sentido. Es cierto, los sueños no se volvieron realidad. La esperanza se encontró con un obstáculo infranqueable en el camino. Mis planes no se cumplieron. Y también es cierto, debo cambiar de dirección, cambiar de dirección, cambiar de dirección. Hay maneras reales de aliviar tu dolor y, al mismo tiempo, aumentar el número de caminos que tienes para navegar a través del dolor; y hay un camino verdadero que lo atraviesa todo. Confía activa y valientemente. Reorienta todos estos pensamientos de desilusión y dirígelos hacia una posibilidad diferente. Cada día que pase, puedes convertir esto en tu manera de vivir para hallar tu forma de dirigirte hacia una nueva dirección. Puedes convertirlo en tu manera de vivir para ver.

Lo que hay en el camino en realidad es la forma de hacer otro camino.

¿Ayekah?

¡Jinné!

Aquí estoy, mi Hacedor de caminos, cualquiera que sea tu camino.

Reorientándome.

capítulo dos

EL ARTE DE GIRAR

Todos queremos progresar, pero si nos
encontramos en el camino equivocado, progresar
significa dar un giro completo y caminar de
regreso al camino correcto; en ese caso, aquel
que gira primero es el más progresista.
—C. S. LEWIS

Vuelve a mí,
porque yo pagué el precio para
ponerte en libertad.
—ISAÍAS 44:22, NTV

Atentos al camino que se extiende delante de nosotros, dejamos atrás todo lo que habíamos soñado; él gira a la izquierda, sale de Bluewater Highway para dirigirnos a Gore Road, hace todos los giros necesarios para llegar a casa, pasamos por molinos que se someten al viento y viejos graneros con las puertas abiertas, como dando la bienvenida a lo que viene por delante. No sé exactamente por qué escogió ese camino para llegar a casa. Habríamos podido tomar el camino que va junto al borde del agua, manteniéndonos cerca de la costa, pasando a través de pequeños poblados somnolientos con sus pequeños faros y sus desvencijadas aceras, adormecidos por el incansable ritmo de las olas. Pero tal vez era más fácil dejar atrás por completo el lago, ahora que estábamos abandonando antes de tiempo toda nuestra luna de miel al borde del lago. O, tal vez, él solo necesitaba hallar los viejos caminos, probados y seguros, y dirigirse a casa pasando junto a los sembradíos en su fuerte anhelo por regresar a la granja donde seguiría cuidando de las viejas cerdas paridas y trabajando la dispuesta tierra con mi padre. Y allí pondríamos nuestro hogar, en la granja, justo en el sótano, bajo el suelo de madera de mi niñez.

El marido granjero había bajado por completo su ventana del auto, con una cinta de casete en el Ford Taurus que lanzaba alabanzas de Petra al máximo de su volumen a través de las crepitantes bocinas; él está tarareando, con el cabello ondulado por el viento y la cabeza girada para recibir el olor de los campos de soya en flor que vamos pasando.

Extiende su mano para hallar la mía y entrelaza lentamente sus dedos con los míos.

Yo no aparto la mano; solo giro la cabeza. A nadie le agrada que otro vea la leche que derramó, ni sus lágrimas. Un desordenado grupo de ganado Charolais blanco va marchando lentamente en línea, rumiando, siguiendo una cerca de alambre de púas junto al camino, difuminándose en una pesadumbre líquida. ¿Cómo permitirte sentir amor alguno cuando te estás asfixiando en rechazo? No puedes desperdiciar tus días esperando hasta que la vida ya no sea dolorosa para tener gozo finalmente. Tienes que encontrar una forma de creer: el amor vive en paz con el dolor y estos nunca se divorciarán. Porque amar es ser lo suficientemente tierno como para conocer el sufrimiento; ser lo suficientemente vulnerable para conocer el dolor; y la única forma de divorciarte del dolor es divorciarte de todas las formas del amor. El camino hacia el amor siempre conoce las sendas del sufrimiento; nunca existirá otra manera de conocer el amor. Yo dejo que su mano sostenga la mía.

Algunas veces, solo porque no te sientas escogido, no significa que no seas escogido. No todo lo que sentimos es real, pero toda emoción es parte del lenguaje del movimiento del alma, el lenguaje del peregrino, el lenguaje del caminar del alma hacia Dios. Hacia Dios; en cambio, siento como si me estuviera muriendo por dentro.

¿Cómo es posible que Dios sea bueno y que realmente me ame cuando no está escribiendo esta historia de una forma que tenga sentido; en una forma en la que se sienta que Él me ha escogido? Y, ¿quién no podría decir esto de mil cosas distintas? ¿Somos realmente escogidos si nuestro corazón se siente quebrantado? Los campos de trigo van pasando, meciéndose frente a mi ventana, como océanos de agua entre todas esas lágrimas que siguen fluyendo. No lo miro a él; no digo ni una palabra. Solo cierro los ojos y trato de detener oleada tras otra de esa tristeza que, a pesar de todo, sigue llegando, y no puedo dejar de repetirlo una y otra vez: yo una chiquilla de dieciséis años sentada junto a él por vez primera en un auto, y cuán locamente esperanzada me sentí en aquella noche tormentosa de diciembre.

Su mano estaba allí mismo, en la palanca de cambios, tan cercana a mi rodilla, que yo había sentido ese calor de posibilidades, y aún lo puedo ver y, con él, la manera en que me seguía sonriendo de oreja a oreja, como un chiquillo que se había tragado un sueño.

DULCES DIECISÉIS

Él podría haberle pedido a cualquiera de las chicas que lo acompañara al banquete de Navidad para jóvenes en la escuela. Pero había doblado casi corriendo esa primera esquina de aquel pasillo olvidado, tratando de anotarse una carrera antes de que sonara la campana, y casi se estrella contra mí. A mí me parece que el corazón se me va directamente a la garganta, elevando todo ese calor hasta mis mejillas cuando él se detiene y me suelta estas palabras:

—Oye, yo te iba a preguntar —Me sonríe, metiéndose las manos en la chaqueta—. ¿El banquete de Navidad para los jóvenes? ¿El día dieciséis? ¿Quieres ir… conmigo?

Habla muy rápido y yo me limito a contemplar a través de mis lentes con aros teñidos de color carey los lazos de mis zapatos ortopédicos, porque me siento demasiado torpe para mirarlo a los ojos.

—¿Seguro? —*Espera*—. Oh…

El rostro lo tengo ya como en un incendio y me he vuelto una bola de fuego llena de vergüenza, pero le tengo que preguntar, porque le acabo que decir que sí a algo que estoy segura de no haber oído bien… No había ni la más mínima oportunidad de que yo lo haya oído bien. La aclaración bien vale el pasar una vergüenza.

¿Cómo podrías creer que has sido escogida, si tú nunca te habrías escogido a ti misma?

—Ah, perdona, ¿qué…? ¿Qué me acabas de preguntar? —*Que la tierra se abra debajo de mí y me trague completa, con toda mi torpeza de siempre.*

Él me sonríe, con los ojos llenos de amabilidad, como la azul tranquilidad de un mar al amanecer, seguro y calmado.

—El banquete de Navidad —Se me ha acercado, de manera que yo pueda escuchar la serenidad de su tranquilizadora promesa—. Me gustaría llevarte a ti.

—¡Oh! Llevarme… ¿a mí?

—Sí.

Sí, por favor.

Llévame.

Escógeme a mí.

Escógeme. Llévame a donde tú quieras.

Cuando confías en que has sido escogida por alguien bueno, puedes confiar en que siempre te llevará a lugares buenos. Los escogidos son simplemente aquellos a quienes se ha aproximado un Dios enamorado que no puede dejar de pensar en ellos. Vale la pena regresar a esto. Esto es lo que le da vuelta a una vida para darle una nueva orientación.

—¿Te podría pasar a recoger a las seis y media el día dieciséis? —El granjerito hace resplandecer su delicada sonrisa de diez mil vatios.

Y yo me ilumino con aquella epifanía: donde has sido escogido, ya no hay soledad. Siéntete deseado y será poco más lo que desearás. Cualquiera que sea el sueño, es un sueño hecho para que te sientas especial. Cuando te sientes especial, el mundo entero se vuelve especial para ti. El hecho de ser escogido no tiene que ver con ser mejor que los demás; tiene que ver con hacer que todos sepan que pertenecen. Conoce tu condición de escogido y escoge darles a saber a todos los demás que ellos también lo son.*

Cuando tenía ocho años, mi mamá entró a una clínica psiquiátrica y cerraron con llave la puerta tras ella; así, hubo una

---

* «Nosotros no hemos escogido a Dios; Él nos ha escogido a nosotros. No existe un concepto de un Dios escogido, pero sí la idea de un pueblo escogido [...]. No afirmamos ser un pueblo superior. "Pueblo escogido" significa un pueblo a quien Dios se acercó y eligió. El significado de este término está en relación genuina con Dios y no en relación con otros pueblos. Significa, no una cualidad inherente al pueblo, sino una relación entre el pueblo y Dios». Abraham Joshua Heschel, *God in Search of Man: A Philosophy of Judaism* (Nueva York: Farrar, Strauss & Giroux, 1955), pp. 425-26.

pared entre mi persona y la primera persona que fue capaz de sostenerme y de amarme en mi vida. Si te cuentas entre los escogidos de Dios, ¿cómo es posible que te sucedan cosas que tú nunca habrías escogido?

Cuando mi papá, valiente a pesar de sentirse destruido, nos dijo a nosotros sus hijos que no le podíamos decir a nadie dónde estaba mamá (eso incluía también al abuelo y a la abuela), me pareció que no podría vivir con un secreto tan desgarrador. Así que dejé que ese secreto me quemara un agujero en la pared de mis entrañas y terminé diagnosticada con una úlcera de tercer grado; yo era una niña tratando de abrirse paso con fuego fuera de su propia vida. Si formas parte de los escogidos de Dios, ¿cómo es posible que no estés protegido de lo que nadie habría escogido jamás?

Me gustaría olvidar todo el tiempo que me llevó darme cuenta de una cosa: cuando uno se encuentra en un camino que nunca habría escogido y que no puede cambiar, tomar la decisión de creer que aún sigues siendo escogido para un buen camino es la única manera de salir adelante.

La chiquilla de dieciséis años levanta su vista y la clava en la del chico de dieciséis.

—Sí, los dieciséis. Eso sería... perfecto. La sonrisa de él le parecía llena de optimismo; como si estuviera levantando y sacando de lo más profundo.

Soy la escogida. ¿He escogido yo?

Ser escogida *es* ser hallada.

¿Ayekah? ¿Dónde estás tú, la que yo quiero, la que yo escojo?

Jinné. Aquí estoy.

He sido hallada y escogida... me he *reorientado*.

DEL PLAN A AL PLAN Z

Cuando llegó la noche del banquete de Navidad para jóvenes, él había conducido el auto a través de ráfagas de blanca nieve que inundaba la calle principal de un poblado donde nosotros, un par de jóvenes granjeros, muy pocas veces conducíamos. Dimos vuelta hacia Barn Swallow Drive, y dijo con voz tan suave como la nieve que caía, más para él que para mí: «¿Me parece que es aquí?», como si no estuviera totalmente seguro de en dónde estábamos.

«Al menos… yo pensaba que era aquí, en esta calle. Estoy seguro de que eso es lo que me dijo mi hermano, ¿al final de Barn Swallow Drive?». El granjerito se ha inclinado sobre el volante, tratando de ver a través del parabrisas hacia afuera, a la fuerte nevada. Entonces, pone el Volkswagen en reversa. Yo miro la hora. ¿Ese tan esperado banquete de Navidad para jóvenes? Comienza dentro de exactamente cuatro minutos.

Y yo solo me puedo imaginar el lugar, repleto de hileras de luces navideñas, mientras todos los muchachos de los grupos de jóvenes de todas las iglesias cercanas inundan ya el vestíbulo; las muchachas de ciudad con sus tocados y trajes navideños, emocionadas por encontrar sus asientos en la sala de banquetes, junto a todos los muchachos, con sus corbatas cerradas hasta la asfixia.

Yo no me atrevo a preguntarle a él lo que es obvio: «¿Oye? ¿Estamos… realmente perdidos aquí? ¿No te habrás perdido por completo alguna de las señales en algún lugar del camino que nos habrían señalado un camino mejor?».

Esa es la pregunta cósmica que todo caminante hace a lo largo del camino:

¿Decidiste traerme, pero en realidad no sabías cuál era el mejor camino?

Si me escogiste a mí para ir contigo, ¿no te estás asegurando de que haya una manera segura de llegar?

¿Cómo es posible que alguien te escoja y que luego parezca que ni siquiera conoce la manera probada de llegar?

Bienvenida a la vida, donde el Plan A se transforma en el Plan Z para transformarte *a ti*.

Yo creo que siempre he esperado… *más*.

Es decir, tal vez esa siempre haya sido la historia, desde nuestros mismos comienzos colectivos. Todo el resto del huerto del Edén no era suficiente, porque nosotros queríamos, esperábamos, más. Aunque habíamos sido escogidos para deleitarnos en nuestras bendiciones, no estábamos satisfechos mientras no pudiéramos escoger nosotros mismos nuestro propio camino, escoger nuestros propios sueños, morder algo que nosotros hubiéramos escogido y comérnoslo todo. Pero para serte peligrosamente sincera, el camino que Dios escogió para nosotros en el huerto podrá parecer equivocado en el mejor de los casos y absurdo en el peor: no comas de este fruto. ¿Por qué, en el nombre de todo lo santo, decidió Él prohibirnos una… *fruta*? ¿Qué puede tener de inmoral darle una mordida al aforístico fruto prohibido? ¿Por qué tenemos que obedecer el mandamiento de no comer algo dulce? Es un edicto que parece, desde cualquier perspectiva humana, bastante arbitrario y al borde de la inutilidad.

Pero tal vez esto señale el camino a una confianza sin límites, sometida a Él, cuyos santos caminos son más altos que los nuestros. Queremos que las cosas vayan de la forma que nosotros las escogemos, mientras que Dios quiere que tomemos la decisión de confiar en Sus caminos. Esperamos más, y Dios espera de nosotros que confiemos más en Él. Los caminos que Dios quiere que tomemos Sus escogidos son caminos que nos suplican que decidamos confiar. Nos es imposible agradar a Dios, a menos que confiemos en Él con respecto a lo imposible (Hebreos 11:6). No se puede agradar a Dios sin confiar en Él. Confiar en Dios no es algo insignificante: para Dios, lo es todo. Él también quiere ser escogido.

Yo me he vuelto para observar a aquel granjerito de dieciséis años, para leer su rostro mientras las luces de los vehículos que vienen en sentido contrario le iluminan los ojos. Él siente que mis ojos recorren su rostro y esboza enseguida esa sonrisa que hace que algo dentro de mí se derrita en cada ocasión. Yo sonrío con lentitud en un Volkswagen perdido en medio de la nieve, de camino a… algún lugar. Pero estamos juntos, ¿no es cierto?

Y, ¿qué si esta es nuestra primera cita y estamos perdidos? ¿Qué si nos perdemos el banquete y todos esos jovencitos bien vestidos con sus corbatas ya han llevado a sus damitas con sus vestidos de satín a sus mesas iluminadas con velas y qué si el programa de la noche ya ha comenzado? ¿Qué si las expectativas de todos mis sueños imaginarios acaban de salir volando en medio de una ráfaga fría de diciembre?

El banquete no era su sueño. Era yo. Él me había escogido. Si llegábamos al banquete, fabuloso. Y si seguíamos perdidos dentro del auto, tal vez más fabuloso todavía. El sueño supremo es el de ser escogida; la comunión es el destino supremo; y tú no tienes que ir a buscar un camino, porque Dios te está buscando a ti para estar contigo y el hecho de ser escogido destruye cualquier soledad.

Tal vez parezca que hemos perdido el camino, pero si estamos con Alguien que nos ama, nunca estaremos perdidos.

FUERA DEL MAPA

Años más tarde, me encontraría de pie, delante del fregadero de la cocina, con espuma hasta los codos, pensando en cómo el sueño es que seamos escogidos, porque incluso cuando el hecho de ser escogidos no significa que nos salgan las cosas como queremos, lo que conseguimos es una forma de cercanía que destruye la soledad. Y el Viento del Espíritu Santo separaría las distintas cámaras de mi corazón en ese momento con una palabra que yo ni siquiera conocía con claridad.

Kjésed.

Y me secaría las manos y leería con gran detenimiento en las delgadas páginas de la Palabra, el lugar más delgado donde se pueden experimentar destellos de Su corazón desnudo:

> «El Señor no puso Su amor *[kjashác]* en ustedes ni los escogió por ser ustedes más [...], pues eran el más pequeño de todos los pueblos; mas porque el Señor los amó *[kjésed]*» (Deuteronomio 7:7-8, nbla).

Sin importar qué tan desesperado te sientas ni qué tan abandonado te hayas sentido en el pasado, fuiste escogido a causa de ese *kjésed.*

No es necesario que seas la persona más brillante, la más hermosa ni la más asombrosamente exitosa para que seas escogido, porque, enfrentémonos a los hechos: la hierba se seca; el aspecto de tu cara y lo que tus manos pueden realizar se desvanecerán. Pero el amor *kjésed* del Señor te escoge a ti, porque no puede escoger no estar contigo. El hecho de ser escogido no tiene que ver con una vida de perfección, sino con una vida de cercanía.

Es cierto que las líneas de Su santa carta dirigida a nosotros suelen traducir la palabra hebrea *kjésed* simplemente como «misericordia» en un intento por traducir esta amplia palabra hebrea, pero es evidente que ninguna traducción ni adaptación logra hacer notar que el término *kjésed* señala un amor que pertenece a otro nivel por completo. La palabra *kjésed* es utilizada cerca de doscientas cincuenta veces en la Escritura y de una forma tan poderosa que algunos teólogos han sugerido que podría ser la palabra más importante en toda la Escritura.[1] Es el amor del pacto eterno, incondicional, firme y bondadoso, como un lazo indisoluble; el amor de la familia divina, de una unión eterna. Ese es el amor *kjésed*: «*Kjésed* es el amor de la unión».[2]

Kjésed es una clase totalmente singular de amor que nos dice: tú has sido escogido porque Dios sencillamente y para siempre decide unirse en un *kjésed* perfecto *a ti*. No se trata de que Él apenas te tolere, ni de que solamente te acepte, sino que *tú*, tu ser mismo, tu presencia real, tu alma entera, todo el milagro que eres tú mismo, es deseado, elegido, escogido; disfrutado, especial; todo sencillamente porque tus pulmones se expanden para recibir Su amor y exhalar con amor, con el beso de la existencia. Dios quiere inhalarte, moverse contigo, enroscarse como la bondad misma alrededor de todos tus pensamientos. Creer esto es vivir de verdad.

Dios toma la decisión de amarte, sencillamente porque decide que seas tú el objeto de Su amor. Dios quiere estar contigo; te ama con un amor *kjésed* porque te ama con un amor *kjésed*, y esta es la lógica circular perfecta del Amor. Eres cautivante hasta el punto de que Dios se ha unido a ti, haciendo que Su corazón se halle cautivado por el tuyo con el fin de liberarte de todas las mentiras que has dejado atrás.

El *kjésed* es cuando las fisuras que hay en tu corazón

quebrantado se van uniendo con el Corazón que late en el medio de todo; *kjésed* es cuando «la persona de la cual yo no tengo derecho a esperar nada, me lo da todo».[3] Pedazos rotos del amanecer que atraviesan la oscuridad de noviembre, cálidas lluvias de mayo en las pestañas, luciérnagas que parpadean como estrellas reunidas a lo largo del bosque, tu nombre mismo escrito sobre las rugosas manos de Dios, las llaves literales del reino: esto lo es todo; todo esto es para ti. No esperes nada; espera más bien ese todo que es el *kjésed*.

> Espera que Dios toque a tu puerta; espera que Dios se levante en tu horizonte; espera la misericordia y la esperanza, los milagros y un vaso de agua fría, pero no esperes que Dios te busque como tú lo esperarías.

El crecimiento de las expectativas es lo que hace crecer nuestro sufrimiento. Desde el momento en que sueltes esas expectativas, gran parte de tu sufrimiento te abandonará.

No esperes nada; solo espera el *kjésed*. Espera que Dios toque a tu puerta; espera que Dios se levante en tu horizonte; espera la misericordia y la esperanza, los milagros y un vaso de agua fría, pero no esperes que Dios te busque como tú lo esperarías. No esperes sino el *kjésed*, la misericordia de Dios; solo no de las maneras en que has soñado. Llegará el dolor, pero di que se trata de un misterio y halla maná en él, y saborea pedazos de milagro, incluso en aquello por lo cual apenas te puedes tener en pie y que no comprendes.

~

«¿Estás bien?». El granjerito se había dado vuelta en aquella noche nevada de diciembre, se había sonreído un poco nervioso y había hecho un giro completo de dirección al final de la calle. «Yo sé que estamos algo atrasados; en realidad, bien atrasados».

Pero, tal vez, si nos hemos conectado, hemos llegado. Cualquiera que sea la meta que proclaman todos los videos de baja calidad y las pantallas, cualquiera que sea el blanco que dicen que deseamos alcanzar, el destino que dicen ser nuestro sueño, la verdad real es la siguiente: las relaciones son la única recompensa real y que perdura. Todo lo demás es el camino; todo lo demás es un espejismo que se esfuma. El único destino es la relación. Y él me trata con bondad y yo también lo trato con bondad y, ¿acaso la búsqueda de momentos de misericordia no abre un camino para escapar de toda clase de sufrimientos? Un momento *kjésed*, una misericordia persistente, incondicional, inmerecida y confiable; esto es lo que está cayendo a nuestro alrededor en la oscuridad, como un polvo celestial luminoso.

Tal vez, no sea importante hacia dónde se dirige tu camino, pero sí es importante hacia quién te vuelves y con quién te unes. Esto es lo único que sé: la presencia sana el dolor. La cercanía sana las heridas. La conexión aligera el trauma.

«Esto es un poco embarazoso…», dice el granjerito, guiñando el ojo, mientras baja la velocidad del Volkswagen para girar al final de Barn Swallow Drive y estira el cuello en un intento por ver alguna señal de la iglesia. «Es decir, ¿tal vez solo parezca que estamos perdidos?». ¿Cómo es que está hablando de maneras que hacen que mi corazón lo escuche con toda intensidad, que me hacen oír dentro de mí cosas que nunca antes había conocido?

«Sí, de verdad, estoy bien», asiento con la cabeza y sonrío. Y en verdad lo estoy. Por sobre todo, siempre estará el *kjésed*. Siempre el amor *kjésed* de la cercanía, el *kjésed* eterno que nos acompaña en el camino, el amor *kjésed* para siempre que se mantiene a nuestro paso, un duro kilómetro tras otro, el amor *kjésed* que permanece con nosotros por largo que sea nuestro camino. La vida no se trata de llegar al destino; se trata de la unión *kjésed*. Nuestros sueños más profundos no son solo de amor, sino de un profundo amor *kjésed*; no son solo de bondad, sino de la bondad eterna del *kjésed*; no son de un camino fácil, sino del camino pactado del amor *kjésed* que atraviesa todas las dificultades. Hay personas con las que preferirías perderte en el camino que llegar sin ellas a tu destino.

LO QUE LA VIDA ENCIENDE

En aquellos momentos, no me di cuenta de que todo aquello era un presagio, ya desde la primera noche. Cuando él giró al final de Barn Swallow y nos hizo volver en medio de la nieve, aquello era el anuncio de todo lo que vendría.

Treinta largos años en el futuro, habría una noche de diciembre, décadas después de nuestra primera cita, después de nuestra luna de miel, en que ese mismo granjerito me pediría que saliéramos y me llevaría exactamente por el mismo camino en el cual aquellos dos jovencitos de dieciséis años habían dado vueltas y vueltas, perdidos en una noche nevada. Y me volvería para mirar al hombre con el cual había tenido aquella primera cita unos treinta años antes, y vería un destello de aquel granjerito de antaño, del hombre que cortó nuestra luna de miel antes de tiempo, y entonces vi lo que nunca había visto: la vida es el arte de girar.

Girar para encontrarnos el uno al otro, aunque nos hayamos perdido el uno al otro mil veces. Porque cada giro que damos dice que te escojo a ti una vez más. Te escojo a ti por encima de todo lo que tenga enfrente; te escojo a ti por encima de todas las distracciones. Te escojo a ti por encima de mí misma.

Me volví hacia él para tocar su mano, treinta años después de aquella noche, puse mi mano sobre su pierna y me di cuenta de algo: cada día pierdes la persona que eras antes y lo que eran los que te rodean, porque esto es lo que significa crecer. Estás llegando a ser algo y tu persona está llegando a ser algo y, de alguna manera, tienes que seguirte dando vuelta y tomando la decisión de acercarse más entre sí.

Esto, esto resultaría significarlo todo.

La vida entera da vueltas alrededor de ese punto de giro: la redirección, la reorientación; el encuentro, la apertura de ojos, el arrepentimiento. Gira y no esperes más que el *kjésed*. Gira y verás la misericordia *kjésed* de Dios en la luz que brilla sobre las hojas, en el gozo santo de una sonrisa, en la trémula luz de la gloria pura en unos ojos que miran a los tuyos y en alguien que extiende su brazo para seguir el brazo de Dios que te está rodeando en este mismo momento. Gira y observa cómo se produce el *kjésed* ahora mismo. Gira y encontrarás el deleite de Dios, de quien no tenemos derecho a esperar nada, mientras te da todo lo que necesitas para este momento, sin pedirte nada a cambio.

Gira y verás que los giros son tiernos y pequeños en las relaciones y que no te los puedes perder: es cuando me vuelvo para decirle a él que me siento aterrada por la trayectoria de uno de nuestros adolescentes; y él escucha realmente lo que estoy diciendo entre líneas; y yo me doy cuenta que aferrarme a los temores es retardar el consuelo de Dios; entonces este ejercicio de escuchar nos puede liberar hacia un nuevo entendimiento. Es cuando él se arma de valentía y expone su corazón sobre lo que dijo el gerente del banco de nuestro final de año; y yo me vuelvo a escuchar esa valentía de verdad que él hace ver común. Es girar una y otra vez para hacernos sentir *valorados*. Escogidos. Tenemos la *oportunidad* de hacer esto.

En aquella noche de nuestra primera cita, cuando él llegó al final de Barn Swallow Drive por tercera vez, todavía buscando la iglesia, notó una calle lateral metida a la derecha hasta el final; gira, ¡y allí está! ¡La iglesia! La iglesia con todas sus ventanas iluminadas, lanzando largas islas de oro luminoso a través de la noche, a través de una manta de nieve que seguía cayendo. Lo único que teníamos que hacer era girar antes. Lo único que tenemos que hacer siempre es girar. Girar hacia la luz, girar y mirar en una dirección diferente, ni a la derecha ni a la izquierda, sino hacia donde sigue estando el Amor y donde siempre estará.

Cuando él me abre la puerta de la iglesia para entrar de aquella noche nevada a la tranquila luz del vestíbulo, no nos importa para nada que la fiesta ya hubiera comenzado en el salón de banquetes ni que fuéramos los últimos en llegar. Él se está riendo en el vestíbulo vacío, sacudiendo los copos de nieve de su cabello rubio rojizo y observándome a mí mientras me quitaba unos cuantos de mayor tamaño que habían quedado atrapados como un encaje en mis pestañas. Entonces, nuestros ojos se encuentran, de tal manera que hasta las expectativas se derriten para convertirse en esto: lo único que necesitamos es estar donde seamos vistos y conocidos, seguros y donde nunca estemos solos. *Cualquier lugar donde estés, puede ser una llegada. El kjésed siempre te tiene en sus manos.*

No recuerdo que alguien haya notado o dicho algo por haber llegado en nuestro propio tiempo, pero nadie nunca está fuera de tiempo, si se sabe amado. Lo que sí recuerdo es sentarnos ante la danzarina llama de un candelero, gozándonos en la gracia y en

Dios; y recuerdo cómo el granjerito se sirvió pavo con guarnición dos veces y cómo yo solo quería servirme por segunda vez esa tarta de queso inundada con dulces cerezas; y cómo cantamos «Venid, fieles todos» a todo pulmón y cómo yo me reí apenada cuando me adelanté en el coro. Su hombro toca el mío y yo me quedo quieta, y ambos nos quedamos allí. Él me sorprendió dos veces tratando de memorizar la forma en que su sonrisa comienza en la esquina de sus labios; y algo dentro de mí da un salto, como el aleteo de las mariposas en una fría noche de diciembre.

Faltaba muy poco para las once de la noche cuando llegamos al estacionamiento de nuestra granja en medio de una fuerte nevada. Él dejó el motor del Volkswagen en marcha. Su colonia huele un poco a madera de cedro y almizcle, y yo lo inhalo como quien llega al hogar.

—Gracias —le digo sonriendo, asustada y enamorada a la vez; asustada de decir algo incorrecto, asustada por lo que sucederá después en un auto a oscuras o asustada por lo que no sucederá; asustada de que esta noche se evapore para convertirse en un recuerdo, un espejismo de un sueño del hubiera. Me retuerzo las manos con toda clase de esperanzas y temores.

—Fue… realmente… todo… —Y de manera extraña e inesperada, realmente lo era. Mi corazón palpitaba de manera ensordecedora en mis oídos. Estaba alcanzando la manija de la puerta, pero mi voz me traicionó con un ligero temblor.

—A pesar del difícil comienzo y de unos cuantos obstáculos en el camino… —Sonrió, con los ojos iluminados por la suave luz de la pizarra.

—Solo… sí, gracias de nuevo… por… —Yo quería decir: «Gracias por escogerme, por llevarme contigo», pero lo único que le dije fue—: Solo… gracias por todo.

¿Es eso lo que terminaremos siempre diciendo al final? Y allí estaba yo, de pie en la fría nieve, gritando de nuevo hacia el auto, cerrando la puerta delicadamente detrás de mí, escapando al riesgo y a la vergüenza de arruinar los siguientes instantes, pero ¿quién sabe si incluso este no es el giro correcto? Corro acera arriba, a través de la nieve, escaleras arriba. Abro la puerta, entro a la sala totalmente a oscuras y observo cómo sus rojas luces traseras se pierden por el camino en medio de la blanca nieve que sigue cayendo. ¿Alguna vez me volverá él a escoger? ¿Lo escogeré yo a él? Tendremos que descubrirlo, un poco como esas palabras de la canción de Bob Dylan: ¿será nuestro futuro un espejismo en el pasado? ¿Será nuestro primer amor en verdad nuestro último? ¿O no?[4] ¿Descubriríamos acaso que hay un Primer Amor al cual regresar que nos muestre todo el camino por completo hasta el final?

¿Puede alguien más oír mi corazón golpeando con fuerza contra mi pecho, como un tambor que pide por favor a su manera?

SIEMPRE COMENZAMOS DE NUEVO

Son algo más de las cuatro en una húmeda tarde de junio a mediados de semana cuando ya ha terminado nuestra luna de miel oficial. Vamos por el mismo camino de granja donde él me fue a dejar después de la primera cita perdidos en la nieve hace ya cuatro años y medio.

Él estaciona el Taurus junto a la entrada del apartamento en el sótano que nos espera en la misma casa donde yo crecí y donde su jefe, que es mi padre, vive con mi mamá y con mi hermana menor, además de unos cuantos gatos callejeros que rondan la puerta trasera en espera de hallar una forma de entrar.

Él separa sus dedos de los míos lentamente, en medio de un pesado silencio.

Yo me aparto lentamente de la ventana y de todas esas escenas pasajeras de aquella primera noche en que era la escogida, pero no me vuelvo para buscar sus ojos. De alguna manera, hay que poner un pie delante del otro y seguirnos escogiendo el uno al otro. Yo no sé cómo hacer esto, o no quiero hacerlo o se me sigue olvidando cómo hacerlo.

«¿Estás lista para comenzar?». Puedo sentir su ansiedad, su sonrisa que cae con delicadeza sobre mí... y lo que quiero es dar media vuelta y gritar: «¿Por qué me hablas de *comenzar*? Tú fuiste el que cortó nuestra luna de miel antes de tiempo. ¡Eso se siente como el final antes de siquiera comenzar!».

Pero lo único que digo es: «Sí, sí, claro que podemos comenzar». Y trato de que suene como si realmente lo sintiera. De alguna manera, siempre tiene que haber gracia para comenzar de nuevo. Y abro la puerta del auto y pongo un paso delante del otro, confiando en que la voluntad de Dios siempre se abre paso. Y así, me dirijo hacia el apartamento del sótano y hacia el resto de nuestra vida.

Me estoy apoyando en un montón de regalos de boda cuando él me dice que debe ir a ver las cerdas paridas en el granero y si mi padre necesita que termine hoy algún trabajo en la granja. Y yo asiento con valentía, una esposa novata recién estrenada que aún no puede ver cómo su hombre especial está tratando de proveer de maneras buenas y fieles, una esposa que ahora ve que la esencia de nuestro temor más grande es quedar abandonados y sin amor. Tal vez podríamos vivir siempre sin temor, si supiéramos que nunca dejaremos de ser escogidos.

Cuando cierra la puerta, yo lo puedo oír subir las escaleras y salir hacia el granero. Entonces doblo las rodillas bajo mi barbilla, las rodeo con mis brazos y me abrazo a mí misma mientras se desborda la represa de todo lo tierno e incierto.

No es necesario tener miedo para dejar que el corazón se parta como una ola que rompe. Te puedes inclinar hacia delante, te puedes romper en mil pedazos, puede quedar destrozado y esparcido sin sentir temor alguno, porque puedes abrirte un camino hacia la luz, captar toda esa luz, regresar al lugar de donde procedes y caer en Él y dejar de temer en medio de todo este océano de gracia. Cada quebranto puede volverse una ola que rompe hacia la luz. Esta también es una verdad que abraza con delicadeza todo un mundo de dolor: convierte en ídolo cualquier relación y te conviertes en una relación disfuncional de dolor. Sin importar entre qué espada de ternura y qué pared se encuentre el alma herida, está escrito allí mismo, en la superficie de piedra a la que nos enfrentamos: no existe tal cosa como una salvación por romance, ni por logro, ni por vida de ensueño, ni por buena conducta alguna, ni por ti mismo, ni por otro.

En medio de todos estos presentes de boda, me llega, sin saber de dónde, esta vieja canción de cuna que nos junta a mí y a mi madre, mientras me mezo con delicadeza en el piso del sótano: «Calla, bebé, no hables, mi amor, que mamá te va a comprar un ruiseñor…».

Como si algo que alguien nos diera pudiera llevarse consigo todo nuestro dolor. Como si, por ser escogidos, obtuviéramos el camino sin dolor de nuestra elección.

«Y si ese anillo de diamantes se vuelve cangrejo, mamá te va a comprar un espejo».

Alguien va a venir, alguien debería venir, más vale que alguien venga… y corrija todo esto.

Y realmente, Alguien viene, pero no de la forma que yo podría esperar o incluso comprender, y el misterio de nuestra historia puede tener a la vez el sabor del dolor y de la gracia. El alma aún sabe de dónde le viene su socorro, el corazón late al compás del salmista y el alma se mece en las olas de antiguas canciones de cuna: «Que irradie tu faz sobre tu siervo; por tu gran amor [*kjésed* de unión], sálvame» (Salmos 31:16).

Incluso cuando no lo siento, el Padre me sostiene en Sus brazos eternos que rodean todas mis necesidades, y Él no me salvará como si fuera un genio de la botella que convierte todos mis sueños en realidad, ni me va a salvar al cumplir mis deseos ni al llevarme hasta alguna puesta de sol… Él me salvará al unir con ternura Su corazón al mío, como fundiéndolos. *La salvación es por kjésed.* «Pero yo confío en tu gran amor [*kjésed*]; mi corazón se alegra en tu salvación» (Salmos 13:5). ¿Puede esto salvar una vida? No como en algún anuncio comercial, al estilo de algún cliché, sino de forma que nos llegue hasta la médula de los huesos y hasta la pleura de los pulmones, de tal manera que podamos respirar de verdad?

Si Dios decide unirse a tu alma, ¿qué puede decir o hacer alguien para avergonzarte, para despegarte de Aquel que es el Amor Mismo? Si Dios ha hecho un pacto de misericordia contigo, ¿qué crisis o catástrofe podrá romper jamás ese estado de ser escogido?

---

   * El doctor James Wilder escribe de Dallas Willard: «Dallas falleció, pero no sin antes animar el diálogo sobre la salvación como *kjésed*. Su entendimiento era que la salvación debe producir discípulos que espontáneamente exhiben el carácter de Jesús [pero que] a menudo [no lo hacen]. Dallas veía en este amor de unión un posible remedio». James Wilder, *Renovated: God, Dallas Willard, and the Church That Transforms* (Colorado Springs: NavPress, 2020), p. 8.

«Aunque cambien de lugar las montañas
y se tambaleen las colinas,
no cambiará mi fiel amor *[kjésed]* por ti
ni vacilará mi pacto de paz,
—dice el Señor, que de ti se compadece—».
(Isaías 54:10)

Este es un consuelo real que acaricia tus rasguños y heridas con la seguridad más lenta y delicada de que vas a estar mejor que bien. Puedes sentir esta presencia como un alimento que te sostiene a cada respiro, a cada paso, a cada latido. La seguridad que tú buscas, el sentimiento de ser elegido que deseas, la gracia que anhelas recibir, la esperanza que necesitas; todas ellas están allí en Sus ojos, tierna y eternamente fijos en los tuyos. *Kjésed* es quien Dios es. «El Señor, el Señor, Dios clemente y compasivo, lento para la ira y grande en *[kjésed]* y en fidelidad, y que mantiene su *[kjésed]* hasta mil generaciones» (Éxodo 34:6-7). El Señor, grande en amor *kjésed* de unión, más que santo, más que maravilloso, más que bueno, el Señor que es bondadoso sin vacilación decide unirse a mí, clavo a clavo en la cruz, y yo soy salva en verdad y estoy completamente segura en tiempo real.

Ya que todos los traumas son producto de una separación, una desconexión de nuestra gente, de nuestro cuerpo, de nuestra alma, de nuestro Hacedor,* lo que nos salva y nos sana es la *unión*: unión a nuestra gente, a nuestro cuerpo, a nuestra alma, a nuestro *Dios*.

«Pero Tú, oh Dios, Señor, por amor de Tu nombre hazme

---

* El doctor Peter Levine escribe que «el trauma es una pérdida de conexión con nosotros mismos, con nuestro cuerpo, con nuestra familia, con otros y con el mundo a nuestro alrededor». Peter A. Levine, *Healing Trauma: A Pioneering Program for Restoring the Wisdom of Your Body* (Boulder, CO: Sounds True, 2008), p. 9.

bien; líbrame, pues es buena Tu misericordia [*kjésed* de unión]» (Salmos 109:21, NBLA).

Calla, alma herida; no temas tus lágrimas. Puedes abrazar tus rodillas y sentirte protegida y segura dentro de los brazos de Dios y confiar: ser escogida no significa que sean cumplidos todos tus deseos, sino que recibes la unión *kjésed*. Porque los deseos cumplidos no te llenan en última instancia como lo hace el *kjésed* de unión, que te llena con una comunión que comienza a sanar tus traumas. Porque tu Padre nunca va a dejar de cantarte de maneras que resuenen como un abrazo en el vacío:

> Lo que nos salva y nos sana es la *unión*: unión a nuestra gente, a nuestro cuerpo, a nuestra alma, a nuestro *Dios*.

«Este es […] a quien sostengo, mi escogido, en quien me deleito» (Isaías 42:1).

«Yo mismo lo elegí, y él me llena de alegría» (Isaías 42:1, TLA).

No has sido escogido por ninguna de tus decisiones, sino porque el mismo Dios decide escogerte. Y ninguna decisión que tomes tú ni ninguna otra persona tiene el poder de hacer que dejes de ser escogido. Por rechazado que te sientas, tú has sido escogido para la unión *kjésed* porque, sin importar las apariencias, lo que deseas más profundamente es ser deseado profundamente como persona, valorado y necesitado, visto seguro y conocido. Este es el camino del *kjésed*; esta es la forma en que nuestro Padre sana tu trauma. Él abrirá una senda hacia aquello que tú más necesitas. «Vuélvete, SEÑOR, y sálvame la vida; por tu gran amor [*kjésed* de unión], ¡ponme a salvo!» (Salmos 6:4).

Esa valiente recién casada que sostiene ahora sus rodillas en el suelo no sabe que un día se tendrá que sentar en un inodoro para llorar sobre la sangre de un bebé abortado de forma natural que nunca llegaría a sostener en sus brazos y que, aun así, descubrirá que Dios la sigue sosteniendo a ella. Un día, décadas más tarde, esta recién casada leerá un texto de alguien amado que la golpeará hasta dejarla con náuseas y todo su mundo se hará añicos como el cristal. Se encontrará en una historia que nunca quiso y que no sabrá cómo superar. Se podrá sentir privada de todo sentimiento y convertida en nada, pero eso no significará que el abrazo de Dios no la sostenga tan cerca que Su propio corazón sea lo que mantiene latiendo el suyo.

Un día, tras demasiados días y noches oscuras del alma, batallará con la tentación de acabarlo todo. Y, aun así, debajo estarán los brazos eternos de Dios, cuyo *kjésed* de unión continúa sin fin, abriéndole un camino directo a la eternidad: «¡Grande es su [misericordia *kjésed*] por nosotros!» (Salmos 117:2). «Tu amor es mejor que la vida» (Salmos 63:3). Su misericordia *kjésed* es mejor que cualquier clase de sueño o esperanza; mejor que la vida misma.

Pero este no es uno de esos días; todavía no. En este día, esa frágil recién casada ha sido abrazada y calmada por Su presencia, experimentada como el consuelo maternal de una canción de cuna.* Y cuando ha sido estrechada y abrazada lo suficiente,

---

* Isaías 66:13: «Como madre que consuela a su hijo, así yo los consolaré a ustedes»; también Salmos 131:2: «He calmado y aquietado mis ansias. Soy como un niño recién amamantado en el regazo de su madre. ¡Mi alma es como un niño recién amamantado!».

no se ha atrevido a limpiarse las lágrimas, sino que las ha tocado lentamente con la punta de los dedos, como si pudiera absorber su angustia y esta convertirse en ella; como si así pudiera ella sentirse más digna.

El lamento puede ser lágrimas que riegan una vida nueva, si lo dejas fluir.

Dios sabe que no necesitamos un camino hacia algo, tanto como necesitamos un camino hacia la sanidad... y la sanidad viene por medio de la cercanía de la unión *kjésed*, porque Él sabe lo cerca que lo necesitamos para experimentar de verdad Su toque sanador.

> «Me alegro y me regocijo en tu amor [*kjésed* de
>
> unión],
>
> porque tú has visto mi aflicción
>
> y conoces las angustias de mi alma».
>
> (Salmos 31:7)

Recuesto la cabeza en la esquina de un regalo de bodas que aún no ha sido desenvuelto y mi mejilla húmeda se pega al brillante papel.

De ninguna manera habría esperado que él tomara ese camino a casa desde una luna de miel cortada antes de tiempo; de ninguna manera habría esperado que nos perdiéramos de camino a nuestra primera cita; de ninguna manera, de ninguna manera, de ninguna manera.

Y la voz del Espíritu, unido por el *kjésed* a las cámaras mismas del corazón, late seguro diciendo: *jinné*. Aquí estoy. Aquí estoy. Mientras tanto, por todo el universo se escucha el eco: *YO SOY. YO SOY. YO SOY.*

Aquí estoy para ti. Tú eres una escogida. Escógeme a mí. «Todos los que el Padre me da, [terminan corriendo hacia mí]; y a los que vienen a mí, no los [suelto]» (Juan 6:37, DHH, insertos de la autora). Hay un romance que durará por todas las edades; solo está esperando a que tú te des vuelta.

Mis dedos encuentran el borde de una cinta en la esquina de la caja y me vuelvo al papel, desenvolviendo el siguiente paquete con lentitud, sin expectativa alguna de lo que me voy a encontrar. *No esperes nada más que el kjésed, porque esto resulta serlo todo.* Detrás de todo acto bondadoso de Dios, se encuentra Su misericordia *kjésed*. «Den gracias al único que puede hacer milagros poderosos. Su fiel amor [*kjésed* de unión] perdura para siempre» (Salmos 136:4, NTV).

Cuando oigo que el granjero regresa del granero, yo sigo desenvolviendo regalos, desenvolviendo esperanza. «La esperanza es algo bueno; tal vez lo mejor que exista».[5]

Me vuelvo… y encuentro sus ojos.

Tiene una sonrisa en el rostro… y lo amo. De veras lo amo.

—Bueno, ¿qué nos dieron?

Extiendo mi mano hacia la suya, en el deseo de tenerlo cerca.

—No tengo idea. Pero estoy segura de que todo es… bueno y generoso.

capítulo tres

VEN, DÉJAME AMARTE

Vuélvelo la fuente, el centro y la circunferencia
del espectro entero del deleite de tu alma.
—CHARLES SPURGEON

Cruzando junto a la chimenea, él me había llevado como en una vieja y gastada coreografía, pero yo no sabía que este aferramiento de almas podía sentirse como un hacha que nos separa de la esperanza con un golpe.

A menos que te detengas para aprender los pasos de aquella gran danza antigua.

Mi papá me había llevado hasta el altar en la víspera de su aniversario de bodas número veintitrés con mamá. Entonces se había dado vuelta, me había despedido con un delicado beso frente al granjerito y se había sentado en la banca, junto a mi mamá.

Pienso que, de alguna manera, cuando el granjerito y yo escogimos la fecha del veinticinco de junio para casarnos, consideré que casarme en ese día sería señal de que nuestro matrimonio seguiría el camino del de ellos. No tenía manera de imaginarme lo parecida que nuestra historia podría haber sido a la de ellos de dolorosas formas que yo nunca habría soñado.

Al igual que ellos, yo había esperado que hallaríamos alguna manera de superar todas las estrecheces económicas que significa ganarse la vida como granjero; que hallaríamos la manera de evitar todo camino divergente a través de los años; que hallaríamos alguna manera de sobrevivir juntos a pesar de la burla de los ataúdes; alguna forma de alejarnos de la revuelta tierra de la tumba.

¿Quién de nosotros no es un hilo de esperanza que busca con desesperación abrirse paso a través del ojo de una aguja, que busca un rayo de posibilidad a lo largo del muro de lo imposible, un rastro de una senda menos transitada?

Pero lo que nuestro predicador dijo durante nuestra ceremonia debió haber sido una premonición… para todos nosotros.

El pastor Dixon, con su cabello blanco alborotado que recordaba al de Albert Einstein, me miró por encima de sus lentes durante nuestra ceremonia y me dijo algo que no esperábamos que sirviera de marco a nuestros votos: «Ann, jovencita. Yo no sé si conoces ese canto de John Denver que se llama "Canción de Annie"».

¿Cómo pudo él saber que escuchar la sentimental «Canción de Annie» de John Denver en un disco de vinil medio rayado era la actividad favorita de papá para pasar una noche de invierno en medio de vientos huracanados?

Lancé una mirada a través de mi velo hacia papá, que se estaba secando las lágrimas, mientras mamá, con sus rizos que le caían desde el moño, le apretaba la otra mano.

«¿Sabías que John Denver escribió esta letra para su esposa, Annie? Es un canto que habla de cómo los sentidos de un hombre pueden verse repletos del amor de una mujer, como un mar agitado que puede regresar a acariciar la orilla, llenándola, palpándola, moviéndola una y otra vez».[1]

¿Acaso sabría él que Mamá solía sentarse al piano en las oscuras noches de domingo para tocar las inolvidables notas de la «Canción de Annie» sobre teclas desesperadamente desafinadas (aunque ninguno de nosotros se fijaba en eso porque aquello era glorioso) mientras los largos dedos de mamá buscaban la nota siguiente, extendiéndose en busca de más? Podía ver a papá tirado en el sofá de la sala, ya cansado del día el domingo por la noche, pidiéndole a ella que tocara aquel canto otra y otra vez, como si lo persiguiera una añoranza de algo que anhelaba, pero que jamás pudo encontrar. Los latidos mismos de su corazón son como el toque de un limosnero a la puerta de Dios, pero él no lo sabe. Es como una «inconsolable» añoranza de la cual escribió C. S. Lewis, la esperanza de que todos sus sentidos se llenaran como un océano ondulado y profundo, o como él mismo la describiera: «... el eco [...] de un país que aún no hemos visitado [...] un deseo de algo que realmente nunca se ha presentado en nuestra experiencia»,[2] «ese algo sin nombre, cuyo anhelo nos atraviesa como un estoque al olor de una hoguera, al sonido de una bandada de patos silvestres que vuela sobre nuestra cabeza [...] a la vista de las telarañas mañaneras a fines del verano o al ruido de las olas en la playa».[3]

Tal vez todo lo que John Denver anhelaba, lo que sentía en la lluvia, en las estrellas, en el cielo y en las olas, era algo que su Annie nunca podría llenar. Su añoranza podría describirse mejor como *Sehnsucht*, ese término alemán que representa la añoranza de lo inexpresable de la que habla Lewis; esa sensación de lo perdido que anhela ser encontrado. «Si encuentro en mí mismo un deseo que nada de este mundo puede satisfacer, la explicación más probable es que fui hecho para otro mundo»,[4] escribe Lewis.

Desde el principio mismo, las estrellas y el suelo, los cielos y la tierra, han sido firmemente asentadas en amor, dándonos destellos de ese otro mundo. La palabra que se traduce como *cielos* es un nombre masculino en hebreo, mientras que la palabra que se traduce como *tierra* es un nombre femenino. Desde el principio, la historia sagrada comienza con una pareja cósmica. Los mares con sus olas y la seca arena de la orilla, los animales que merodean y el bosque que los sostiene; estamos en un mundo complementario, diseñado para unirse de manera perfecta en la plenitud de un solo ser. El universo es una gran metáfora que habla de la unión. Es una metáfora de lo actual y de lo que está por llegar. Si encontramos en nosotros una pasión por ser amados que no puede ser satisfecha por nada en este mundo, la explicación más probable es que hemos sido creados para un amor que trasciende a este mundo.

Ese granjerito al que miro con ojos de enamorada y que estoy a punto de besar para entregarle todo mi futuro, ¿podrá encontrar una manera de llenarme con todo, con toda la pasión y con todo el amor que necesito? No sé si podrá leer en mis ojos que hace menos de setenta y dos horas llamé a mi abuela con el teléfono rotatorio que está en el vestíbulo de arriba, en medio de la noche, porque soy toda preguntas y ella es la única con la que hablaría estas palabras en voz alta: «¿Y si… y si estoy cometiendo un error?». Trato de soltarlo todo antes que mi abuela diga algo. «¿Y si él… no es el hombre con el que me debo casar? ¿Y si… me he equivocado en todo esto?». ¿Y si somos un mapa que hemos seguido al revés y cómo saberlo antes que sea demasiado tarde?

«Ay, cariño —suspira calladamente mi abuela al otro lado de la línea—. Ay, Ann. Escucha, cariño».

Yo me desplomo a oscuras en el piso del vestíbulo, afuera de la puerta medio abierta de mi habitación, y pego el oído al receptor del teléfono, en un esfuerzo por no perderme cuanta soga de salvación me tire mi abuela en este terremoto de casi-novia en que me he convertido.

EL CAMINO CORRECTO

¿Le digo a ella que en una ocasión hubo otro chico? Yo había sido novia del granjerito durante casi cuatro años, cuando otro muchacho de tercer año de latín, que vivía en la misma residencia universitaria, comenzó a acompañarme de vuelta a las habitaciones por todo el recinto después de la clase de la noche. Yo lo tenía por un caballero consumado que, al tomar el mismo camino, cuidaba de la tímida niña de granja en aquella universidad citadina. Y entonces, el día anterior a las vacaciones de primavera, enfrente de la puerta de la mencionada jovencita, me encontré una rosa con el tallo más largo que había visto jamás, con una carta manuscrita de cuatro páginas cuidadosamente dobladas y selladas con cera. La carta terminaba con el poema de su corazón: «Si supieras la manera en que te veo, sabrías que tus sueños se están convirtiendo en realidad y abrirías el camino para estar juntos».

¿Oraría yo para saber si existe en realidad ese camino?

Las manos me temblaban mientras volvía a doblar y a alisar las hojas, como si de alguna manera pudiera alisar esta arruga nauseabunda. ¿Habrá alguna forma de regresar a ser solo amigos, después de haber presenciado cómo un alma se abre para mostrar su interior?

Es cierto; el joven del tercer año de latín habrá sentido amor por todas las mismas cosas: literatura y lenguaje, poesía e historia… ¿pero sería él mi camino a seguir? Yo termino saliendo a caminar sin rumbo por los senderos iluminados del recinto universitario, derramando todas mis preguntas y dudas y sueños, al Hacedor de las estrellas. ¿Qué tal si un camino parece ser un cuento de hadas hecho realidad… y otro camino es el real y verdadero? Hay un camino que *parece* correcto… y otro que *es* el correcto. Había una vez, hace ya mucho tiempo, un árbol en el centro de un huerto que parecía realmente un hermoso «sí», pero cuando vemos la forma en que Dios puso un «no» protector en su centro, podemos ver la senda con toda claridad. Hay un camino que puede parecer correcto a los sentidos, pero que no lleva a nada bueno para el alma.

Tiré aquella rosa en un depósito de basura. Y me fui a mi casa, con el granjerito, para pasar las vacaciones de primavera.

Solo se necesita ver una estrella en el cielo nocturno para identificar el camino de vuelta a casa.

Abuela, ¿habré decidido bien? ¿Iré por el camino correcto ahora mismo?

«Escucha: nunca permitas que la indecisión te haga sentir indiferencia ni imprudencia». Mi abuela me está ayudando a levantarme con delicadeza, con palabras cantarinas como cuna. Por eso había llamado a mi abuela. Así es como las mujeres sabias saben consolar.

Vive en el espacio que hay entre las estrellas y te enfriarás. Muévete hacia la luz, hacia la Estrella de la Mañana, y todo lo que esté frío en ti se encenderá de nuevo. Porque en el centro del universo se encuentra la danza de la comunión entre el Padre, el Hijo y el Espíritu en esta órbita generosa, entregada y sacrificial de la Unidad. Incluso antes que la primera chispa de una estrella llameante danzara a través del espacio, un Dios trino y Uno plenamente relacionado, plenamente completo en el giro de Su danza abnegada y dadivosa de la comunión, tomó la decisión de crear un mundo con el único propósito de que nosotros compartiéramos Su comunión, en órbita dentro de Su amor generoso y desinteresado.

Lo que importa no es que alguien te haga girar por dentro, sino que la danza generosa y dadivosa de la Trinidad te dirija en tu entrega a un amor que gira sin fin.

Lo que puedo compartir es lo que ahora conozco: el amor es más que una emoción; el amor es entrega en movimiento.

⟋⟍

Yo nunca tuve la oportunidad de decírselo a mi abuela: Dios es amor, pero si lo volteamos y convertimos el ser amados en nuestro dios, nos perdemos en nosotros mismos. La muerte del yo es siempre el pulso que mantiene vivo el amor.

> Lo que puedo compartir es lo que ahora conozco: el amor es más que una emoción; el amor es entrega en movimiento.

Desde el principio, un hombre y una mujer dejan sus mundos y se unen entre sí en una constelación de unión y el matrimonio se convierte en una metáfora de algo más.

De pie allí ante el altar, frente al granjerito con un anillo en el bolsillo, yo puedo divisar de reojo a mi abuela, sentada con su vestido verde claro al otro lado de Papá, dándole suaves palmaditas en el brazo de su traje gris, consolando a su hijo, asintiendo con la cabeza hacia mí, como si me estuviera dando fuerzas para seguir adelante. Entonces, John Denver le cantaba a su Annie, dice el pastor Dixon, y su voz se oye como un trueno por todo el santuario.

Levanté mis ojos hasta los del granjerito, y me sabía de memoria la «Canción de Annie», y canté en silencio con todo mi corazón: «¿Cómo es que puedo amarte? ¿Cómo es que puedo venir a ti y darte mi vida?».

¿Hasta qué punto se da cuenta mi corazón en ese momento de que darle tu vida a alguien, a Alguien, es la labor de toda una vida? No hay ninguna manera fácil de entregarle tu vida a alguien. Todos los pasillos de bodas son caminos angostos. El amor es siempre el camino angosto que limita nuestras opciones, pero que expande y llena nuestra alma.

Y darle tu vida a alguien cada día por el resto de tu vida significa darla de manera deliberada cada día que pasa. Todo «para siempre» está formado de «día tras día».

El granjerito sostiene en sus ásperas manos las mías, me mira y las acaricia con delicadeza.

«El romance no mantendrá unido a un matrimonio». La voz de bajo del pastor Dixon, con su retumbante acento inglés, reverbera por todo el santuario.

El corazón me palpita como si las campanas de la iglesia me dijeran: *Ven, este es el momento; ven.* «Ustedes dos se van a desilusionar amargamente el uno al otro». *Espera. ¿Por qué está llevando por este camino nuestra ceremonia matrimonial?* «Porque los dos se están casando con otro pecador».

El pastor Dixon se vuelve a mí y va marcando cada palabra con su dedo:

«Ann, tú crees que te estás casando con el Príncipe Encantador». *Sí, sí, otra vez vamos bien.* Yo levanto la mirada hasta los ojos del granjerito y veo esa irresistible sonrisa de un kilómetro de ancho. Pero el Pastor Dixon no ha terminado: «Pero la verdad es, Ann, que te estás casando con el sapo que decididamente no pertenece a ningún sueño».

Yo no logro ahogar una risotada y el santuario entero se llena de carcajadas; hasta el pequeño sobrino del granjerito, sentado en el regazo de su madre en la tercera fila, comienza a imitar el ruido de un sapo, y el granjerito levanta la cabeza con risa sonrojada, y yo estoy feliz con la sorpresa de aquel momento.

El pastor Dixon está muy lejos de haber terminado:

«Y tú», dice señalando al granjerito: «Tú piensas que te estás casando con Cenicienta, pero… en realidad te estás casando con la hermanastra fea».

El santuario está alborotado con las risas; lo único que yo puedo sentir es el calor de mis mejillas sonrojadas y el remolino de deleite en la capilla, y me obligo a no mirar por encima del hombro a la única dama de compañía que está de pie junto a mí: mi hermosa hermana.

«Pero lo que ustedes están haciendo aquí hoy es una promesa, un voto, un pacto». El santuario vuelve al orden, todos regresan a su posición y se tranquilizan mientras el pastor Dixon llega al punto de su argumento: «Lo que ustedes están haciendo es prometerse amor mutuamente, sin tener en cuenta cómo vayan las cosas; ustedes están prometiendo…», y levanta en alto una desgastada Biblia:

«Sométanse unos a otros, por reverencia a Cristo». La voz del pastor Dixon se volvió suave y tierna, como un llamado: «"Por eso dejará el hombre a su padre y a su madre, y se unirá a su esposa, y los dos llegarán a ser un solo cuerpo". Esto es un misterio profundo; yo me refiero a Cristo y a la iglesia».[*] Entren en el misterio del matrimonio y la tierra se desvanecerá ante la extrañeza de una tierra santa y de un nuevo mundo que nos ofrece otra orientación.

UN PROFUNDO MISTERIO

Tal vez yo solo fuera una nerviosa novia de veinte años, de pie aquel día ante el altar, pero esto es cierto de todo matrimonio: el matrimonio es una metáfora sobre el profundo misterio de la existencia misma.

Años más tarde, leí lo siguiente, escrito por otro pastor:

---

[*] Efesios 5:21-32

«Esta es la meta de la creación. Todo fue diseñado para que el Hijo [tuviera] una esposa hermosa y llena de esplendor [...]. Cristo vino para crear una novia hermosa a partir de un pueblo rebelde y duro de corazón: tú y yo.

Esta novia, comprada con sangre y hermoseada, será el deleite de Dios para siempre [... la única sobre la cual Él no puede dejar de cantar así:] "Ella será mi gozo para siempre. Este ha sido el objetivo durante todos estos miles de años"».[5]

Detrás de mí había dos velas encendidas como testimonio; una había sido encendida por mi mamá y la otra por la mamá del granjerito... y había otra vela en el centro, en espera de que la encendiéramos los dos que nos convertiríamos en uno. Nos estábamos convirtiendo en una metáfora de fuera de este mundo, y esto era importante. Aún es importante. Yo me aprendí de memoria el rostro del joven que tenía delante de mí. Las mejillas me dolían por el gozo.

«El fuerte afecto con el cual un esposo debe amar a su esposa tiene por ejemplo a Cristo mismo, y un ejemplo de esa unidad que pertenece al matrimonio existe entre Él y la iglesia», sostiene el teólogo Juan Calvino sobre el mismo texto que el pastor Dixon acababa de leer ante nosotros en el altar. «Este es un notable pasaje que se refiere a la relación misteriosa que tenemos nosotros con Cristo».[6]

Un profundo misterio. Yo, una sonrojada novia, con un ramo de rosas blancas, al frente del altar de bodas en una capilla campirana. Él, un ruborizado muchacho de granja, con los hombros erguidos. Y todos nosotros ese día, sostenidos dentro de un misterio cósmico qué comenzó a los pies de la cruz.

«¿Acaso no te ha dicho Él —preguntó Charles Spurgeon, el

ministro más conocido de Inglaterra—, "Yo te haré mi esposa para siempre, y te daré como dote el derecho y la justicia, el amor y la compasión"? ¿Acaso sus propios labios no dijeron: "Yo te he desposado conmigo y mi deleite está en ti"?».[7]

«En este santo matrimonio [con el Señor], hay una unión más estrecha que en cualquier otro», asegura el predicador puritano Thomas Watson:

> «En otros matrimonios, dos forman *una sola carne*, pero Cristo y el creyente forman *un espíritu*: "Pero el que se une al Señor se hace *uno* con él *en espíritu*" (1 Corintios 6:17) [...]. Esta unión espiritual produce más deleites asombrosos y éxtasis de lo que ninguna relación matrimonial sería capaz de ofrecer. El gozo que fluye de esa unión mística es indescriptible y glorioso (1 Pedro 1:8)».[8]

Cuando me convierta en una mujer de mediana edad, sentada un día en la oficina de un terapeuta, miraré la línea temporal de mi vida, escrita en una pizarra blanca situada frente a su pared. Y, cuando él me pregunte cuál fue el día más feliz de mi vida, le señalaré este: el día de mi boda. Por el asombro de ese momento. ¿Imaginarme un día más feliz que ese? Imposible. *Gloria, gloria, gloria.*

«Ciertamente, la unión por medio de la cual [Dios mismo] se une con nosotros cuando nos recibe en el seno de la iglesia, es como un sagrado lazo matrimonial», escribió Calvino.[9] Y en otro lugar nos dice: «Por tanto, esa unión [...], esa verdad de que Cristo habita en nuestro corazón; en pocas palabras, esa unión mística, se nos otorga con el grado más elevado de importancia».[10]

ME ENTREGO A TI

«Ustedes están aquí para prometerse lealtad el uno al otro —el pastor Dixon hizo una pausa y continuó—: para prometerse una fidelidad total, para decirse que pueden confiar el uno en el otro en los tiempos más difíciles», se alisó el bigote para causar efecto.

«Los dos están aquí hoy para hacer el solemne voto de comprometerse el uno con el otro, no cuando las cosas sean fáciles, sino cuando sería más fácil marcharse».

En una humilde capilla, con las bancas llenas de granjeros holandeses de manos gastadas junto a esposas con niños pequeños en el regazo, el pastor Dixon, con su cabellera al estilo de Albert Einstein y su gran bigote, está predicando un sermón de bodas, pero hay algo sagrado que retumba y resuena como una invitación que sale de las mismas paredes a nuestro alrededor: este «matrimonio es un indicador de que todas las cosas en el cielo y en la tierra se unen en Cristo»,[11] en palabras de N. T. Wright.

Todos los casados son indicadores.

Esto es cada matrimonio: somos indicadores que señalamos el camino a la unión eterna que es tan real como la sensación de Sus dedos que se deslizan entre los tuyos y de la palma de la mano que hizo nacer las estrellas que ahora se une cálida a la tuya.

Y el granjerito comienza a recitar nerviosamente los votos que ha escrito y que ha aprendido de memoria y, sin darse cuenta, comete un error en el mismo principio: «Anillo, yo te doy esta Ann».

Los invitados sueltan pequeñas risitas. El granjerito cierra los ojos y se ríe con su entrañable manifestación de vergüenza. Y lo único que yo quiero hacer es acercarme a él, acariciarle esa mejilla suya y decirle: «Ven aquí».

Es como si me leyera los ojos. Se me acerca. Y comienza de

nuevo, como siempre lo hacemos, respiramos hondo y comenzamos de nuevo. Y hace sus votos con palabras que me ha vuelto a prometer en incontables ocasiones durante las últimas dos décadas y media: «Te prometo cavar profundos canales de comunicación por el resto de mi vida entre mi alma y la tuya».

Una vez hechas las promesas, tenemos que darles vida con nuestros días. Dos muchachos de rostro aún joven que, no obstante, en esencia nos hemos prometido cosas tan alocadas como estas:

Ciertamente habrá un océano de imposibles que se abrirá entre nosotros, pero yo te prometo cavar profundos canales de comunicación entre nosotros, sabiendo que la única manera de cavar esos canales profundos de comunicación es usando los pedazos de un corazón abierto y roto.

Es seguro que habrá emboscadas en la vida que nos apretarán entre la espada y la pared, y yo te prometo tener la valentía de romper mi corazón para abrirlo en vulnerabilidad, de manera que podamos salir de esa situación a una intimidad más profunda.

Con seguridad habrá ansiedad y tensiones y, en medio de ellas, te prometo ser cuidadoso, tratar con sumo cuidado tu corazón, porque *dar la mano en matrimonio significa manejar el alma del otro con el mayor de los cuidados*.

Ciertamente habrá decepciones y riñas, y yo te prometo destruir la vergüenza, pero nunca destruirte a ti, porque la vergüenza afirma que las cosas nunca pueden cambiar. La vergüenza abate, mientras que la gracia edifica; la vergüenza es una tirana, mientras que la gracia es un escudo; el amor de la cruz nos abre el camino.

De cierto habrá giros equivocados, pero yo te prometo vivir en perdón, porque no hay otra cosa que dé vida. Porque *el perdón le da oxígeno al alma.*

Y, sin importar cuántos días nos sintamos perdidos en un desierto, yo te prometo seguir regresando, aunque sea dando tumbos, a formar el hábito de la gratitud, porque el agradecimiento nos da la forma de escapar del juicio y del dominio controlador, y la gratitud vuelve la vida más maravillosa.

No tenemos indicio alguno de la aplastante realidad cuando decimos estos votos. Todos los votos matrimoniales son hechos por personas quebrantadas que rompen sus promesas, y esto puede romper un corazón, pero este es siempre el misterioso camino del matrimonio. El matrimonio nos rompe y nos vuelve a armar, y de estas ruinas puede surgir la resurrección. Siempre tiene que haber muerte para que haya amor. Observa al Amor en Persona.

> De las ruinas puede surgir la resurrección. Siempre tiene que haber muerte para que haya amor.

El granjerito desliza el anillo en mi dedo y el pastor Dixon pregunta:

—Ann, ¿aceptas a este hombre como tu esposo legítimo?

—Lo acepto.

Y yo comienzo a repetir en voz baja los votos que había aprendido de memoria, mirándolo a los ojos y recitando vacilante las palabras de Rut, mientras siento la santa gravedad de las palabras *kjésed* que están formando mis labios, el «amor de un solo sentido» que es la esencia del *kjésed*:[12]

«Iré a donde tú vayas, y viviré donde tú vivas. Tu pueblo será mi pueblo, y tu Dios será mi Dios. Moriré donde tú mueras, y allí seré sepultada. ¡Que me castigue el Señor con toda severidad si me separa de ti algo que no sea la muerte!» (Rut 1:16-17).

Yo pongo el anillo en su dedo y él me recibe, y el pastor Dixon nos proclama marido y mujer. «El novio puede besar a la novia». El pastor Dixon sonríe.

Y mi esposo granjero se inclina y me atrae hacia sí, mientras yo cierro los ojos, porque si en medio de nuestra oscuridad podemos sentir la bondad de un beso, entonces podemos hallar el camino a la dicha. Puedes sentir que todas las tinieblas se abren como cuando las aguas se parten, y puedes sentirte dando vueltas con las estrellas, y no hay vergüenza alguna en esta proclamación de ser uno frente al mundo entero, de que ese beso es nuestra llegada. El final suyo y mío, y nuestro comienzo.[13]

La mano de mi esposo granjero se desliza delicada y bondadosa por mi brazo desnudo, encuentra mi espalda y juntos nos volvemos hacia la vela de nuestra unión. Yo tomo en mi mano la vela que simboliza a mi familia. Él toma la suya. Y nuestras dos llamas parpadeantes se encuentran sobre el pabilo de la vela que nos espera… y yo entrego mi luz. Él entrega la suya… y entonces, en nuestra entrega mutua, el tercer pabilo se enciende y, en él, estamos ardiendo nosotros. Una oleada de luz valiente.

Entonces él apaga su vela personal… y yo soplo la mía.

UN TIEMPO PARA DANZAR

Alrededor de esas tres velas con una sola llama, alrededor de nosotros en este mismo instante, danza la Trinidad de Dios Padre,

Dios Espíritu y Dios la Palabra, Jesucristo, en su danza íntima de comunión entrelazada, una trinidad de entrega de tres personas igualmente divinas y distintas, un círculo de relación mutua desprendida y dadivosa. Esto es un misterio profundo. He aquí que nuestros pulmones se expanden en este momento con este misterio.

Lo que existía incluso antes de la creación era la comunión. Y la meta de toda la creación, el camino de toda alma es volver a la comunión, lanzarnos al profundo misterio de la desprendida y generosa comunión: la gran danza de la relación trinitaria.

La trinidad de velas que tengo detrás de mí es una alegoría y la cruz en el frente de la capilla nos habla de la historia de unos brazos abiertos, la historia de la unidad, y este es el voto sagrado del Hacedor:

> El Dios trino vino para algo mayor que solo enderezar nuestra relación consigo; vino para hacernos *uno* con Él.
>
> Vino para más que limpiarnos y hacernos justos; vino para casarse con nosotros y hacernos *suyos*.
>
> Vino para más que abrirnos un camino hacia lo que deseamos; vino para abrir un camino para que lo deseemos *a Él* sobre todas las cosas.

Nosotros, que debemos ser pequeños Cristos, debemos ser como el Cristo encarnado, quien personificó de manera literal a la humanidad para unirnos a Dios y hacernos uno con Él.[*]

---

[*] «Cada cristiano debe convertirse en un pequeño Cristo. Todo el sentido de hacerse cristiano es ese y ningún otro». También: «La iglesia no existe más que para atraer a los hombres a Cristo, para convertirlos en otros Cristos. Si no cumple este cometido, todas las catedrales, el sacerdocio, las misiones, los sermones, incluso la Biblia misma, son sencillamente una pérdida de tiempo». C. S. Lewis, *Mero Cristianismo* (Nueva York, Rayo, 2006), pp. 188, 208.

Lo que el Dios trino ha unido, no lo separe ninguna manera de pensar, de soñar o de vivir. Las velas resplandecen. Las almas exhalan, creen, danzan.

«[Esto] importa más que cualquier cosa en el mundo —escribe C. S. Lewis—. Cada uno de nosotros tiene que [... tomar su] puesto en esa danza. No hay otro camino hacia la felicidad para la que hemos sido hechos».[*]

No hay otro camino a la felicidad... sino el que conduce a esta gran danza de unidad.

Tu vida gira al compás de la danza.

Mi esposo granjero se quitó la chaqueta del smoking en el mismo minuto en que terminamos nuestro desfile procesional para salir de la capilla, afirmando que tenía demasiado calor. Yo levanté una ceja y le hice un guiño; él se rio y se volvió para besarme de nuevo.

El pastel de bodas que hizo mi mamá y que mi hermano llevó con poco cuidado a la capilla, terminó quebrado y fracturado. Las líneas de la rotura pasaban directamente entre el esposo y la esposa; yo me dije que estaba bien, que todo estaba bien, que no se trataba de una profecía.

Terminaríamos con una serie de fotografías, ruborizados y con un cuchillo en la mano, encantadores recuerdos del divertidísimo chasco: él y yo cortando un pastel de bodas nivelado con rollos de papel higiénico metidos debajo de la base de cartón y un ramo de yedra para ocultar ingeniosamente la horripilante base en un intento por mantenernos unidos.

«Me imagino que cuando las cosas se deshagan, tendrán que buscar la forma de volverlas a enrollar», dijo un tío tratando de pasar por simpático, a medida que arrancaba un pedazo del papel

---

[*] Lewis, *Mero Cristianismo*, 187.

higiénico (pudimos o no haberle hecho algún gesto un poco exasperado). Cuando las cosas se vinieran abajo, como les sucede a todas las parejas, ¿sabríamos la forma de volvernos y enrollarnos alrededor del otro en una órbita de amor desprendido y generoso? ¿Aprenderíamos alguna vez los giros de esa danza?

Cuando se terminó de servir el pastel, cuando el último de los discursos que ruborizan finalizó con un entusiasta aplauso y cuando el último vaso acabó de tintinear, pidiendo otro beso eléctrico y prolongado, cuando comenzaron a salir las primeras estrellas, mi esposo granjero tomó mi mano y me llevó fuera de la tienda de bodas del traspatio para presenciar juntos lo que mi hermano y sus amigos habían preparado en el campo. Los invitados a la boda están apiñados detrás de nosotros en el aire frío de aquella noche de junio con las manos metidas en los bolsillos de los pantalones, los brazos rodeando a las esposas para darse ambos un poco de calor. Mi esposo granjero se coloca detrás de mí, desliza sus brazos alrededor de mi cintura, me atrae hacia sí como si los corazones se pudieran fusionar y los dos echamos la cabeza hacia atrás, mirando hacia el firmamento lleno de estrellas, a la espera.

Mi hermano se arrodilla en el campo y prende la primera mecha… y un negro cielo nocturno hace erupción sobre la tienda de bodas, como si un centro de magma tomara cuerpo, rompiéndose y resplandeciendo en un millón de pedazos de lava blanca incandescente; un despertar volcánico de significados. El cielo parece bailar una rumba.

«¿Ann?». Es la voz de mi tía allí, junto a mi hombro, con mi abuela a su lado. Los fuegos artificiales estallan y giran alrededor de nuestras cabezas, resplandecientes en su danza moribunda bajo las estrellas.

«Escogiste al correcto», me susurra mi tía al oído y me da un rápido beso en la mejilla. Sorprendida, me doy vuelta y la veo sonriente. Y allí está mi abuela, haciéndome un guiño y extendiendo el brazo para alcanzar el mío. Y yo le hago un guiño de vuelta.

¿Oyeron lo que el pastor Dixon dijo inmediatamente después de haber recitado la letra de la «Canción de Annie»?

«Y luego, John Denver se divorció de su Annie». Yo no había esperado que la historia diera tal giro.

Los cantos de amor se pueden convertir en lamentos y es posible que los matrimonios no sobrevivan, y si esperas que otro ser humano encuentre la forma de llenarte, vas a perder tu camino. Espera que otro ser humano llene todo el vacío que sientes y podrás esperar divorciarte del único camino que puede llevarte hasta el final. Esperar que otro ser humano llene por completo tus sentidos como la gloriosa maravilla de una tormenta en el desierto o de un somnoliento océano azul a fin de cuentas no tiene sentido alguno, porque ningún ser humano puede llenar nuestros sentidos como Dios. Las montañas en primavera solo nos llenan los sentidos porque lo que los está llenando es la gloria de Dios. Añorar que nuestros sentidos se llenen como la noche inunda un bosque es añorar por algo más que amor; es añorar por el Amor en Persona.[14]

Lo que todos buscamos es una manera de mirar en los ojos de Aquel que siempre nos está buscando a nosotros; y solo hay Uno que lo hace.* Y la oscura noche que se tiende sobre nosotros gira con destellos de luz, como danzan los ojos de Dios cuando mira hacia los nuestros, nos lleva en brazos y nosotros nos balanceamos para entrar en la unidad de la Gran Danza de Dios.

---

* «Todos nacemos en el mundo buscando a alguien que nos busque a nosotros, y permanecemos en este modo de búsqueda por el resto de nuestra vida». Curt Thompson, *The Soul of Shame: Retelling the Stories We Believe About Ourselves* (Downers Grove, IL: InterVarsity Press Books, 2015), p. 138.

capítulo cuatro

CÓMO SER CONOCIDO

Conocer a Dios está muy lejos de amarlo.
—BLAISE PASCAL

Lo que viene a nuestra mente cuando pensamos en Dios es nuestra característica más importante.
—A. W. TOZER

Revelaciones como la de que no encuentras la forma de consumar tu matrimonio bien te pueden llevar a la sala de terapia.

Pregúntame cómo lo sé. Unirse es difícil. Y, sin embargo... no unirse en uno puede partirte el corazón en dos.

Cuando él me trata de acariciar bajo el pliegue de nuestras sábanas de algodón de recién casados, yo trato de no endurecerme ni de apretarme visiblemente con ese salvaje temor a ser vista, conocida, explorada, como una tierra virgen que debe ser descubierta. Él detiene la mano; hace una pausa.

—¿Es que... no me deseas? —susurra él en mi oído, herido.

—Sí... sí te deseo —Me vuelvo para besarlo con ternura, como si repitiera mis votos. —Solo soy yo. Solo quisiera ser alguien diferente... Para ti.

Cuando me siento en la silla de la esquina de Consejería Shalóm, le repito las mismas palabras a mi terapeuta.

—Mira —mi terapeuta se arregla un mechón de cabello detrás de una oreja—. Cuando estás totalmente envuelta en ti misma, te va a ser duro envolverte alrededor de él o permitir que él te envuelva en sus brazos.

Yo sonrío débilmente y asiento, tratando de no imaginarme qué clase de imagen visual tiene ella en su cabeza.

Entonces, ella se inclina hacia adelante, como si estuviera a punto de llenar una de mis heridas con gasa y sabiduría.

—¿Sabías que las investigaciones han descubierto cuáles son algunas de las claves de la felicidad? —y comienza a enumerar esas claves con los dedos—. Somos más felices cuando estamos de pie frente a alguna maravilla natural, como el Gran Cañón. También somos más felices cuando estamos en una zona profundamente creativa; lo que llaman *flow*.[1] ¿Y qué más? Somos más felices cuando nos hallamos en una profunda intimidad con nuestro cónyuge.

Los ojos le brillan con el deleite divino de la persona que lo sabe.

—Y cuando analizaron qué tenían de similar entre sí todas esas experiencias —yo me muevo en mi silla, incómoda y un poco avergonzada—, en cada una de esas situaciones de total felicidad, lo que está sucediendo es que nos olvidamos por completo de nosotros mismos.

Antes que pueda detenerme, un párpado se levanta, traicionando mis dudas.

Ella está sonriendo, como si me estuviera haciendo una seña de que esto es seguro, totalmente seguro.

—Cuando estás contemplando el Gran Cañón, cuando estás

mirando a tu cónyuge a los ojos, olvidándote de ti misma, o te estás entregando a tu esposo, con quien estás absorta, esa experiencia de admiración es lo que llamamos «sensación disminuida del yo». Y esa sensación disminuida del yo, esa pequeñez ante algo más grande, crea un profundo sentido de unión y de conexión.

Yo estoy asintiendo, tratando de conectar todo lo que ella está diciendo con el lugar al que quiero llegar: la idea de que dondequiera que hay olvido de uno mismo, hay felicidad.[2]

Donde nos olvidamos de nosotros mismos, encontramos precisamente aquello que estamos buscando: *el gozo.*

Y trato de hacer esta gran nota en mi mente, directamente a través de mi cerebro: *Olvidarse de uno mismo es la esencia de la felicidad. Un sentido disminuido de uno mismo puede hacer crecer un sentido mayor de conexión.*

—Pero esto es un camino, un largo camino en el cual te olvidas de ti misma para hallar un gozo auténtico.

Después de terminada la sesión, lo único que hago es sentarme en el auto en el estacionamiento, mirar el letrero de Consejería Shalóm y dejar que todo lo que ella me dijo me penetre, como si fuera un elixir, por las venas. Pensar menos en uno mismo es la forma de encontrar más gozo. ¿Por qué no te dice alguien que la autorrealización es tal vez un nombre muy errado y que la realización es una función en la que el yo se hace más pequeño por el asombro? Eso pondría de cabeza todas esas ideas trilladas sobe la autorrealización. Eso es lo que las investigaciones han dicho: cuando dejas que el asombro te haga sentir pequeño, sientes una

> *Olvidarse de uno mismo es la esencia de la felicidad. Un sentido disminuido de uno mismo puede hacer crecer un sentido mayor de conexión.*

conexión mayor.[3] Te encuentras en la zona de la felicidad… solo cuando dejas la zona del yo. Algo abiertamente contraintuitivo y contracultural.

Voy conduciendo por caminos llenos de hojas y de ramas de árboles para mover mi alma a la adoración, mientras pienso en lo que dijo la terapeuta: «Este camino es largo».

Tomás de Aquino fue el primero que dijo que nuestra identidad básica como seres humanos es la de *homo viator*; somos peregrinos en el camino, humanos de viaje, «caminantes humanos», el *homo viator* de camino a la vida *in patria*, «en la tierra de nuestros padres», en nuestro Padre.[4] Agustín se refirió con tanta frecuencia a la humanidad como *homo viator*, que la vida misma en la era medieval llegó a ser conocida como *in via* (en el camino) y al cielo se le refería como *in patria*, en el Padre.[5]

Yo no voy a quedarme aquí; solo estoy de camino. Soy una caminante que lucha, persevera, sube, tropieza, cae, se tambalea, se levanta, que no se queda en este lugar en mi cabeza, en mis relaciones, en mi pensamiento, en mi entendimiento, en mi matrimonio, en mi auto orientación, en mi relación con Dios. Todos los caminos pasan por Getsemaní, acéptalo, pero hay uno que es el Camino y que nos lleva a Dios. Acepta el camino de Getsemaní, acepta el ofrecimiento del hombro de Dios, acepta seguir estando de camino… hacia el asombro, hacia la gloria, hacia adorar, hacia reedificar, hacia comenzar de nuevo tu historia y restaurar tu alma, hacia la resurrección, hacia la pequeñez, hacia la grandeza, hacia la conexión. Los paisajes internos pueden

> Todos los caminos pasan por Getsemaní, acéptalo, pero hay uno que es el Camino y que nos lleva a Dios.

tomar nueva forma; las topografías del alma pueden cambiar; la

tomar nueva forma; las topografías del alma pueden cambiar; la visión de uno mismo, los miedos internos y los fracasos rotundos pueden variar; y donde yo estaba ayer, quien yo era ayer, no es quien seré ni donde estaré mañana. «Esto significa que todo el que pertenece a Cristo se ha convertido en una persona nueva. La vida antigua ha pasado; ¡una nueva vida ha comenzado!» (2 Corintios 5:17, NTV).

Tal vez mi terapeuta esté en lo cierto: se trata de un largo camino de perderme a mí misma, de descubrir más de mí misma, y estoy en algo que es más que un proceso: estoy *in via*, *en Aquel que es el Camino*. Son los caminantes *in via*, en el camino, los que saben que nunca estarán retrasados, sino que descansan en el hecho de saber que siempre están de camino a un amanecer, a ver a Dios en el mundo, a delicados pastos, a ser tocados por Jesús por medio de una risa sorpresiva, a una esperanza que siempre viene a nuestro encuentro como la corriente que sigue y sigue su canto sin fin. Esto también formará parte del camino: habrá kilómetros de valle, pero en Cristo estamos *in via*, de camino. En Cristo, el Camino, hay poder en nosotros para no quedarnos estancados en los valles, sino seguir caminando hasta el otro lado del valle de la sombra de muerte.

Cuando conduzco el auto por la entrada a la granja, me estaciono frente al hogar de mi niñez, bajo los escalones atrás de la casa y entro a nuestro apartamento de recién casados; mi granjero ya está de vuelta de sus trabajos vespertinos, duchado y oliendo como el hogar de mi alma, de pie bajo una tibia mancha de

> La manera como un hombre te propone matrimonio no lo vuelve romántico. Es la forma en que planea entregar su vida entera lo que lo vuelve romántico.

luz, poniendo la mesa, y con la carne recién salida de la parrilla humeando en una bandeja.

Cuando me oye en la puerta, levanta la mirada, sonríe mientras la tarde de verano llena de oro su rostro.

¿Cómo identificas el momento en el que has amado más a alguien?

Yo solía pensar que fue esa alocada noche de diciembre, cuando había detenido su auto junto al camino de Reesor y abierto una caja de terciopelo rojo; no existe en todo este mundo un recipiente que pueda contener esa clase de gozo.

La manera como un hombre te propone matrimonio no lo vuelve romántico. Es la forma en que planea entregar su vida entera lo que lo vuelve romántico.

La era de la internet nos tratará de vender algo diferente, pero el verdadero romance no se mide por lo viral que llegue a ser ninguna propuesta de matrimonio (además «viral» está estrechamente asociado con «enfermedad») sino por los momentos de olvido de uno mismo: poner la mesa al final de un largo día y preparar algún plato suculento para aquellos que son dueños de tu corazón y, entonces, sin cámara alguna que recoja el momento, ni cinta de música en el fondo, limpiar los platos para hacer que tu amor quede perfectamente claro. Este es el camino de un romance robusto.

Él pone la jarra de agua en una esquina de la mesa y parpadea con la dorada luz que entra.

«Me alegra que ya estés en casa», me dice sonriente.

El camino al hogar tiene más curvas y es más empinado de lo que piensas, porque tienes que hallar la forma de dominar el desaliento en el camino hacia los sueños; porque cuando tu vida no marcha de la forma que tú quieres que marche, es cuando más puedes conocer el Camino. El camino es largo y los caminantes perderán más de lo que imaginaban, y hallarán más significado del que jamás creyeron, y los verdaderos románticos saben que el viaje, las arrugas en la historia, en los sueños, en nosotros, van siendo cada vez más profundas hasta convertirse en algo sagrado.

CÓMO HACER EL MÁS REAL DE LOS AMORES

—¿Estuvo bien la consejería? —Sus brazos encuentran mi cintura. Sus ojos están esperando que les hablen los míos.

Yo recorro sus labios con un dedo y asiento.

—¿Estás resolviendo cosas? —Me levanta la cabeza.

—Sí… sí… ya. —Le sonrío—. ¿Quieres dejar la cena y pasar directamente al postre?

Los ojos le brillan… danzan. Me levanta un poco del piso, riéndose—. Sí… he perdido el apetito por la cena.

Me hace cosquillas en el cuello con la nariz y yo me río, y vuelan y giran las mariposas y él me carga.

No hay amantes de pie; la única forma de amar es rendirse.

Rendir los planes.

Rendir las agendas.

Rendir el yo. Pensar menos en el yo.

El amor es siempre rendición.

El amor se abandona a sí mismo… para aferrarse al otro.

Esta es la forma de hacer el amor dentro de un matrimonio: el amor rinde sus propios deseos para elevar la voluntad del otro.

Más tarde, a la luz de una vela, él me levanta de nuevo la cabeza y encuentra mis tímidos ojos.

«¿Estás… bien, Ann?».

> Esta es la forma de hacer el amor dentro de un matrimonio: el amor rinde sus propios deseos para elevar la voluntad del otro.

El abrazo, la unión, es difícil, sí. Pero unirse en uno también es santo.

Yo cierro los ojos y dejo que mi larga y continua sonrisa diga todo lo que no puedo expresar; deslizo mis brazos alrededor de su cuello y enlazo mis dedos detrás de su nuca: «Sí, Darryl».

Nos rendimos. Nos aferramos el uno al otro. Nos hacemos uno. La unión de un hombre y una mujer es una metáfora divina. Estamos allí recostados, en los brazos del otro. Esta es la pasión de Cristo. Este es el misterio de la Unidad, un misterio sagrado y «profundo; yo me refiero a Cristo y a la iglesia» (Efesios 5:31-32). Nuestra unión marital es una imagen esculpida, un símbolo de la sagrada intimidad que Dios quiere tener con nosotros. El gran misterio está en que el Misterio Mismo nos quiere desposar, conocer, amar, ser uno con nosotros, para que nosotros estemos en Cristo y Cristo en nosotros.

Nuestro universo es el universo del romance.

Él sigue la línea de mi mandíbula con la punta de sus dedos, sin que sus ojos dejen de mirar a los míos.

«Porque tu esposo es tu Hacedor,
El Señor de los ejércitos es Su nombre;
Y tu Redentor es el Santo de Israel,
Que se llama Dios de toda la tierra».
(Isaías 54:5, NBLA)

Porque tu esposo es tu Hacedor, el que se ha entregado a ti es Cristo, porque Dios amó tanto que dio; vivió en una vulnerable entrega, en un humilde olvido de sí mismo, en el conocimiento de una tierna comunión.*

«Como un novio que se regocija por su novia, así tu Dios se regocijará por ti» (Isaías 62:5).

Así como el amante tiene un destello en sus ojos, que se ilumina cuando tu belleza deslumbra una habitación, que irrumpe en una sonrisa cuando te atrapa mirando hacia él, así como el amante sigue con su dedo los contornos de tu rostro, como si pudiera bosquejar, trazar en un mapa, conocer íntimamente, la tierra prometida de tu alma… así es como tu Hacedor de caminos se emociona al hallarte: «¡Allí está! ¡Allí está!», sonriendo cada vez que te ve y nunca dejando de sonreírte, Su corazón adolorido por gozarse una y otra vez *en ti*.**[6]

> ¿Quién se imagina cómo el Dios trino, en Su
> dulce y modulada voz de barítono:
> «Se deleitará en ti con gozo,
> te renovará con su amor» (Sofonías 3:17)?

¿Quién conoce y es conocido por la ternura de haber sido amado ya así, cómo Dios irrumpe en una serenata de amor, no solo sobre

---

* Filipenses 2:1-11

** «Que podamos deleitarnos nosotros en Él es fácil de entender, pero, que Él se deleite en nosotros… ¡vaya! Tan solo pensarlo abruma mi corazón. Incluso en la Escritura del Antiguo Testamento, nuestro Señor dice a Su escogida: "serás llamada Hefzi-bá": es decir, "Mi deleite está en ella". ¿Es en realidad así? ¿Es verdad que el Dios infinito halla deleite en Su pueblo escogido? […] Medita en ello, alma mía, que Jesús se deleita grandemente en ti […] Él no descansará hasta haberte encontrado, atraído y ganado […] Él ha edificado una familia de la que somos partes mutuas, Él mismo el Marido y la iglesia Su esposa. Ah, ¿quién no lo proclamaría?». Charles Haddon Spurgeon, «Christ's Love to His Spouse», Spurgeon Center, consultado el 14 de noviembre, 2021, https://www.spurgeon.org/resource-library/sermons/christs-love-to-his-spouse/#flipbook/. (Una parte más amplia de la cita de Spurgeon aparece en la sección de Notas, como se menciona anteriormente).

ti, sino *en ti*, por quien tú eres, porque tu amada alma mueve a tu Hacedor a cantar? ¿Quién es el que sigue volviendo a esto, a sentarse en ese conocimiento, en un amor como este?

«¡Que te haya llegado a conocer así!», Darryl me acerca a sí y acaricia mi frente con un beso.

¿Conocer? *Conocida*. ¿Es eso… es eso lo que somos ahora?

«Conoció *[yadá]* Adán a su mujer Eva» (Génesis 4:1, RVR1960).

Hay un conocer que es adquirir información y hay un conocer que es intimidad.

Hay un conocimiento intelectual, un conocimiento de reconocimiento, y hay un conocimiento *yadá*, un conocimiento íntimo de unión. *Yadá* es «un acto que implica preocupación, participación interna, dedicación o unión con una persona».[7] Hay un conocimiento que se produce a nivel superficial y hay un *conocimiento* que es de piel a piel; de alma a alma.

Él me ha visto y, ahora… está *in via*, de camino, a conocerme a mí, completa.

Sus ojos no se apartan de los míos mientras se inclina y toca mis labios con esta tierna vulnerabilidad.

«Eres hermosa». Yo no cierro los ojos para dejarlo afuera; los cierro para tratar de detener las lágrimas. Trato de apartar la cabeza, avergonzada, sin recibir lo que yo no me puedo imaginar que sea una realidad en ningún universo. Él me rodea delicadamente la barbilla con sus dedos y me sostiene los ojos fijos y seguros ante los suyos.

«Eres hermosa». Me lo dice de nuevo, lentamente, como si quisiera que cada palabra bañe mi incredulidad, sature hasta la médula de los huesos.

«Y te desposaré conmigo para siempre, te desposaré conmigo en justicia, juicio, benignidad y misericordia *[kjésed]*. Y te desposaré conmigo en fidelidad, y conocerás *[yadá]* a Jehová» (Oseas 2:19-20, RVR1960).

Dios quiere casarse con nosotros, el pueblo de Su pacto. Desde nuestro principio en el huerto, pasando por el huerto de Getsemaní, hasta la consumación de todas las cosas en el huerto del Paraíso en el Apocalipsis, el camino de toda la historia de Dios es que los dos se vuelven uno; toda planta y animal hembra y macho de la creación entera, el hombre y la mujer, Dios y nosotros. La historia de Dios comienza con la boda del primer hombre y la primera mujer, y el tiempo llega a su final con la boda de la esposa, la iglesia, con Cristo, el Esposo, en el banquete de bodas del Cordero. La unidad es toda la historia de Dios. Él está convirtiendo todo en un camino hacia esto: comunión, compañía, unión, vinculación, unidad. En la imagen de la Trinidad, somos hechos para que la diversidad se convierta en unidad.

Y Su pacto nunca deja de sentir profunda emoción sobre nosotros; nunca nos deja, nunca nos suelta, nunca nos falla, salvación por misericordia *kjésed*. En tres ocasiones, el Dios trinitario nos desposa con la totalidad de Su ser, diciendo: «Te desposaré, te desposaré, te desposaré», acepto, acepto, acepto, por medio de un matrimonio eterno con Su pueblo, porque entonces «conocerás *[yadá]* a Jehová» como realmente soy (v. 20, RVR1960).

Esa misma palabra *yadá*, que es usada para expresar la realidad de conocer de forma íntima a Dios, es precisamente la que se usa para describir la intimidad de la unión física.* Conocer a tu

---

* «Sin embargo, la afirmación más atrevida de todas es la última del versículo 20 (RVR1960): "y conocerás a Jehová". Para ver lo que significa, recuerda el uso peculiar de la palabra "conocer" en la Biblia. Por ejemplo, en Génesis 4:1 (RVR1960): "Conoció Adán a su mujer Eva, la cual concibió y dio a luz a Caín". También en Mateo 1:25:

cónyuge, «tener relaciones» con él, es *yadá*, y tener una relación con Dios es nada menos que *yadá*. El conocimiento de la unidad marital es una metáfora sobre el conocimiento de *Dios*. El pacto de amor expresado de manera física es una metáfora del conocimiento espiritual *del pacto de amor de Dios hacia nosotros.*

Si te alejas de Dios, pensando que Él solo es un monte santo que humea, conocerás solamente *sobre* este Dios. Para *conocer* a este Dios, tendrás que mantenerte lo suficientemente cerca para tocarlo. Lo suficientemente cerca para tocarlo, para seguir todas y cada una de Sus palabras, cada línea de su Palabra, de Sus labios, echar todo el peso de tu mundo sobre Él y confiar en que Él lo sostendrá, para darte vuelta y acariciar Su corazón desnudo. Entonces, y solo entonces, después de haberlo tocado, experimentado, encontrado, conocerás a Dios.

Y yo soy la mujer de mala fama que lo tocó, la pecadora que se soltó el cabello, se arrodilló y dejó que todo su cuerpo cayera como una cascada; mis húmedas mejillas han mojado Sus pies por completo y he besado Sus sandalias; soy Tomás, el incrédulo, tocando, palpando, interrogando Sus heridas aún frescas con preguntas hirientes; y Él no ha parpadeado una sola vez siquiera; yo soy la mujer que no solo se ha limitado con tocar el raído borde de Su largo manto, sino que le hecho inclinarse hacia la arena, pero Él me ha escrito una nota amorosa en las partes más sucias de mi ser con Su dedo y, después, me ha levantado la cabeza… y me ha susurrado:

"Pero no la conoció [a María] hasta que dio a luz a su hijo primogénito". En el contexto de un matrimonio quebrantado que está siendo renovado con votos nuevos de compromiso, las palabras "conocerás a Jehová" (v. 20) deben significar que disfrutarás de una intimidad como en la relación sexual más pura». John Piper, «Call Me Husband Not Baal», (sermón, Bethlehem Baptist Church, Minneapolis, MN, 26 de diciembre, 1982), MP3, 34:52, Desiring God, https://www.desiringgod.org/messages/call-me-husband-not-baal.

«No tengas miedo, porque he pagado tu rescate;

te he llamado por tu nombre; eres [mía].

Cuando pases por aguas profundas,

yo estaré contigo.

Cuando pases por ríos de dificultad,

no te ahogarás» (Isaías 43:1-2, ntv).*[8]

Interroga y duda, golpea y deshace, desatina y agítate con furia, pero mantente lo suficientemente cerca para seguir golpeando Su pecho. Nunca te apartes tanto que no lo conozcas a Él, que no puedas trazar Su corazón de memoria, porque esto es lo aterrador:

«No todo el que me dice: "Señor, Señor", entrará en el reino de los cielos, sino solo el que hace la voluntad de mi Padre que está en el cielo. Muchos me dirán en aquel día: "Señor, Señor, ¿no profetizamos en tu nombre, y en tu nombre expulsamos demonios e hicimos muchos milagros?" Entonces les

---

* «Así es como el hijo de Dios lleva a cabo una relación secreta con el Cielo. Míralo de rodillas: él habla con Dios, derrama su corazón ante el Señor. A cambio (sin importar si el mundo escoge creerlo o no, es un hecho para nosotros), a cambio el gran Espíritu Invisible derrama en el corazón del que ora una corriente de consuelo sagrado que lo sostiene en los tiempos de dificultad y le otorga gozo en los momentos de tristeza […]. Decírselo a Dios […], desnudar el corazón, exponer sus secretos más profundos a Aquel que escudriña los corazones, derramar lo que no puede expresarse con palabras […]. ¿Existe alguna ansiedad que no me atrevería a echar sobre Él? ¿Existe algún pecado que no confesaría con humildad y lágrimas ante Él? ¿Existe alguna necesidad que no buscaría que Él satisfaga? ¿Existe algún dilema por el cual no lo consultaría? ¿Existe algún secreto tan confidencial, imposible de divulgarlo a los hombres, que no pueda expresar ante mi Dios? […]. Por tanto el Señor se agrada a cambio en manifestarse a Sí mismo a Su pueblo». Charles Spurgeon, «Private and Confidential», en *The Metropolitan Tabernacle Pulpit: Sermons Preached by C. H. Spurgeon*, vol. 60 (Londres: Passmore and Alabaster, 1914), Christian Classics Ethereal Library, https://ccel.org/ccel/spurgeon/sermons60.xlii.html. (Una parte más amplia de la cita de Spurgeon aparece en la sección de Notas, como se menciona anteriormente).

diré claramente: "Jamás los conocí. ¡Aléjense de mí [...]!"»
(Mateo 7:21-23).

O conoces [yadá] *a Dios o te alejas de Él.*

Solo aquellos que obedecen y que siguen el Camino de Dios
pueden decir que conocen a Dios. Para conocer a Dios como la
palma de tu mano, como tus manos, tus pies o tu corazón, te tienes que mover con Él. Conocer a Dios es estar tan íntimamente
unido a Él que te muevas con Él y que Él se mueva a través de
ti. «Recuerda que [...] el SEÑOR tu Dios te llevó por todo el
camino del desierto, y te humilló y te puso a prueba *para conocer*
[yadá] *lo que había en tu corazón y ver si cumplías o no sus mandamientos*» (Deuteronomio 8:1-2, énfasis añadido). Obedecer
a Dios es la forma de extenderle la alfombra de bienvenida,
para que llegue a conocer todas las recámaras de tu corazón
de forma íntima, saber que tu corazón es para Él. Detente,
voltea, siéntate, desea, persiste, anhela conocer íntimamente *[yadá]* el corazón de Dios y permite que Dios conozca *[yadá]*
todo tu corazón, mientras exploras el terreno de Su corazón
y Él explora el tuyo; entonces encontrarás que la vida no se
trata del camino hacia un destino final, sino de una forma de
viajar, una forma de ser totalmente conocido y, a pesar de esto,
plenamente amado.*

Es como chapotear en aguas poco profundas y en toda clase
de cosas infernales, solo conocer a Dios por un escrito, por lo

---

* «Tim Keller define la palabra *yadá* como "la palabra más profunda, íntima y
empírica en el idioma hebreo para conocimiento. Es un conocimiento tan apasionado,
tan intenso y tan íntimo que es un sinónimo para la sexualidad cuando se utiliza en el
libro de Génesis». Tim Keller, «Creation Care and Justice», 28 de agosto de 2020, en
Gospel in Life, podcast, audio MP3, https://www.oneplace.com/ministries/gospel-in-
life/listen/creation-care-and-justice-881138.html.

oído en un púlpito, por memes pixelados, recibir únicamente *conocimiento informativo*, cuando existe una manera de bucear en las profundidades para ver a Dios a los ojos y experimentar el *conocimiento relacional*, esa reverberación de Su palabra llena de seguridad que resuena hasta en los lugares más

> La vida no se trata del camino hacia un destino final, sino de una forma de viajar, una forma de ser totalmente conocido y, a pesar de esto, plenamente amado.

recónditos, donde desbordan almacenes de vergüenza, abandono, sufrimiento y pérdida; y sabes que sabes que sabes que Él está aquí, aquí mismo, y que se cierne sobre tus profundidades; y lo has conocido, el calor de Sus alas, la sombra que te protege; y debajo de todo has sentido Sus firmes brazos que nunca se debilitarán.

«... esforcémonos por conocer *[yadá]* al Señor.
Su salida es tan cierta como la aurora,
Y Él vendrá a nosotros como la lluvia,
Como la lluvia de primavera que riega la tierra».
(Oseas 6:3, NBLA)

Esfuérzate, busca con todas tus fuerzas a Aquel que viene por ti como el tibio amanecer sobre tu rostro cada día, Aquel que cae sobre tu rostro vuelto arriba y sobre todo lugar reseco con delicadas lluvias vivificantes, Aquel que guía tu camino a fin de que florezcas, cosa que solo surge de un conocimiento íntimo y total de Él.

Yo no me aparto de él.

—Yo… solo quiero que ambos… nos sintamos amados. Deseados.

Conocidos.

Trazo un círculo alrededor del beso blanco de una cicatriz que toca su ceja derecha.

—¿Si algo te sucediera a ti? —Sigo la línea del lado de su rostro y su cuello con la punta de mi dedo—. ¿Y si alguien me llamara para que fuera? Yo conozco todas las formas en que sabría que se trata de ti.

TE CONOZCO. TE CONOZCO… *YADÁ*.
TE RECONOCERÍA… *YADÁ*… EN DONDE FUERA.
CONOZCO TU CORAZÓN DE MEMORIA,
LOS REMOLINOS DE LAS HUELLAS DACTILARES DE
TU ALMA.
PODRÍA DIBUJAR UN MAPA DE LOS PASAJES SECRE-
TOS DE TU MENTE,
EL PAISAJE INTERIOR DE TUS PENSAMIENTOS,
PORQUE ME HE ACERCADO LO SUFICIENTE COMO
PARA DECIR
DE TU CÁLIDO ALIENTO QUE ES MI HOGAR MÁS
SEGURO.

Nunca dejaré de trazar el mapa de su alma, de memorizarlo, no con tinta ni líneas sobre un papel, no por medio de descriptores ni de comentaristas ni de segunda mano, sino a mano, con mi propia mano, con mis propios encuentros íntimos, de manera que solo tengo que cerrar los ojos y puedo escuchar el ritmo de su voz, lenta y firme, la manera de encontrarlo, esa cadencia, incluso desde el fondo, en medio de una multitud, la forma en que puedo sentir los contornos de su cercanía en la oscuridad, la manera en que me lo he aprendido de memoria, por completo, cómo dice todas las noches: «Terminemos ya el día. La mañana llega temprano», cómo veo su escritura a mano, esas pequeñas líneas rasgadas, todas amontonadas allí, en ese diario lleva en su Biblia abierta, cómo yo sé que es él, solo por la forma en que camina por el piso.

Puedo decirlo, y cualquiera puede decirlo: lo intento y me caigo, me pierdo y me doy la vuelta, me olvido de mí misma y me protejo a mí misma, descubro mi alma y extiendo el brazo para tomar una máscara, pero sería peor que decir que no conozco a Dios como conozco parte de mí misma. *O conoces* [yadá] *a Dios o te alejas de Él.*

> «Mientras Cristo se mantenga fuera de nosotros y nosotros nos hallemos separados de Él, todo lo que Él ha sufrido y hecho por la salvación de la raza humana permanece inútil y no tiene valor para nosotros [...]. Todo lo que Él posee no es nada para nosotros mientras no crezcamos en un mismo cuerpo con Él».[9]

Cuando Dios toca a tu puerta y entra, habita en ti, mora en ti, se muda y hace Su hogar en ti, se quita el calzado, prende una vela, se inclina y te rodea con Su brazo; el Camino te ha hallado y tú estás en casa, donde eres emocionalmente conocido y tu alma está segura para siempre.

¿Por qué requerir un camino hacia algún otro lugar, cuando tu mundo interior con el Hacedor de caminos es tan hermoso, está tan envuelto en un amor en el cual eres visto tan por completo, eres tan profundamente conocido y estás totalmente seguro... un mundo al que te puedes volver y regresar, donde no hay otro lugar en que quisieras estar? «Entonces Cristo habitará en el corazón de ustedes a medida que confíen en él. Echarán raíces profundas en el amor de Dios, y ellas los mantendrán fuertes» (Efesios 3:17, NTV). La oración solo se produce cuando estamos sin máscaras y con el alma descubierta delante de Dios, permitiendo que Él nos toque y conozca todas las partes de nuestro ser, dejando que Él nos ame por completo, no como nosotros fingimos ser, sino como somos en realidad.

En el principio era el paraíso, solo porque Él nos conocía, solo porque Él estaba con nosotros. Podemos regresar al paraíso sin importar en dónde nos encontremos, porque el hogar de Dios es dondequiera que estemos: *dentro de nosotros*. «¿No se dan cuenta de que todos ustedes juntos son el templo de Dios y que el Espíritu de Dios vive en ustedes?» (1 Corintios 3:16, NTV).

Da media vuelta y regresa al Edén: Dios está con nosotros.

Darryl conoció a su esposa.

Yo conocí a mi esposo.

Y fue como en el Edén, donde no se sentían avergonzados.

PLENITUD DE VIDA

Diez meses y medio después de nuestro pacto *kjésed* para siempre, conduzco con mi cuerpo hinchado de vuelta por caminos de campo hasta el hospital, cuatro semanas antes de mi fecha para dar a luz, antes que esta esposa de veintiún años se pudiera imaginar en su inocencia o llegar a comprender que su cuerpo había entrado en trabajo de parto, antes que Darryl deje de sembrar en los campos y salga a toda prisa para el hospital en un pequeño camión de reparto; a pesar de todo esto, en la víspera del Día de las Madres, yo miro directamente a los ojos de Darryl, fijos en los míos, me agarro a sus brazos con tanta fuerza que le hago daño, aprieto los dientes y doy luz a nuestro primer hijo, que llamamos Caleb, porque Caleb «ha mostrado una actitud diferente y me ha sido fiel» (Números 14:24).

Casi exactamente veinticuatro meses más tarde, Darryl soltaría su distribuidor de alimento en el granero antes de las seis de la mañana, dejará a sus cerdas hambrientas en espera, y se lanzaría a toda velocidad atravesando somnolientos poblados rurales, esquivando a los coches menonitas que avanzan traqueteando por la mañana, para llevar a su esposa, de nuevo en trabajo de parto y respirando hondo, hasta el hospital, reduciendo un viaje de cuarenta minutos a solo veinte; así nos llegó Joshua, aquel a quien Dios le ordenó: «¡Sé fuerte y valiente! ¡No tengas miedo ni te desanimes! Porque el Señor tu Dios te acompañará dondequiera que vayas» (Josué 1:9). Juntos, Josué y Caleb, «han seguido al Señor de todo corazón» (Números 32:12, ntv); esa fue y sigue siendo nuestra oración para ellos.

Joshua nació en un húmedo sábado, el último día de mayo, y el lunes ya estábamos de vuelta en la granja, yo alimentando a las cerdas y a Joshua. Con el nuevo recién nacido en un brazo, envuelto en pañales, y con el otro brazo cuidando de los cerditos recién nacidos, además de un bebé de dos años aferrado a mi pierna. Trabajo de sol a sol junto a mi hombre y conozco *[yadá]* el mundo entero de mi marido.

El mercado de los cerdos se desploma. De los treinta dólares que cuesta producir un cerdito, solo nos quedarán ocho más de ganancia. Nuestros bolsillos causan una hemorragia en nuestros sueños. Aumentan las tensiones y peleamos. Perdonamos. Oramos y nos sometemos, le abrimos paso a Su voluntad. Los bebés y yo lloramos hasta quedarnos dormidos. Darryl me abraza a mí y a mi panza de embarazada, aunque por las noches él no puede dormir.

Entonces una noche en medio del invierno, cuando nuestro sueño de mantener a flote la granja está prácticamente muerto, él me lleva al YMCA de la ciudad poco antes de que cierre y, cumplidos ya los nueve meses, me meto como salchicha en un traje de baño y entro flotando en la piscina, y me paro como puedo de manos, rogando a nuestro tercer bebé se dé vuelta bajo las presiones del agua: date vuelta, bebé, que vienes al revés; date vuelta. Sin embargo, solo cinco días más tarde, y diez inesperados días antes de tiempo, mi agotado granjero, en un pequeño hospital de campo que no tiene forma alguna de realizar una cesárea para un bebé que viene de nalgas, mi agotado granjero, que ha estado tratando con desespero de mantenernos vivos junto con todos nuestros sueños, encuentra mis ojos y me suplica por todos nosotros: «Tienes que darlo todo, Ann».

Yo conozco [yadá] sus ojos y todas las palabras que él está callando, y me olvido de mí misma para enfocarme en la felicidad que está más allá de mí y, tras cuatro rugidos y esfuerzos hercúleos, tenemos en brazos a nuestra primera hija, nacida al revés, pero en parto natural, y oramos para que nunca le dejemos de dar todo a esta niña que nombramos Hope, Esperanza, porque «Yo sé muy bien los planes que tengo para ustedes —afirma el SEÑOR—, planes de bienestar y no de calamidad, a fin de darles un futuro y una esperanza» (Jeremías 29:11).

En el principio, un esposo conoció a su esposa, y una esposa conoció a su esposo, y la intimidad produce toda clase de fruto, y una y otra vez mi abdomen creció y se contrajo y di a luz y amamanté y perdí peso y adelgacé y me hice más fuerte de lo que me habría podido imaginar; y en una santa danza con la Trinidad, hicimos media docena de pequeños seres humanos, y cocreamos almas, y los dimos a luz al aire y a la historia de Dios. Caleb, Joshua y Hope serían seguidos por el milagro de Levi, Malakai y Shalóm.

Cuando conoces [*yadá*] la bondad de Dios, puedes saber que habrá alguna clase de fruto. La intimidad con Dios da fruto para Dios. Las experiencias íntimas con Dios hacen nacer la obediencia a Dios. Conoce al Camino y conocerás el Camino.

Es cierto: asi perdimos la granja. Dios nos casa con la esperanza. Una y otra vez, nos perdemos y hallamos uno al otro; seguimos aprendiendo y conociéndonos de manera natural y también *yadá*, trazando con mayor detalle el mapa del paisaje interno del otro y hallando más para amar, escogiendo amar más. Conocer a alguien es estar de pie mil veces sobre la tumba del quien fue una vez, y después caminar con él para conocer mejor el terreno interno de aquel en quien se está convirtiendo.

> Las experiencias íntimas con Dios hacen nacer la obediencia a Dios. Conoce al Camino y conocerás el Camino.

Cuando me siento aterrada ante el próximo valle cavernoso, el próximo desplome del mercado agrícola, deudas disparadas, cosechas pobres y hasta pérdidas de animales, montañas y valles, oleada tras otra y tras otra, Darryl inclina su frente contra la mía y susurra:

«¿Qué es lo peor que nos puede pasar, Ann?».

Y yo asiento, y lo conozco [*yadá*], lo conozco por encima de todas las oleadas de una vida: resulta que puedes estar casi en bancarrota, en vergüenza, rechazado, etiquetado, ignorado, calumniado, diagnosticado, abandonado, separado, humillado, culpable, despedido, envilecido, acusado, destruido, arruinado, devastado, dolido, destruido y dado por muerto de un millón de maneras; pero este es el fondo del océano, el fundamento de todo: cuando sabes que eres totalmente conocido y, aun así, plenamente amado, no existe nada que te pueda asustar.

> Cuando sabes que eres totalmente conocido y, aun así, plenamente amado, no existe nada que te pueda asustar.

Hay una razón por la que Dios es Amor y está con nosotros: porque esto es lo único que necesitamos.

Cuando estás perdido en una maraña de dificultades, descubres que has sido hallado cuando conoces tu identidad: *Amado*. Dios es Amor y el amor es el fundamento de todo; el amor se halla debajo de todo, cuando todo desaparece, y Dios está con nosotros y el Amor se casa con nosotros.

Yo soy conocida y comienzo a descubrir cómo decirlo en voz alta: «El peor escenario es que suceda todo lo peor y, aun así, sigo siendo amada».

Cuando él me encuentra en medio de la noche bajo las delgadas sábanas de algodón, sabemos cómo leernos el uno al otro en la oscuridad: el amor te mira a los ojos y te dice: «Yo sé dónde te avergüenzas más, dónde tienes más temor, dónde te sientes más sola, pero no hay nada que podría hacer que yo me fuera».

El océano besa la tierra; la luna completa a las estrellas; Dios quiere conocer el alma entera; en todas partes, dos se vuelven uno solo en un amor consumado.

capítulo cinco

NO HAY LUGAR
COMO EL HOGAR

~⌇~

Disfrutar por completo a Dios es infinitamente mejor que [...] padre y madre, maridos, esposas o hijos [...] o [...] amigos terrenales. Estas no son sino sombras, pero Dios es la sustancia [...]. Estas no son sino corrientes de aguas, pero Dios es la fuente. Estas no son sino gotas, pero Dios es el océano.
—JONATHAN EDWARDS

Examinar el rostro que se halla frente al tuyo puede hacerte sentir, de maneras que nunca esperabas, como un volver a casa. La primera vez que vi los pixeles de su rostro con forma de corazón fue en una noche de principios de febrero, mientras yo estaba de pie en un jardín bajo hileras de luces y una verdadera sábana de estrellas en aquel cielo de Texas.

Darryl y yo acabábamos de celebrar más de veinte años de guardar nuestros votos matrimoniales. Casados y unidos más años que todos los que habíamos vivido antes de unir nuestras vidas, intercambiar anillos y convertirnos en una metáfora de algo más.

En él, la línea del cabello en retroceso había aparecido como una vulnerable revelación, y a mí solo me hizo amarlo aún más. Y yo tenía esta cintura cada vez más ancha que me hacía más blanda, menos elegante y con curvas menos definidas; y nada en ninguno de nosotros había sido una línea recta, pero el camino largo y sinuoso puede unir las almas con fuerza. Es extraño cómo nuestro camino solo tiene sentido cuando miramos hacia atrás, pero solo podemos tomar el próximo paso si seguimos mirando hacia delante. Resulta que solo se puede hallar el camino cuando se mira a la vez hacia detrás y hacia delante; pero, cree que cualquiera que sea el sentido de tu mirada, nadie logra pasar por alto los caminos difíciles, que estas palabras ciertas y comprobadas son la brújula más sincera: «Y pasó…». Los caminos difíciles pasarán, también pasarán los caminos fáciles, y la única forma de atravesarlos sigue siendo con la brújula verdadera de estas palabras. Nunca lo olvides.

UNA NIÑA, UN TELÉFONO Y UN AMOR A PRIMERA VISTA

Y pasó que yo estaba de pie, cerca de la mitad del camino, en el medio de mi vida, con Edenes y Getsemaníes detrás y delante de nosotros, Darryl y yo, padres de media docena de chiquillos gloriosos que deambulan por este retorcido laberinto de la vida; me encuentro de nuevo bajo la expansión de un cielo de primavera, en una reunión de mujeres dispuestas a cambiar el mundo, valientes en Jesús y visionarias que administran organizaciones sin fines de lucro, todas ellas relatando sus historias de lucha contra las tinieblas y la injusticia y la opresión, sin darse nunca por vencidas.

Pero yo no estoy mirando las estrellas; ni siquiera a las mujeres que conversan con sus gaseosas en la mano. Yo estoy mirando unos pixeles en un teléfono; estoy viendo el rostro de una bebé envuelta en una manta con su sombrerito blanco tejido con orejas de cordero. ¿Tal vez una bebé de tres o cuatro meses de edad? Encima de mí, en algún lugar del firmamento, se halla Aries, ese grupo de estrellas al que los hebreos llaman *Teli*, «el cordero del mundo».

Me acaban de presentar una organización que cuida a pacientes pediátricos con problemas cardíacos y es evidente que esta bebita, en un amoroso hogar de acogimiento en China, padece de síndrome de corazón izquierdo hipoplásico, lo cual significa que literalmente solo vive con la mitad del corazón funcionando. Sus padres, sin recursos para pagar el cuidado que ella necesita con desesperación, la colocaron donde esperaban que alguien la encontrara, la adoptara y le dieran una oportunidad para luchar por su vida. Estoy mirando el rostro de un sueño. Los sueños de su mamá y sus sueños; ella ha perdido a su mamá y su mamá la ha perdido a ella, y no hay sueño que no haya sido moldeado por desesperación, decepción y oscuridad. Se había publicado una notificación durante semanas y semanas en un periódico de China, en la esperanza de hallar a su mamá, de lograr una reunificación y darles apoyo médico para conservar la familia, esta unión, sus propios corazones. La notificación había quedado sin respuesta.

Al mirar la imagen de esta pequeña bebé, yo quiero aullar con rabia a la luna, a las estrellas, a su Hacedor, para dirigir la manera para que esta bebita encuentre el camino de vuelta a la mamá que la dio a luz, cuyo corazón latió constantemente durante nueve meses sobre esta niña como un sonar de amor. ¿Acaso no hay nadie que pueda conectar sus pasos; una constelación de madre e hija que se pertenecen la una a la otra? Pierde la conexión con tus seres amados, tus sueños, tu comunidad, tu Hacedor, y lo que hallarás será trauma. Pierde la conexión y hallarás trauma. Yo no puedo apartar mis ojos de los penetrantes ojos castaños de aquella bebé en pixeles. Todos somos caminantes que necesitamos estar conectados con nuestra Estrella Polar. El planeta es una pequeña canica… ¿cómo es posible soportar la pérdida de gente que necesitamos?

> Pierde la conexión y
> hallarás trauma.

Algún día, esta pequeña bebé necesitará más que una cirugía de corazón; finalmente requerirá un trasplante completo de corazón bajo el enrejado de su tórax. Para poder sobrevivir al síndrome de corazón izquierdo hipoplásico, eso es lo que tiene que suceder: necesitas un nuevo corazón. Para sobrevivir, todos nosotros necesitamos un nuevo corazón, conectado y tejido al Amado y a todo Su cuerpo.

Yo dejo que mi pulgar se extienda para tocar la pantalla, como si pudiera acariciar con suavidad su mejilla. Lo único que todo corazón roto desea es la tranquilidad absoluta de saber que nunca es demasiado y que siempre es más que suficiente para ser amado. No puedo dejar de mirar la pantalla y los ojos de esta niña relatando la historia que no quiero que nunca termine; hay momentos en los cuales la trayectoria de tu vida da un giro y ni siquiera sientes las formas en que has cambiado.

Sus enfermeras chinas, o *ayis*, le han dado el nombre de Yu Xin, pero el nombre occidental que con tanto amor le dieron en su hogar temporal es Shalóm.

«¿Shalóm?». Yo siento como si una estrella hubiera recorrido la oscuridad del cielo, como una profecía. Como si estuviera sosteniendo en mis manos la plenitud de la gloria.

Shalóm significa más que una paz total: es totalidad en paz. Plenitud. Y shalóm no es una plenitud a la que llegamos como si fuera un destino. Shalóm es una plenitud que experimentamos mientras vamos por el camino, en forma de orientación.

Apenas puedo susurrar: «La única Shalóm que conozco aparte de esta... es nuestra hija Shalóm».

Y es como si hasta las estrellas estuvieran resonando con palabras de origen divino que yo misma siento palpitar en el espacio entre mis delicadas arterias.

Tal vez esta Shalóm... está destinada a reunirse con tu Shalóm.
Mi órbita interior da un salto.

Para que esta diminuta Shalóm llegue a estar con nuestra Shalóm, ¿significaría esto... adopción? La adopción es este aleluya quebrando, santo y asombroso y, no obstante, siento como si toda la oscuridad del firmamento encima de mí centelleara con esta epifanía: La Danza del Gran Dios continúa abriendo un camino para extender la tierra prometida de Su amor.

Bajo un pabellón de estrellas, estoy sintiendo lo que C. S. Lewis llama el «deseo de que se nos reúna en el universo con algo de lo que ahora nos sentimos arrancados, de estar en el lado interior de alguna puerta que siempre hemos observado desde el exterior».[1]

¿Cómo puedo sentirme como si me hubieran separado de una niña en quien apenas he puesto los ojos? ¿Cómo puedo estarme enamorando otra vez? ¿Estará mal? Y, sin embargo, ¿no es así como a Dios le encanta unirse con nosotros? ¿Acaso Jesús, la shalóm en Persona, no dejó la shalóm de la Trinidad para ser nuestro único camino de vuelta a la Danza de shalóm del Gran Dios trino? ¿Acaso no aceptó Jesús un costoso amor que Él sabía que sería el precio de nuestra admisión a una unión íntima? ¿Acaso no era esta unión el significado mismo de toda existencia, el ápice de la mejor noticia de todas? «Porque este es el designio del evangelio: que Cristo pase a ser nuestro y que nosotros seamos injertados en Su cuerpo».[2]

Estoy mirándola a los ojos a través de esta fotografía que tengo en las manos, y mi alma añora que encuentre un camino a la seguridad del hogar, que conozca lo que es que dos brazos encajen de manera perfecta alrededor de ella, que ella no tenga que llevar las heridas de este mundo destrozado. ¿Podríamos entrar en ese sufrimiento de pérdida y de quebranto con ella y confiar en que el amor siempre encuentra el camino, directamente hacia ese sufrimiento?

> No puedes conocer el camino del amor sin conocer el camino del sufrimiento.

Toda madre, todo hijo, todo ser humano que ha respirado lo siente: no puedes conocer el camino del amor sin conocer el camino del sufrimiento. La única manera de evitar un corazón roto es endurecerte tanto, que te vuelvas irrompible.* La única manera de evitar por completo el dolor es evitar por completo el amor.

El camino del amor siempre es el de la dificultad y el

---

* «Amar, de cualquier manera, e ser vulnerable. Basta con que amemos algo para que nuestro corazón, con seguridad, se retuerza y, posiblemente, se rompa. Si uno quiere estar seguro de mantenerlo intacto, no debe dar su corazón a nadie, ni siquiera a un animal. Hay que rodearlo cuidadosamente de caprichos y de pequeños lujos; evitar todo compromiso; guardarlo a buen recaudo bajo llave en el cofre o en el ataúd de nuestro egoísmo. Pero en ese cofre —seguro, oscuro, inmóvil, sin aire— cambiará, no se romperá, se volverá irrompible, impenetrable, irredimible. La alternativa de la tragedia, o al menos del riesgo de la tragedia, es la condenación. El único sitio, aparte del Cielo, donde se puede estar perfectamente a salvo de todos los peligros y perturbaciones del amor es el Infierno». C. S. Lewis, *Los cuatro amores* (Nueva York: HarperOne, 2006), p. 135.

sufrimiento; el amor verdadero nunca toma el camino fácil que termina rompiendo más el corazón al final. Y, quizá, cuando con más desesperación anhelamos que existiera un camino de salida de un sufrimiento para alguien es cuando necesitamos entrar con ellos en ese sufrimiento y ser testigos; compartir cercanía. La verdad cósmica es esta:

1. El sufrimiento forma parte de todo camino que el corazón ha conocido jamás y tratar de evitar el sufrimiento a toda costa es lo que causa toda clase de sufrimientos innecesarios.

2. Cualquiera que sea la historia o la forma de un sufrimiento, este se puede transformar en una historia de restauración.

3. El sufrimiento siempre se produce en el camino y siempre hay un camino que lo atraviesa y nos saca de él, porque el Camino mismo está contigo y te toma de la mano y te guía.

El Hacedor de caminos toma su rostro, mi rostro, nuestro rostro en Sus manos:

«No tengas miedo, porque he pagado tu rescate;
    te he llamado por tu nombre; eres mío.
Cuando pases por aguas profundas,
    yo estaré contigo.
Cuando pases por ríos de dificultad,
    no te ahogarás.
Cuando pases por el fuego de la opresión,
    no te quemarás;

las llamas no te consumirán.

Pues yo soy el SEÑOR, tu Dios [...].

Entregué a otros a cambio de ti.

Cambié la vida de ellos por la tuya,
   porque eres muy precioso para mí.

[¡*Eso* significas para mí!

   ¡*Así* es como te amo!

Cambiaría el mundo entero por ti,
   la creación entera solo por ti...]».

«No tengas miedo, porque yo estoy contigo».

(Isaías 43:1-5, NTV)

Me duelo con todas las pérdidas y los sueños y corazones rotos en este mundo quebrantado: la vida es dura, pero no porque hayas tomado un camino equivocado. La vida es dura porque este es el camino del amor, y el Amor mismo estará contigo a cada paso del camino. Esa emoción que siento... sí, eso es... tal como mi alma hizo un pacto matrimonial de ser hogar para el alma de un hombre, ¿ahora se siente movida a hacer un *pacto de adopción* para ser un hogar para ella, para siempre? Cada pacto entre nosotros es, en última instancia, una promesa de sufrir *con* el otro. ¿Acaso mi anhelo por entrar con ella de manera humilde al quebranto de su historia y estar allí para siempre con ella es también la forma en que se siente Dios mismo al abrirse paso hacia nuestro sufrimiento, de tal manera que nunca estemos solos en él? El amor de Dios *por* nosotros es, en última instancia, un pacto de sufrir *con* nosotros.

Apenas puedo soportar la sensación de que sus ojos escudriñadores en la fotografía me llenan con dolor por su pérdida y con amor eterno por ella. Levanto la mirada. La adopción espiritual nunca debe ser combinada con el profundo trauma de la adopción social y, en ese momento, simplemente me estoy enfocando en la realidad espiritual, la realidad de que antes de que el Dios trino creara siquiera una de las estrellas que cuelgan del cielo como una bendición sobre mí, antes de que hubiera un solo destello de luz, antes de que hubiera un solo detalle de historia, el Dios trino, «incluso antes de haber hecho el mundo, Dios nos amó y nos eligió en Cristo para que seamos santos e intachables a sus ojos. Dios decidió de antemano adoptarnos como miembros de su familia al acercarnos a sí mismo por medio de Jesucristo. Eso es precisamente lo que él quería hacer, y le dio gran gusto hacerlo. De manera que alabamos a Dios por la abundante gracia que derramó sobre nosotros, los que pertenecemos a su Hijo amado» (Efesios 1:4, NTV). *¡Cuánto placer sintió Abba Padre al hacer planes para que fueras suyo! ¡Estrellas, giren en esta celebración!*

La adopción precede a la creación. Antes incluso de hacer el mundo, Dios planeó una manera de unir en *kjésed* Su corazón al nuestro, traumatizado y quebrantado. Nuestra unión con Dios es más antigua, más grande, más grandiosa y más cierta que todas las galaxias y que la Vía Láctea, y el amor *kjésed* es el camino probado, más antiguo que las estrellas y las olas, de salir adelante, el camino del amor que se introduce en nuestro sufrimiento.

No importa hacia dónde mire, allí estará porque es verdad: el matrimonio y la adopción, las más íntimas de las relaciones, son simplemente señales, marcadores en el camino que apuntan hacia la realidad ciertísima del cariño, de la comunión y de la unión de Dios con nosotros en medio del camino del sufrimiento.

> El matrimonio y la adopción, las más íntimas de las relaciones, son simplemente señales, marcadores en el camino que apuntan hacia la realidad ciertísima del cariño, de la comunión y de la unión de Dios con nosotros en medio del camino del sufrimiento.

Vuelvo a mirar al teléfono, aprendo de memoria sus grandes ojos castaños, toda su gloria como *imagen de Dios*; y así como el tiempo quedó gloriosamente suspendido en ese momento en que Darryl sonrió en aquel vestíbulo de la escuela, este momento se alza sobre mí, dolorosamente emotivo, preñado con la posibilidad de cargarla a ella y de enamorarme con un amor *kjésed* para siempre. Hay momentos así, en los cuales el tiempo se hace más lento con la carga del amor. «Cuando se cumplió el plazo, Dios envió a su Hijo, nacido de una mujer, nacido bajo la ley, a fin de que fuéramos adoptados como hijos» (Gálatas 4:4-5).

Giren las galaxias y formen espirales; es mi propia alma pequeña la que está perdida en el universo cuando, en la plenitud de este momento, los ojos de mi Padre se fijan en los míos y Él nos acerca a sí y somos hallados: la redención nunca es el fin, sino un medio para llegar al fin supremo: la adopción. La *unión*.

La salvación efectuada *por* Dios tiene como finalidad ser unidos *a* Dios.

Todo lo que sucede en el camino, incluso lo que se mete en el camino, abre paso a que nuestra alma se una a Aquel que es el Camino, y Él no puede hacer menos que sacarnos del pesar y llevarnos a casa.

Todas las cosas duras e inexplicables del cosmos, las relaciones destruidas, los obstáculos a nuestros sueños, los desconcertantes caminos de Dios, tienen este propósito redentor de unirnos, como en matrimonio, como en adopción, al corazón de Dios que nos envuelve.

El único propósito de la redención es abrir el camino para la adopción espiritual; el único propósito de la expiación es abrir el camino para la unión, ser uno literalmente, que Dios sea uno con nosotros en nuestros sufrimientos.

Él vino para algo más que para limpiarnos y enderezarnos; vino para adoptarnos y hacernos *suyos*. Dios va mucho más allá de darnos un buen aspecto; Él quiere ser nuestra herencia. Hemos sido escogidos por Dios, para Dios, para heredar nada menos que a Dios (Efesios 1:14); respiren, universo y alma. Nuestra meta es Dios, Cristo no nos puede fallar y el camino a casa está garantizado.

Alguien me toca el hombro.

La persona que me trajo tiene que irse. Las constelaciones y el cielo entero se acercan, y esperan… Pero no hay nada en mí que se quiera ir; lo único que yo quiero es…de alguna manera encontrar la mano de esa pequeña caminante que parece estar tan lejos como Oz y atar mi corazón roto al suyo de manera que ella sepa que no está sola en este mundo de pérdida y de trauma y de profundo quebranto; entonces nos abrazaremos y encontraremos la manera de caminar juntas, esperando tener una forma de retrasar el sufrimiento, que es la tierna belleza de lo que sucede si dejamos que nuestro corazón se llene de amor. ¿Acaso no es esta la pasión del amor *kjésed* de Dios hacia todos los que escoge, adopta, e injerta en la seguridad de Su posesión?

CUANDO LO SABES, LO SABES

¿Cómo es posible que yo esté pensando en serio en... adoptar? Allí está. Lo he nombrado y admitido. Pero, ¿por qué continuar y considerar una adopción social que tiene el riesgo de enfocarse más en uno mismo que en el adoptado y que tiene implicaciones culturales, raciales y traumáticas para cada pequeño que pierde su familia biológica? ¿No sería una manera más efectiva de mejorar este mundo enfocarse en preservar familias vulnerables en lugar de crear de manera desinformada nuevas familias? Sí. Y, sin embargo, es dolorosamente complicado y difícil. ¿Cómo podemos al mismo tiempo llevar a cabo la indispensable tarea de preservar familias vulnerables con una mano dispuesta y, con la otra mano sensible, entrar en el sufrimiento de los niños que ya se hallan traumatizados y vulnerables y ofrecerles ayuda? Y en el principio era la Palabra, el Logos, la lógica literal de Dios, y en la lógica de Dios, el misterio del maná sustenta durante toda nuestra ardua travesía, y cinco peces alimentan cinco mil estómagos, y el Único que te ama literalmente hasta la muerte, resucitó y te resucitará a ti también consigo. En la lógica de Dios, la vida abraza al sufrimiento, y ambos viajan como uno solo, y no hay nada que temer en el Camino, porque tú estás en el Camino mismo y en Él hay seguridad.

Así que dejemos que todas las olas rompan y se estrellen; la cruz nos indica el camino para subir hasta las seguras cámaras de Su corazón. Dios no es un vendedor ambulante que vende entradas baratas y para alguna tierra prometida barata creada por nuestra infeliz imaginación; Él es la madre adolorida que te alimenta, y que nunca, nunca te olvidará, que lo demuestra levantando manos llenas de venas contigo, tú mismo, en ellas:

«Grabada te llevo en las palmas de mis manos» (Isaías 49:16), para después cumplir su promesa de adoptarnos y mecernos a nosotros y nuestras pérdidas para siempre en los brazos de la Gran Danza de Dios. Los caminos de Dios siempre te dan la manera de descansar en Sus fuertes brazos y de recorrer los contornos de Su bondadoso rostro, sobre todo en la mayor de las oscuridades.

Una amiga me señala de nuevo que hay que salir del jardín e ir a la calle, donde se encuentra esperando la persona que me trajo, pero mi mente se lleva esa mirada de ojos escudriñadores, y no puedo dejar de pensar en ella y en su roto corazón que me espera. El amor es loco y lo reorienta todo, a ella, a mí y a Dios.

Yo me trato de mover a través del gentío. Pero las personas, la multitud, todo comienza a dar vueltas literalmente; a deslizarse. Yo me apoyo en el respaldo de una silla de metal para recuperar la compostura. Es como si la topografía de mi vida estuviera moviéndose debajo de mí. El patio entero da la impresión de subir y bajar como en oleadas. Yo me deslizo en una silla vacía. *Tranquila. Tranquila. Mira hacia la dirección correcta; siempre mira hacia la dirección correcta.* Deja que las agujas de la brújula giren libres; deja que Dios reoriente todos tus caminos. El significado de la vida no está en hallar el camino hacia alguna buena vida, sino en ser hallada en Su gran amor. *Aquí y ahora.*

El mejor estilo de vida que se puede adoptar consiste en nunca dejar de estar consciente de que tu alma ha sido adoptada por Dios. *Aquí y ahora.*

Una amiga se arrodilla junto a mi silla y me pregunta si necesito agua. Alguien abanica mi rostro con un menú. Otra amiga me pregunta con un guiño: —Oye, Ann, ¿has estado bebiendo demasiado?

—Sí, es eso —murmuro, cerrando los ojos, con la cabeza inclinada bajo el cielo de Austin—. Solo agua y… a ella, completa.

Todo podrá moverse y hasta temblar, pero Dios es quien levanta nuestra cabeza, la dirige, la sostiene, de tal manera que todo lo que se mete en el camino puede ser lo que cause que hagamos descansar nuestra cabeza en el hombro de Aquel que no nos puede soltar y que camina sobre las olas, que nos adopta, desposa, une y junta con Él.

—Espera. ¿Qué? ¿A quién te bebiste? —Mi amiga se inclina junto a mí. Yo levanto la mirada y me salen las palabras antes de pensarlas siquiera—: Creo… que acabo de ver una foto de mi hija.

¿De dónde salieron esas palabras en aquel húmedo atardecer de Texas? Hay quien dice que la lengua es la cola del corazón, y mi lengua está traicionando lo que está palpitando con fuerza dentro de mí, y en el momento que salen las palabras de mi boca, me las quiero tragar, mantenerlas encerradas, esconderlas, santas y sagradas en mis recámaras más interiores. La audacia de las palabras a las que acabo de dar oxígeno, derramándolas con presuntuoso aspecto de necedad en el mundo, parece embarazosamente absurda: *imposible*.

No. Hay. Manera.

Pero suéltate y abraza la próxima ola imposible; esta te puede llevar hasta la orilla.

—¿Tu… qué? ¿Acabas de decir *hija*?

Las estrellas y el cielo nocturno dejan de girar y se aquietan. Cesa el movimiento, como si todo estuviera encontrando su lugar, hallando su nuevo lugar.

Yo me logro poner en pie, vuelvo a colocar la silla junto a la mesa y lanzo una débil sonrisa a un grupo de amigas preocupadas.

Ahora, silencio. Se acabaron las palabras. Hay cosas que son demasiado santas para las palabras. Hay un momento en que necesitamos abrazar las vías misteriosas del corazón y limitarnos a confiar en la forma en que el amor carece de sentido, pero siempre tiene el mejor sentido de orientación. Pregúntaselo a Dios.

Yo asiento, me doy vuelta, camino hacia la calle y hacia el horizonte, iluminado por completo en este resplandor de esperanza.

UN PASO

Después que me abro paso a casa entre una corriente de oraciones, encuentro esta camiseta en el fondo de una bolsa de tela deshilachada. Recuerdo de alguna conferencia, es de color azul gastado y con los bordes rotos, y lleva al frente un lema escrito en rojo óxido que dice: *#UnSOLOpaso*. La camiseta parece gastada hasta convertirse en una cómoda pana, dando la impresión de que es auténticamente antigua y llena de historias.

Me la pongo en esa primera mañana en casa. Tal vez sea una camiseta totalmente nueva, pero está raída y descolorida, como si hubiera soportado miles de kilómetros difíciles montaña arriba en medio de vientos huracanados. Sonrío con un humor burlón. Parece apropiado.

Algo se está quemando en la cocina. ¿Un pan tostado? Algo que ha sido ignorado hasta que es ya demasiado tarde.

Me paso un cepillo por el cabello, pero lo que no puedo impedir que siga pasando por mi mente es: *Si los pactos santos del matrimonio y la adopción se tratan de prometer sufrir con el otro y el matrimonio y la adopción son metáforas de nuestra relación con Dios, ¿no significa eso entonces que el camino hacia adelante siempre se trata de entrar en un pacto de sufrimiento con Dios?* Allí está. Así es como todas las cosas se van reorientando.

No todos los caminos llevan a Roma, pero todos los caminos nos llevan, por en medio del sufrimiento, a verlo a Él como nuestro único hogar. Todas las sendas con el Camino mismo son la Vía Dolorosa, el Camino del sufrimiento, la ruta que tomó Jesús mientras cargaba Su cruz por las calles de la Antigua Jerusalén hacia el Calvario. Solo el camino del sufrimiento nos conduce a Casa. Todo lo demás es un espejismo.

Si el matrimonio y la adopción son metáforas sagradas de la manera que escogió el Amor en Persona sufrir con nosotros, entonces no se trata de un cliché, sino de la verdad más revolucionaria del universo: Dios es amor. Dios no es un ceño fruncido ni una mirada de desagrado ni una caricatura aplastada de cartón de un juez y jurado con mazo y esposas; Él mismo es el Amor más santo, más justo y más bondadoso. ¿No es la verdad de que Él es la personificación del amor más bondadoso aquello que más cuestionamos, de lo cual sospechamos más, de lo que seguimos dudando todo el tiempo? Cuando nos llegue (no «si acaso nos llega») esa sorpresiva llamada de teléfono que nos deja como muertos en medio del sopor de un jueves por la mañana, cuando la doctora mueva la cabeza y no nos pueda mirar a los ojos, cuando nuestro camino dé un violento giro hacia el sur, y lo único que podemos ver es que no hay señales de retorno, surgirá la pregunta: ¿Dios realmente me ama con amor *kjésed*? Podemos decir que Dios es amor bondadoso, pero vivimos como si fuera poco digno de confianza. Tal vez digamos que Dios es nuestro Padre, ese papá vigilante que se interpone entre el mundo y Su hijo como un viejo oso protector, mostrando los dientes. Sin embargo, con demasiada frecuencia, vivimos como si fuera el papá lento y torpe, que más bien parece estar hibernando. Tal vez decimos que tenemos la seguridad de estar unidos con Dios, pero vivimos como si Él mismo fuera inconstante.

Si toda unión auténtica, en el matrimonio o en la adopción, se trata a fin de cuentas de nuestra fiabilidad, confianza y constancia en medio del dolor, ¿será por esto que a menudo estamos tan pobremente unidos a Dios? Si no experimentamos de manera genuina a Dios como digno de confianza, nunca podremos estar genuinamente unidos a Él. Si no confiamos en Dios para que escriba las líneas de nuestra historia, ¿habremos puesto realmente nuestra fe y nuestra confianza en Él? ¿No estaremos viviendo más como si Dios fuera un amo que solo se interesa en nuestra obediencia, en lugar de confiar en que Dios es un amante cuyos caminos buscan formar una profunda unión con nosotros, que promete siempre sufrir con nosotros?

Si el matrimonio y la adopción son las dos metáforas santas que Dios utiliza para dibujar una imagen del aspecto que tiene la vida con Él, yo puedo sentir que todo el sentido de la vida cambia: el único lugar al que necesitamos llegar es allí donde nos enamoramos del Dios que sufre con nosotros. El único lugar donde necesitamos estar es allí donde sabemos lo mucho que disfruta de estar con nosotros siempre: Dios nos rodea en un círculo de amor, en especial cuando estamos enroscados en nosotros mismos; Dios nos abraza detrás de la puerta del baño; Dios nos rodea con Su brazo en medio de la noche insomne; y, donde hay dolor, Él no se siente avergonzado de estar con nosotros, sino que no hay otro lugar donde preferiría estar. Habremos llegado

> El único lugar al que necesitamos llegar es allí donde nos enamoramos del Dios que sufre con nosotros.

cuando estemos en el lugar que sigue trazando nuestro propio nombre, grabado en la palma de Su mano.

Paso el dedo por el desgastado borde de la camiseta. Allí está, en el espejo: #UnSOLOpaso. Yo había dado un solo paso hacia Darryl, y después había terminado recorriendo un pasillo en la capilla hacia un pacto para sufrir con él. Nuestro recorrido después de los votos tuvo valles y cimas, y nuestros bebés dieron sus primeros pasos, y nosotros tuvimos nuestros tropiezos, pero siempre giramos para mantenernos al paso del Espíritu. Y ahora puedo sentir que mi corazón daba un paso sorpresivo hacia una pequeña bebé con el corazón roto. Este es el camino asombroso del enamoramiento y de luego prometer entrar en el sufrimiento del otro.

Un arrendajo azul llama desde algún lugar afuera de la ventana, en algún punto de la línea de cedros, y me doy vuelta, pero no llego a ver el relámpago de sus oscuras alas. A veces me canso de escudriñar el horizonte para divisar la salida. Me parece… me parece que solo necesito salir a caminar. Solo necesito ir a recoger mi vieja parka roja, que cuelga de una tabla llena de clavijas donde se encuentran los abrigos de invierno y unas bufandas del cuarto de la entrada, ponerme las botas de nieve y dar un solo paso, una sola respiración de confianza a la vez. Puedo sentir algo tierno y nuevo que se acerca a mí y me siento… ¿aprensiva? ¿O… llena de expectación? ¿Quién habría sabido que la temerosa trepidación se encuentra tan cerca de la esperanzada expectación? Da un solo paso, una sola respiración de confianza, y todo tu mundo puede dar vuelta. Darryl me encuentra en el vestíbulo, amarrándome el cordón de las botas.

—Solo tengo que salir a tomar aire… Solo tengo que…
—murmuro mientras me ato las botas con un doble lazo, como si supiera que la única manera de respirar sin angustia es hallarse seguramente atada al Único que conoce y que ha sopesado todas las opciones, y que es confiable para hallar el mejor camino.

—¿Quieres que te acompañe?

Aunque está buscando su abrigo, es como si estuviera buscándome a mí. Y, sin embargo, solo han pasado unos minutos después de la una de la tarde, en medio del día. Acaba de terminar su almuerzo: una hamburguesa a la parrilla con gruesos pedazos de tomate y de queso, y las viejas cerdas paridas con sus cerditos que las siguen gruñendo y mamando en el granero están esperando a que él regrese. En todos nuestros veinte años de matrimonio, él nunca ha salido a caminar en medio del día conmigo. Sin embargo, a veces no se sabe cómo respirar confiadamente de nuevo hasta que se da el siguiente paso. Hasta que se avanza.

—Sí, te agradecería que salieras a caminar conmigo. Para poder resolver esto junto contigo.

Él sonríe con facilidad y asiente, y yo puedo leer sus pensamientos después de todos estos años de fidelidad: si permanecemos en Cristo, podemos resolverlo todo.

Al salir por la puerta trasera, nos sentimos sacudidos cuando el frío aire del invierno canadiense nos penetra por las fosas nasales. Boaz, nuestro labrador de pelo rojizo, va corriendo por delante, rumbo a nuestro desvencijado buzón de correos galvanizado, con la bandera roja todavía levantada, como una llamada para que nos acerquemos a él. Darryl da un paso como si fuera un testigo de algo.

—Te notas algo… ¿cómo si estuvieras luchando con algo?

Él me da la mano cuando damos la vuelta en la entrada de la propiedad y nos dirigimos hacia el bosque, que parece esperarnos. ¿Le hablo del momento en que oí su nombre? *Shalóm*. ¿O le digo lo que susurré en voz alta, que pensé haber visto una foto de nuestra hija? Al fin decido zambullirme con valentía, al meollo mismo del asunto.

—Yo creo que… lo más grande que nos ha sucedido jamás es nuestra adopción literal, el pacto de Dios de estar con nosotros en nuestro sufrimiento.

Él levanta una ceja y, claro, piensa que estoy diciendo disparates. Tal vez no debí haber comenzado por aquí, pero estoy tratando de presentar la situación y, además, ¿por qué es tan importante presentar esto bien? Porque *ella* lo es.

—Dios no tiene hijos naturales. Todos somos adoptados. Nuestra identidad más profunda consiste en el hecho de que todos somos escogidos y adoptados.

En Cristo, esto es verdad. Y esto también es verdad: la metáfora espiritual de la adopción no se traduce en ningún mandato social de adopción legal* y la manera de Cristo siempre es tratar de encontrar la forma de preservar la familia; Su voluntad es que todo niño conozca y permanezca en los brazos amorosos de un padre y de una madre. Honestamente, ¿qué tal si entramos en el sufrimiento tanto de las familias vulnerables que necesitan ser preservadas como de los niños vulnerables que necesitan una familia?

---

* «Aunque creo que la adopción moderna puede ser afirmada por la Escritura, un mal uso de la Escritura para espiritualizar la experiencia de la adopción moderna puede ser dañina para los adoptados de maneras diversas: al contribuir a sentimientos de vergüenza cuando pensamos en nuestros padres biológicos o en nuestro trasfondo étnico, al dificultar la verbalización de aspectos dolorosos de nuestra experiencia», escribe Tiffany Henness, una mujer adoptada en su edad adulta en «Adoption in the Bible is a Metaphor, Not a Mandate», The Art of Taleh, 12 de noviembre, 2019, http://www.theartoftaleh.com/adoption-bible-metaphor-not-mandate/.

—¿Es este el asunto... con el que has estado batallando? —Yo puedo oír la forma en que va uniendo sus frases con lentitud y cuidado, de forma vacilante.

Respiro el aire congelado de febrero hasta lo más profundo de mis pulmones.

Hago que los latidos de mi corazón tomen lentamente la forma de palabras.

—¿Qué... te parecería... adoptar una hija que tiene el corazón literalmente roto, que necesita una cirugía de corazón para salvarle la vida?

¿Qué importa si pareces una tonta medio loca por tratar de abrazar una ola que rompe? ¿No es acaso toda esta idea de adopción como un océano salvaje de belleza y de sufrimiento en el cual sumergirte, y no es cierto que, sin importar el camino, el Dios del cosmos está abriéndonos camino a través de todas las olas de la vida para que nos consumamos más por completo en Él?

J. I. Packer llamó nuestra adopción espiritual «el mayor privilegio que ofrece el evangelio: mayor incluso que la justificación».[3] Las olas en el extremo más profundo del amor se elevan más altas de lo que soñaste y te llevan más lejos de lo que habrías podido imaginar.

Ser hecho *justo* delante de Dios será de primera importancia mientras navegamos por la vida, pero lo que tiene la *mayor* importancia es que nuestro *estilo* de vida es como *hijos adoptados de Dios*. Tú fuiste creado para este océano; para este bautismo de pasión sobre tu piel.

No somos simplemente una turba de seguidores que vamos cojeando detrás de Dios; no somos una simple tribu abigarrada de mendigos heridos que le sigue y se amotina a Su alrededor; no somos un simple remanente de vagabundos extraviados que nos apoyamos en Él, esperando que nos abra un camino más fácil hacia algún oasis de nuestra imaginación. En Cristo, somos más que simples seguidores de Dios; somos la familia de Dios. *¡La familia de Dios!* Somos el clan de Cristo, la casa de los santos, de la tribu de la Trinidad, familiares del Padre, hermanos del Salvador y huesos de los huesos de Dios; estamos casados con Él, fuimos adoptados por Él, cosidos, atados y unidos como uno a Él, y Él ha hecho un camino para que seamos vistos y salvos, para que estemos seguros y protegidos;[4] y no hay en el mundo pérdida ni fracaso que pueda cambiar la forma en que esta realidad ha sido sellada para siempre. Que lleguen las olas de alivio.

—Me imagino que lo que quiero decir es —Me inclino hacia él—, que no puedo dejar de pensar en lo que significa que, en realidad, nosotros seamos adoptados y que, en medio de los dolores de su corazón, ¿puede ser que a esa niña también se le pueda suturar el corazón? —Y entonces pronuncio su nombre—. Shalóm. La pequeña se llama Shalóm.

Plenitud. Entereza. Paz.

Susurro las palabras en voz tan baja, de una manera tan tímida que casi se las lleva el viento.

—¿Estás… estás pensando… que nuestro camino lleva hasta allí? —Lanza una mirada a nuestro camino de campo lleno de nieve que da vueltas entre el bosque—. ¿Hasta una niña con el corazón destrozado? —Ahora el viento lleva su fuerte voz y su valentía hasta mí, allí mismo, hasta la curva de mi oído.

—Mira… no lo sé.

Trauma en el corazón. Trasplante de corazón. Sutura de corazón. Este camino nos podría llevar a una gran cantidad de angustia, a sentarnos y lamentarnos con una niñita en medio de su trauma y de su perdición y prometerle unión y testimonio por siempre y siempre. Pero los caminos infernales no son los del sufrimiento. Los caminos infernales son aquellos en que se sufre por falta de amor.[*]

—Yo no sé lo que nos espera en este camino…

Pero sí sé una cosa: *sin importar lo que nos espere en el camino, Jesús es ese camino.*

Jesús es nuestro camino.

Y Él nos sostiene.

SENCILLAMENTE, NOS SEGUIMOS ENAMORANDO

Una ráfaga de aire frío sopla entre los bosques, camino arriba, y yo meto mi mejilla desnuda en mi hombro, hundo las manos más adentro en mis bolsillos.

—Sí, quién sabe hacia dónde nos lleva este camino, pero después de todo lo que hemos pasado, ambos sabemos que el camino que salva es el de un amor abierto al sufrimiento.

Cuando llevamos cada uno el sufrimiento del otro, la vida se vuelve más tolerable. Abre la mano para abrazar la ola; acepta la ola.

Escudriño el rostro de Darryl.

—Tal vez… ¿por qué no podría nuestro camino ir por aquí, hacia ella?

Yo me atrevo a ser la tonta feliz que cree que un camino marcado por el sufrimiento conduce a una forma más rica de vida, un camino hacia *shalóm*.

---

* «Padres y maestros, me pregunto: ¿qué es el infierno? Sostengo que es el sufrimiento de ser incapaces de amar». Fyodor Dostoevsky, *The Brothers Karamazov*, trad. Constance Garnett (Nueva York: Modern Library, 1996), p. 360.

Me doy vuelta para enfrentar el viento, enfrentarlo a él, enfrentar el mar y la espuma y el tumulto, y no hay que esperar hasta no tener miedo para besar el riesgo cuando se levanta a tu encuentro. El mejor camino hacia adelante consiste en seguirse enamorando de la vida según te vaya llegando, seguirse enamorando del Dios que está contigo en el momento.

—Claro, ingresar al sufrimiento de otra persona es un riesgo, ¿pero quisiéramos arriesgarnos a no amar en verdad? —Me acuerdo de respirar, fuerzo una sonrisa. (Ejercer una sonrisa puede ser un valiente ejercicio de fe)—. Es decir... Yo sé que no tiene mucho sentido...

Pero la vida no necesita tener sentido para ser buena, para dar gozo, para dar amor, para hacer olas, para convertirlo todo en luz. La lógica de Dios transforma el viento en agua.

No es mi deseo confundir la adopción espiritual con la social. Sin embargo, la lógica de Dios es: la adopción en la familia de Dios no es algo que se le haya ocurrido como añadido, sino que siempre ha sido Su primer pensamiento (Efesios 1:4-6). ¿Podría haber alguna cosa que nos diera una esperanza mayor que el hecho de ser adoptados por Dios? «El Espíritu mismo le asegura a nuestro espíritu que somos hijos de Dios. Y, si somos hijos, somos herederos; herederos de Dios y coherederos con Cristo, pues, si ahora sufrimos con él, también tendremos parte con él en su gloria» (Romanos 8:16-17).

Grandes copos de nieve comienzan a caer. La lógica de Dios transforma hasta el aire en maná.

Y yo sigo dándole vueltas, o esto sigue dándome vueltas a mí, y todos los temores quedan absorbidos por este vórtice de verdad: somos más que herederos de las promesas de Dios; heredaremos *a Dios* mismo. Menciona cualquier cosa en el universo, en el camino, en la Biblia, que pueda ser más grande que este sueño hecho realidad.

La adopción en la familia de Dios nos da más que el sueño de una tierra prometida; nosotros heredamos más que la *tierra*. Heredamos *al Amante de nuestra alma. Cuando entendemos que recibimos a Dios mismo, ¿qué más necesitamos recibir?* Si en nuestra adopción ya recibimos a Dios, ¿habrá algo que se pueda interponer en nuestro camino? Unos copos de figuras exquisitas quedan atrapados en el borde de mi capucha y los sacudo para que caigan libres. ¡Libres! *¡Libres!* Darryl toma mi mano.

—Yo no esperaba que nuestra conversación tomara este giro… ella es pequeña, pero… —Me guiña el ojo— una adopción no es cosa pequeña.

Sí, es cosa de trauma profundo y de lamento y, *quizá también es el todo de una alabanza quebrantada.*

—Sinceramente, Ann, tú sabes qué ha sido siempre lo más importante para mí: estar seguro de que soy la clase de padre que siempre… está presente; que inspira confianza, que ama. —Me aprieta la mano—. ¿Me permites orar al respecto? ¿Preguntarle a Dios, escucharlo a Él… seguirlo a Él, cualquiera que sea el camino que Él nos indique?

Sí, sí… ese siempre es el camino que tiene sentido.

—Y, tal vez, algunas veces… —Exhalo, aún sonriente y esperanzada—. Tal vez el camino que venga por delante no se trate de tener sentido, sino más bien de darnos un sentido correcto de dirección.

Él me aprieta más la mano, sonríe con delicadeza y llama a su labrador rojizo, que está retozando en la nieve profunda de la zanja, para que dé media vuelta y regrese.

Sin importar lo que nos espere en el futuro, sea lo que suceda, habrán zanjas y vueltas equivocadas y la abrumadora sensación de agobio, pero el Rey del Cosmos no se desagrada, no nos avergüenza, no nos intimida, sino que, por medio de Cristo, nos abraza en el Espíritu de aceptación total, «el Espíritu que [nos] adopta como hijos y [nos] permite clamar: "¡Abba! ¡Padre!". El Espíritu mismo le asegura a nuestro espíritu [quiénes somos realmente; quién es Él y quiénes somos nosotros] que somos hijos de Dios» (Romanos 8:15-16).

Me vuelvo en la dirección del viento invernal que llega con un torbellino de copos de nieve que alguna vez fueron restos de olas del mar, y el mismo Hacedor de todo este mundo entero se vuelve de forma incomprensible nuestro Padre, y esto es lo más verdadero de todo: quién sabe lo que nos depara el camino por delante, pero Jesús es nuestro camino y Él nos sostiene; si Dios solo fuera nuestro Rey de reyes, le tendríamos consideración, pero ese Rey de reyes nos adopta y se convierte en nuestro Abba Padre y nos da Su *corazón*. Cuando el corazón del Rey de reyes palpita con el amor del Padre dentro de nuestro propio corazón, es imposible que no vaya eliminando todos nuestros temores. Intento memorizar los rasgos del rostro de Darryl, este padre ya de media docena de hijos que ahora se ha comprometido a orar respecto a la adopción de la séptima, y eso me da calor en medio de los vientos de febrero y de un camino de campo, mientras tratamos de hallar el camino hacia delante, porque «todo lo que Cristo enseñó, todo lo que hizo el Nuevo Testamento nuevo y mejor que el Antiguo, todo lo que es distintivamente cristiano en contraposición con meramente judío, se resume en el conocimiento de la paternidad de Dios. "Padre" es el nombre cristiano para Dios [...]. Nuestro entendimiento del cristianismo no puede ser mejor que nuestra compresión de la adopción».[5]

—Oye… —Es más una caricia que un susurro. Pero Darryl lo oye y se vuelve hacia mí, mientras el perro regresa y arremete hacia la casa a través de la nieve—. ¿Sabes? Cuando una mujer le entrega su vida a un hombre, no tiene manera de saber que está prometiendo sufrir con él, cómo va él a entregar su vida a la de sus hijos. Y, cuando yo te di mi mano para siempre, no tenía idea de cómo tratarías a nuestros hijos. Pero tú no solo cuidas de nosotros, sino que nos has *tomado*. Tú eres la clase de padre que tiene la misma bondad de Abba Padre.

No es el frío del viento el que hace que me ardan los ojos.

—Tú siempre has escogido el corazón de tus hijos por encima de tu propio corazón, así que ellos han podido confiar en que, incluso cuando tus caminos están por encima de su comprensión, ellos saben que tus caminos son siempre, siempre, siempre para ellos… Que tú siempre los defiendes a ellos.

Un rayo de sol se abre paso entre las nubes de nieve y todos los copos que caen se iluminan con su luz.

Él sonríe.

—Vamos, Ann, tengo que llevarte a casa.

capítulo seis

VENGA TU REINO

~

Es cuando no sabemos hacia dónde ir que
hemos comenzado en verdad nuestro camino
[…]. Es el arroyo con obstáculos el que
produce sonidos de canto.
—WENDELL BERRY

D oxología es algo que puede elevarse como un sueño
hecho realidad, y levantarte a ti también, acortando
una larga noche.

La profundidad de la nieve en toda la granja comienza a dar
paso al suelo y a la primavera que esperan y, al igual que la nieve,
el tiempo va derritiendo los bordes de las cosas. El guante rojo
perdido de algún muchacho, totalmente empapado, se divisa en
un montón de nieve más allá de los cedros. Parece que el perro le
ha ido abriendo con sus dientes un agujero en el pulgar izquierdo.

Los abetos que se levantan detrás de la casa brillan con copos
de nieve que se han convertido en gotas de agua, un cordón de
joyas que se rinde voluntariamente. El agua helada gotea…
gotea… desde el borde del alero, como si hubiera una canción
en este tranquilo caer, una canción que no sé cómo cantar. Es
extraño cómo toda esta nieve era tan obvia y segura hace tan solo
unos días.

Cuando yo me atrevo a preguntarle a Darryl de nuevo sobre la adopción, su callada sonrisa apela al derecho a no ser juzgado dos veces por la misma causa.

—Oye, tú. —Sonrío—. Te conozco, y sé lo que te traes entre manos. Cuando una va envejeciendo junto a alguien, comienza a saber cómo van las cosas, ¿sabes?

—Ah sí, eso piensas, ¿no es cierto? —Sus ojos flirtean de forma delicada, animándome.

—Sí... de veras. —Lo toco en el pecho con la punta de mi dedo índice, riendo suavemente—. Lo que siempre pasa es que yo te pregunto qué estás pensando, porque quiero saber si te inclinas a responder que sí, o que no; y tú sonríes como que eres muy listo, pensando que me puedes distraer con ese resplandor de tus ojos, pero en realidad *nuuunca* llegas a responder a mi pregunta.

—De veras, ¿eh? —Él sonríe, me toma de la mano y me acerca a sí—. ¿Y funciona? ¿Es una buena estrategia?

Yo me echo a reír.

—Bueno, casi está funcionando, porque eres tan tierno... —Yo suelto una risita, sacudo la cabeza, actúo como si estuviera irritada, pero tal vez lo que estoy fingiendo es que solo estoy fingiendo—. Pero en serio, tenemos que resolver este asunto. ¿Vamos a adoptar, o no? —Me estoy riendo, en la esperanza de que él me pueda leer en los ojos que se lo estoy suplicando. Como si yo pudiera ser un libro abierto y él pudiera marcar esta página.

—¿Tenemos que resolver esto? —Él baja la voz, tratando de suavizar lo que sea que lee en mis ojos—. ¿O es Dios quien lo está resolviendo y nosotros solo tenemos que esperar, estar atentos, receptivos?

O que yo pudiera ser unas manos abiertas y él una señal que apuntara hacia Dios.

Esperar. Estar atentos. Ser receptivos.

Es engañosamente fácil pensar que la vida solo se trata de saber cuál es el camino correcto y caminar por él. Esa no es toda la realidad, y tampoco es especialmente sabio actuar así. En la vida, no todo se trata de *actividad*, sino también de *receptividad*. Sencillamente deja que Dios te guíe, deja que Dios te ame ahora, deja que Dios abra el camino, deja que la mente de Dios sea tu mente, deja que la Palabra de Dios sea tu corazón, deja que el Camino de Dios sea tu camino. *La vida se trata de permitir. Ven, permíteme amarte.*

> En la vida, no todo se trata de *actividad*, sino también de *receptividad*. Sencillamente deja que Dios te guíe, deja que Dios te ame ahora, deja que Dios abra el camino.

Yo pienso en esto durante todo el día. Qué extraña y furtiva es esta manera de vivir, fingiendo, en especial contigo misma, que tienes las manos abiertas y que eres receptiva, que estás *sumisa*, a cuanto te llegue en la vida, cuando en realidad tal vez estés tratando de manipular con sutileza todo lo que te llega, para fabricar tu propio camino. ¿Y si en realidad soy un libro cerrado de golpe, o una mano cerrada en un puño, y tengo la necesidad de ser marcada por las marcas de Su sumisión?

—Pero… ¿me lo puedes decir? —le pregunto tarde en la noche, después que él apaga la luz de nuestro dormitorio y quita el viejo edredón—. ¿Todavía estás orando sobre si adoptar o no? —le pregunto sinceramente, con delicadeza.

—Sí, Ann, sinceramente lo estoy haciendo. —Vuelve su almohada al lado más fresco y habla con palabras suaves, tratando de darle calidez a mi propia frialdad—. Estoy tratando con sinceridad de escuchar a Dios; de oírlo.

¿Por qué tenemos que esperar a que la Palabra nos dé una palabra y por qué Dios no nos habla con altoparlantes de dimensiones cósmicas, o con banderas gigantescas que se batan con claridad detrás de los aviones, o con un gigantesco letrero de luz neón que anuncie centelleante?:

«No se lo pierdan; hoy y solamente hoy:
este es el camino correcto; aquí y ahora».

¿Por qué no acerca Sus manos a nuestro corazón, se inclina hacia nosotros y respira el calor de Su susurro en esas cavernosas cámaras reverberantes, llenándonos consigo mismo y con la Palabra y nos dice cuál es el camino despegado hacia adelante y a casa?

—¿Tienes alguna idea de cuándo vas a saber que lo has oído a Él? —Le pregunto después que ha dado vuelta a las almohadas y se ha quedado asentado y quieto, y la pregunta se alza serena en la oscuridad como si fuera mi propia bandera.

—Me imagino… —Y su pie se encuentra con el mío bajo las sábanas—. Me imagino que debo seguir orando de la forma que Él nos enseñó a hacerlo: Padre nuestro que estás en el cielo, santificado sea tu nombre, venga tu reino, hágase tu voluntad.

LA AGONÍA DE LA ESPERA

Darryl no está equivocado. La oración no consiste en mover el cielo para que se hagan las cosas a nuestra manera, sino en movernos a nosotros para que hagamos las cosas al estilo de Dios en la tierra. Es una oración que se escucha en todo tiempo; incluso en este mismo momento, se levanta desde esta tierra en movimiento un coro que dice: *Padre nuestro que estás en el cielo, venga tu reino.*

¿Acaso no fue N. T. Wright quien dijo «"Venga tu reino, en la tierra como en el cielo" […] es una de las frases más poderosas y revolucionarias que podremos pronunciar jamás?».[1] Es revolucionario orar «Venga tu reino», porque significa sacar el alma de las garras de nuestro reino para llevarla a la totalidad del reino de Dios. Ora y abre las páginas, voltea tu palma hacia arriba, vuélvete y sométete al Rey a cuya familia perteneces. Los verdaderamente sabios quieren algo más que ver sus sueños convertidos en realidad; quieren que el Reino de Dios venga realmente a nosotros. No puedes orar diciendo «Venga tu reino» mientras lo que tu vida demuestra es «*Hago* mi propio reino».

Los caminos por donde quiero ir, ¿se tratan en última instancia de mi propio destino o de mi deseo de que el reino de Dios descienda?

Dejo de aferrar la mano de Darryl, *receptiva*; murmuro calladamente en la oscuridad de nuestro dormitorio esas palabras revolucionarias, como el Camino mismo nos enseñó a orar, para darle vuelta a mi corazón, porque toda la vida gira alrededor de esta oración: «Padre nuestro que estás en el cielo, venga tu reino, hágase tu voluntad en la tierra como en el cielo […]». Aquel guante lleno de barro afuera en la oscuridad, en medio de la nieve que se está derritiendo… ¿tiene la palma hacia arriba?

Padre nuestro, Abba, que estás en el cielo, que siempre estás aquí, aquí mismo,* porque el cielo está tan cercano como la próxima respiración, ¿cómo es posible que nuestros labios

---

* «[El] significado del plural *cielos*, que se omite de manera errónea en la mayoría de las traducciones, ve a Dios presente desde tan "lejos" como nos es posible imaginar, hasta la atmósfera que rodea nuestra cabeza, el primero de "los cielos". La omisión del plural menoscaba el significado de la redacción que Jesús tenía en mente en la oración modelo. Ese significado es: "Nuestro Padre siempre está cerca de nosotros"». Dallas Willard, *The Divine Conspiracy: Rediscovering Our Hidden Life in God* (San Francisco: HarperSanFrancisco, 1997), p. 257.

puedan murmurar la misma tierna palabra, Abba, el clamor que salió de los labios de Jesús más de ciento setenta veces? Jesús había sido una vez aquel jovencito de doce años seguro de sí mismo, cuyo primer pensamiento que quedó registrado, a pesar de saber que José, Su padre terrenal, lo estaba buscando, fue decir que estaba en casa de Su verdadero Abba (Lucas 2:49). Yo podría ser la inquilina, la ocupante ilegal, la que habita el corazón, la que regresa al hogar de su Padre y deja que Su bondadosa sonrisa sea el techo que me abre a la confianza. Jesús también fue una vez el Dios hombre colgado en la cruz, y de nuevo, uno de sus últimos pensamientos fue volver Su corazón al Abba: «¡Padre, en tus manos encomiendo mi espíritu!» (Lucas 23:46). Encomendar, encomienda: abre tus manos dentro de las suyas, encomienda todo lo que está en ellas a Su cuidado, porque nadie se ha comprometido contigo como Él lo ha hecho, y este es el camino para casarse con la paz. Me doy vuelta hacia mi lado ya gastado de la cama. «En paz me acuesto y me duermo, porque solo tú, Señor, me haces vivir confiado» (Salmos 4:8). Bien debería poner todas las cosas a los pies de Abba, porque Dios Hijo extendió las manos en esa cruz, en gran parte para hacer que Su propio Abba sea ahora nuestro Abba (Juan 20:17), de manera que todas nuestras oraciones sean ahora a través de Dios Hijo, quien nos une en un pacto de gracia al corazón de Dios Padre. Nada de esto es solo teología; es realidad; es lo que lleva en los pulmones el caminante en Cristo. La oración genuina consiste en tener una conversación genuina con nuestro Padre, buscar una silla, apoyar la cabeza, el corazón, en Sus grandes manos fieles. La oración no consiste en darle información a Dios para que Él actúe, sino en que Dios nos dé Su intimidad para que descansemos en ella. Lo que sostiene todas y cada una de nuestras oraciones es la realidad de que quien nos sostiene es nuestro Padre.

¿Abba? ¿Padre? Soy yo de nuevo, golpeando fuerte en el pecho de Papá, así que abre tu oído, déjame entrar por la puerta trasera de tu corazón, porque tú conoces el aquí y el ahora, las cosas cercanas, las queridas y las imposibles. Y si esto no puede ser, ¿hay alguna manera de que me puedas hacer llegar una Palabra, mostrarme un texto, capítulo y versículo, de manera que lo pueda saber ahora y que saque la espera del camino, cuanto antes mejor? Porque mira, yo solo tengo una vida que vivir, y solo un poco de tiempo para escribir una enérgica historia que permanezca cierta hasta la eternidad. De manera que, vaya esto adonde vaya, ¿me lo puedes hacer saber? Dime cómo es posible que el vacío de la espera se pueda sentir tan pesado? Dime, Dios mío, ¿hasta cuándo... hasta cuándo? Porque mientras tiempo se tomen tú o Darryl y esperan, el pequeño corazón de ella se enferma cada vez más, y tú lo sabes bien: ella es la que no puede esperar. Solo te lo estoy diciendo como yo lo veo, y sí, me doy cuenta de que tus ojos tienen una perspectiva celestial, de manera que yo de ninguna manera estoy aquí para predecir tus respuestas a las oraciones, sino para echar toda mi ansiedad sobre ti. Así que, aquí tienes.

Yo soy lo suficientemente loca como para creer que el mejor lugar para desahogar tu corazón destrozado es siempre a los pies de Abba Padre. Puedo oír un bloque de nieve que cede y se desliza del borde del techo. Me subo las cobijas por encima del hombro. El alero sigue goteando... goteando... goteando.

La espera por el momento correcto nos puede hacer sentir como si todo estuviera saliendo mal. Los vigías y los amantes pueden testificar ambos lo siguiente: el sacramento de la espera puede parecer el más difícil de todos.

> La oración no consiste en darle información a Dios para que Él actúe, sino en que Dios nos dé Su intimidad para que descansemos en ella.

Y, sin embargo, en toda esta espera, también esto es lo que llega: esperar es dejar ir para permitir que algo crezca. La espera no tiene por qué destruir el alma; puede hacer que el alma *crezca*. Esperar es un tipo de expectativa: una expectativa de tener la capacidad para que la esperanza y el dolor, el amor y la vida se amplíen. Los campesinos, lo mismo que las madres, saben: esperar no es una pérdida; es crecimiento. Mientras más espera el corazón, más grande se hace para sostener la grandeza de una forma diferente de vida.

> «Recibimos esa esperanza cuando fuimos salvos. (Si uno ya tiene algo, no necesita esperarlo; pero si deseamos algo que todavía no tenemos, debemos esperar con paciencia y confianza).
>
> Además, el Espíritu Santo nos ayuda en nuestra debilidad. Por ejemplo, nosotros no sabemos qué quiere Dios que le pidamos en oración, pero el Espíritu Santo ora por nosotros con gemidos que no pueden expresarse con palabras» (Romanos 8:24-26, NTV).

Ayudada por el tierno Espíritu, ese médico siempre al tanto, permanezco despierta, gimiendo con el dolor de la espera, acostada en una cama formada por Su consuelo y Su alivio, y predicándome la verdad a mí misma para combatir mi ansiedad:

NO SE PIERDE NADA EN EL PROCESO DE ESPERA, PORQUE TODA ESPERA ES UN PROCESO DE CRECIMIENTO. LA ESPERA GESTA UNA GRACIA MAYOR.

Tal vez la vida no tenga salas de espera: la vida solo tiene salas de partos. Las salas de espera son en realidad salas partos, y lo que sentimos como la contracción de nuestros planes puede ser el nacimiento de propósitos mayores. La espera es el sacramento de la tierna sumisión, y este es el arte de hacer crecer un alma. Todo momento de espera lleva sobre sus hombros el peso de la gloria y esa espera produce el parto de una vida más plena. Acostada allí boca arriba, mirando al techo en medio de la oscuridad, puedo sentir esta expansión dentro de mí. Tal vez se diga que la espera consiste en tamborilear dedos impacientes, en la insoportablemente lenta mirada de la cara del reloj, en sentarse largo tiempo frente a calendarios indiferentes y esperar con tantas fuerzas que el corazón se resquebraja. Sin embargo, los guerreros valientes te dirán de entrada que si estás esperando a que un sueño tome vida, o a un turno para una cama de hospital, o para que aparezca la palabra que necesitas para seguir adelante hacia el camino que siempre soñaste, tú sabes que la espera no se trata de darles vuelta a tus pulgares de manera inútil; tú lo has sentido: la espera es un ensanchamiento

> La espera no tiene por qué destruir el alma; puede hacer que el alma *crezca*.

hercúleo de todo lo que hay dentro de ti, para convertirlo en un cañón que puede llenarse con un océano de esperanza en crecimiento. La esperanza nunca es pasiva ni está estancada, sino que siempre crece. Como dijo un poeta, la esperanza «pelea y grita»,[2] es una boya feroz, un salvavidas que pelea contra corrientes y olas a fin de llevarte hasta la orilla.

—¿Oye? —Me vuelvo a él en medio de la oscuridad—. Nunca dudes; ¿de acuerdo? Tus hijos no habrían podido soñar con un padre mejor. —Encuentro su mano—. Tú serías el padre soñado para ella también.

Sus grandes dedos, gastados por el trabajo, se enlazan con los míos y conservo la esperanza en medio de la oscuridad.

—¿Oye? —murmura con suavidad—. Nunca dudes, ¿de acuerdo? Él es Abba Padre, bueno y generoso, y lo es para ti también.

Venga tu reino, hágase tu amorosa voluntad.

ESQUIVAR LA DUDA

Antes que mis ojos se abran siquiera al llegar la mañana, ya la tengo en la mente, la bebé Shalóm, con sus grandes ojos castaños, buscando alguien que la mire. ¿La cargaron hoy y la mecieron en el otro lado del mundo? ¿Tuvo que llorar sola? ¿Son fuertes todavía los latidos de su corazón? ¿Se ven azules sus pequeños labios? ¿Cuánto oxígeno puede llenar sus pulmones? ¿Y hubo alguien hoy que le acariciara la frente con un beso? ¿Llegará ella a saber alguna vez con cuánta desesperación quisiera encontrar a su madre biológica y hacer todo lo posible para preservar su familia y para honrarla a ella y a su madre y expresar, de alguna manera, mi dolor desgarrador por el papel que jugamos en los sistemas horriblemente rotos, en un mundo traumáticamente quebrantado? ¿Llegará a saber que, como familia, hemos provisto para cuatro cirugías de corazón para cuatro niños chinos, con el fin de preservar esas cuatro familias y que ahora quisiéramos poderlo hacer para ella y para su mamá? ¿Por qué a veces el amor se parece tanto al dolor, si eso no demuestra que el significado del amor es el sufrimiento del sacrificio?

La espera nunca es pasiva; esperar es una pasión: es amar durante el tiempo suficiente para sufrir.

Me inclino sobre la silla que tengo junto a mi cama y voy palpando hasta encontrar mis lentes manchados sobre un montón de libros.

—Eres hermosa. ¿Lo sabías? —Él interrumpe mi lluvia interna de preguntas y de pena conflictuada. Está sentado de su lado de la cama, ha dado la vuelta mientras se pone los calcetines y me observa mientras me paso los dedos por mi enredo de cabello despeinado.

—Ajá. —Es demasiado temprano y no he tomado café, y él solo quiere una sonrisa, así que cedo a medias.

—Sí —dice él sonriente—. ¿Sabes cómo me encanta cuando tienes el cabello salvaje y despeinado como hoy?

—Ajá. —Yo estoy estirando mi parte del edredón color crema, al mismo tiempo que hago una señal con la cabeza hacia su lado.

Él arregla las sábanas de su lado de la cama y yo siento como si estuviéramos intentando evitar ese elefante dormido que tenemos en el cuarto y que se extiende entre nosotros.

¿Entonces...? —Él arregla las almohadas blancas que tiene en su lado de la cama—. ¿Cómo pinta tu día?

—Bueno... —Ahora estoy tratando de hallar mi otro zapato

que se ha deslizado debajo de la cama—. Mayormente me parece que me seguirá persiguiendo una bebé que no me puedo sacar de la cabeza, y que le suplicaré a Dios que por fin te hable en voz alta y con claridad sobre qué hacer en mundo quebrantado con sistemas destrozados y bebés frágiles de salud.

Y me parece que yo solo doy la apariencia de estarme sometiendo a Dios y de que acepto Sus caminos mientras evado las granadas de dudas que silban a mi alrededor con la mentira de que Dios es claramente incapaz de ser Dios cuando hay bebés y familias de por medio y cuando la vida duele tanto, y que, si me preguntan, cualquier ser humano común y corriente habría podido escribir la historia mejor que la Palabra misma. Y de todo esto no digo ni una palabra, porque a veces la sabiduría es el filtro más fino.

En cambio, lo que digo es igualmente cierto:

—Hoy… —Lucho para hallar las palabras correctas—. Pienso que hoy pinta como un paso delante del otro, caminando hacia delante… y aún esperando, ¿esperando todavía a escuchar de Dios? —Ahí está. Eso aún parece honesto.

Desde que yo era una niña pequeña, de pie bajo un rayo de sol junto a un grupo de abetos en el bosque de la granja, he creído esto: «El gran fin universal por el cual Dios creó el mundo fue para comunicarse a sí mismo. Dios es un ser comunicativo»,[3] escribe el sólido teólogo Jonathan Edwards. El mayor deseo de Dios es también el nuestro: ser conocido. *Yadá, yadá, yadá.* Ya que Dios quiere que nosotros lo conozcamos, se comunica con nosotros, por medio de la creación que nos rodea, por la consciencia que tenemos dentro, por medio de Cristo, que está con nosotros ahora. El mundo entero es una concha marina y, si la levantamos para escuchar con atención, podremos escuchar el océano de Dios.

Él me está leyendo los ojos como si supiera que ellos traducen lo que hay en mi alma. ¿Podrá leer el lenguaje de mis luchas, de mi espera, de mi atento escuchar?

—¿Sabes algo? Yo también te conozco a ti —me dice, y se me acerca, sonriendo lentamente—. A veces puedo escuchar todas las cosas que no estás diciendo. —Me besa la frente con delicadeza, como si yo fuera una concha que tiene abrazada y puede escuchar el fuerte movimiento de mis olas—. Yo también estoy esperando oír una palabra de Él.

Cierro los ojos y dejo caer la cabeza sobre su pecho. «La espera es una disciplinada negación para actuar antes que actúe Dios», eso es lo que un fiel predicador solía decir.[4]

Yo me digo esto, aunque todas las fibras de mi ser están cansadas con esta espera y hambrientas de probar y ver que mi propio camino es bueno. Me digo a mí misma que *la vida consiste en dejar*. Dejar mis planes, mi sueño, mi mapa, mi visión.

Abba Padre, tu reino… tu voluntad, tu camino.

LA PREGUNTA DELIBERADA

El perro golpea con su cola la puerta de atrás, como si fuera un tamborilero marchando al compás del sol, que se mueve con el cielo del amanecer, mientras las primeras luces del día penetran tímidas a través de las ventanas y por los viejos tablones de pino. La casa está callada; los niños aún están durmiendo. Darryl enciende la cafetera, el agua se va calentando con lentitud y rompe después a hervir como si estuviera aplaudiendo al sol naciente. Escucha, escucha, acércate, óyelo ahora: toda la creación comunica la cercanía de Dios.

Yo busco una cerilla allí, en mi banco junto a la ventana y enciendo la mecha de la vela para que aparezca una diminuta llama danzarina, abro un gastado ejemplar de la Palabra, pluma en mano, y encuentro esto escrito a mano en una nota metida en mi Biblia:

Si quieres escuchar Su voluntad, las formas en que Dios siempre se comunica son:

1. Comunión
2. Circunstancias
3. Consejo
4. Convicción

Porque Dios no alquila letreros para ponértelos fuera de tu ventana (*¡Cásate con ese muchacho!*) ni pone al arcángel Miguel a agitar un letrero en las afueras de tu portal (*¡Acepta ese trabajo!*); al menos no de costumbre, aunque Él es Dios y sí hubo un pilar de nube y de fuego, y palabras labradas en piedra con un dedo, y todo un grupo de profetas, y sinceramente, después de lo que pasó con la asna de Balaam, podemos sostener que hay un precedente para creer que Él puede usar a cualquier burro para comunicar Su voluntad y Su amor.

Pero, a pesar de los burros y las asnas, este ha sido, y siempre será, el círculo del proceso: la *comunión* con Dios siempre será el medio para la *comunicación* divina con Dios. En primer y último lugar, siempre, literalmente: Dios habla en el Hijo. La lengua materna del Padre siempre es el Hijo. Y nada de lo que Él comunica es diferente a la forma en que «nos ha hablado por medio de su Hijo» (Hebreos 1:2).

Y así viene esa comunión al sentarnos con Su Palabra abierta, pluma en mano, listos para tomar dictado; comunión en una sencilla, extraña y sincera oración mientras miramos al cielo de medianoche; comunión con Su Espíritu mientras levantamos las sábanas y enderezamos las almohadas y ponemos un pie delante del otro; comunión por medio del ayuno del ruido del mundo y de sus comodidades para aferrarnos a Él. Esas cosas no son pequeñas, sino verdaderas conchas con las cuales escuchamos la marea de Dios que se nos acerca. Escucha; escucha: Él llega y dice:

> «Yo soy el Señor, tu Dios,
>> que sostiene tu mano derecha.
> Yo soy quien te dice:
>> "No temas, yo te ayudaré"» (Isaías 41:13).

> «El Señor mismo marchará al frente de ti y estará contigo; nunca te dejará ni te abandonará. No temas ni te desanimes» (Deuteronomio 31:8).

Si quieres oír a Dios comunicarte la forma en que te ama, no dejes que nada se interponga en el camino de tu comunión con Él. El oír se produce al acercarse. Mantén la concha cerca de ti.

Yo lo he pensado solo como mil veces: aquel domingo, cuando los niños aún eran pequeños y nosotros estábamos de pie afuera de nuestra pequeña capilla campestre, después del culto de la mañana. Los maizales se extendían hacia el sur de la capilla. Detrás de ella se levantaba tranquilo un bosque de arces hacia el oeste, detrás del patio de gravilla donde todos los campesinos estacionaban sus furgonetas. Y junto a la parte más lejana de la capilla, inmediatamente al norte, la laguna de Leary.

Nuestra hija Hope, tenía tan solo tres años, y todos los domingos después del sermón, cuando salíamos todos de la capilla, abría los ojos asustada ante aquella laguna, temerosa de salir a jugar en el césped que había a un lado con los demás niños. La niña quería una cerca y reglas y que estuviera claro el lugar por donde ella podía ir. Y lo consiguió; los postes y banderas y las cercas y fórmulas son mucho más fáciles: esta es la vida mejor y aquella es una vida peor; este es el camino y aquel es el camino equivocado.

Pero Darryl, levantó en sus brazos a su pequeña y le dijo con su suave forma de hablar:

«Escucha, yo te voy a estar vigilando de cerca. Pero escucha mi voz, ¿de acuerdo?». Le había levantado el mentón a Hope con sus manos gastadas por el campo, para poder estar a la altura de sus ojos. «Si puedes escuchar mi voz cuando estoy hablando, estarás bien. Estarás donde debes estar. Pero cuando ya no puedes escuchar mi voz… es que ya no estás donde debes estar, así que debes regresar donde estoy yo».

Es necesario permanecer tan cerca de la Palabra, que puedas escuchar la voz de tu Padre.

¿Es este el camino? Todos aquellos que lo buscan reverberan y hacen eco con estas palabras:

«Por la mañana hazme saber de tu gran amor
    [*kjésed* de unión],
     porque en ti he puesto mi confianza.
Señálame el camino que debo seguir,

porque a ti elevo mi alma».

(Salmos 143:8)

Eleva tu alma hacia Él; escucha, escucha.

No obstante, existe una resonancia que corre con fuerza por las arterias de mi propio corazón: nosotros queremos claridad y Dios quiere comunión. Nosotros queremos un mapa del camino y Dios quiere una relación. Nosotros queremos respuestas y Dios quiere nuestra mano. Dios no le dio un mapa a Abraham; le dio una relación. ¿Por qué habría de dar un mapa, cuando se puede dar a sí mismo? Nosotros necesitamos la persona de Dios más que conocer el plan para nuestra vida. El corazón de la fe es el oído. Y la voluntad de Dios es algo que hay que seguir buscando, esperando, dándonos vuelta para escucharlo.

> Nosotros queremos claridad y Dios quiere comunión. Nosotros queremos un mapa del camino y Dios quiere una relación. Nosotros queremos respuestas y Dios quiere nuestra mano.

«El Señor dice: "Yo te instruiré, yo te mostraré el camino que debes seguir; yo te daré consejos y velaré por ti"» (Salmos 32:8). Mientras más cerca de Dios estemos, más cerca estaremos de divisar más allá que del camino para seguir adelante; más cerca estaremos de ver el camino que es Él para nosotros. «¡Ya puedes, alma mía, estar tranquila, que el Señor ha sido bueno contigo!» (Salmos 116:7). Inclina la concha y con ella la cabeza; muévete en el piso del baño, vuelve los ojos, el corazón, que aún hay una manera santa de escuchar y de ver.

Yo dejo que mis dedos toquen la página, subrayen y sigan la veta de amor abierta en ella. De la única manera que sabremos que estamos en el camino correcto es si nuestro corazón, nuestros pensamientos, nuestra mente, nuestra forma de actuar, se hallan en línea con la mente de Cristo y la Palabra de Dios, no con el dios que ha fabricado nuestra propia mente. Mi pluma subraya con lentitud:

> «Yo lo libraré, porque él se acoge a mí;
>> lo protegeré porque reconoce mi nombre.
> Él me invocará, y yo le responderé;
>> estaré con él en momentos de angustia;
>> lo libraré y lo llenaré de honores.
> Lo colmaré con muchos años de vida
>> y le haré gozar de mi salvación».
> (Salmos 91:14-16)

Esta es la forma en que Dios habla: Él hace promesas. Aunque la garra de la muerte ande al acecho y la quimioterapia queme, cuando llega la enfermedad a nuestra vida y nos tenemos que arrodillar en el baño, agitados con una historia miserable que apenas podemos resistir, Dios se casa con los caminantes y se compromete: Yo responderé, te libraré, te rescataré, te satisfaré, estaré contigo de formas que ni siquiera has soñado, con respuestas que nunca pediste en oración. Lo único que sé de la voluntad de Dios, es que Él es el Dios que entra en un pacto conmigo con promesas de lo que hará que siempre llegan de maneras imposibles de imaginar. Y si Dios ha prometido protegerme y guardarme en la enfermedad y el sufrimiento, salvarme y sostenerme, para que ni siquiera la muerte nos separe, ¿acaso Su camino no es suficiente?

Me siento pluma en mano y con las promesas de Dios resonando en mis oídos, como si Él hubiera deslizado un anillo de pacto en mi mano y Sus promesas hacen sentir segura a mi alma.

Por eso leo la Palabra: no la leo solo para saber de qué manera obedecer la voluntad de Dios para mí; leo la Palabra para conocer a Dios y saber cómo está de mi lado. ¿Estoy lo suficientemente cerca para escuchar la voz de mi Abba Padre?

Él es más que bueno; Él es amor; Él es bondad, Él es misericordia *kjésed*; y Él escribió Su voluntad y todas Sus promesas en páginas, para que yo aplique mi oído a la Palabra y al mundo y eso sea lo único que pueda escuchar en cada página santa, en cada lugar difícil, esas mismas cuatro líneas, como una oleada de amor que siempre viene en nuestra búsqueda, como el canto oceánico del amor de Dios:

> *Nunca temas.*
> *Siempre estaré contigo.*
> *Siempre te amaré.*
> *Date vuelta y yo te levantaré.*

Darryl toma su café junto a la ventana. La isla de nieve junto al cedro se ha derretido casi por completo; ha desaparecido. Su Biblia está abierta allí sobre el escritorio y todas sus páginas también palpitan con ese apasionado ritmo:

> *Nunca temas.*
> *Siempre estaré contigo.*
> *Siempre te amaré.*
> *Date vuelta y yo te levantaré.*

Él y yo estamos en la misma página. Si tú quieres leer Su Palabra, podrás oír de Dios tanto como quieras.

—Ella podría morir, Ann.

138

¿Qué? ¿Lo oí bien? Suelto la pluma. ¿Es esa la nota que se ha estado desarrollando en su corazón y que ahora me da para que lea?

—¿Quieres decir, a causa de su corazón? Sí… tienes razón… podría… podría morir. Es decir, que morirá si no encuentra un hogar y una cirugía del corazón. E incluso entonces… sí, podría morir. Pero hay exactamente un cero por ciento de probabilidades de que alguno de nosotros pueda salir vivo de aquí. Todos tenemos eso garantizado: *vamos a morir.*

Se aleja de la ventana, pone su taza junto a la Biblia, como si quisiera destacar punto por punto lo que dirá a continuación.

—¿Recuerdas cómo la muerte de tu hermana destruyó el matrimonio de tus padres? —Sus ojos buscan los míos, pero es como si no estuvieran satisfechos, como si su mirada estuviera buscando una manera de penetrar más adentro. —¿Estás lista para la forma en que todo esto puede salir realmente?

¿Me lo está preguntando, o me está diciendo que en realidad… está asustado por nosotros?

—¿Me estás preguntando si estoy lista? —En realidad, estoy comprando tiempo, porque sé que está totalmente en lo cierto. Dios nos lleva a los lugares como Getsemaní, literalmente, el lugar de la prensa de aceite, donde el peso del mundo nos cae encima y nuestra alma, aplastada, se convierte en un aceite que unge los pies de Jesús con un amor que dice que, incluso aunque Él no nos otorgue nuestros sueños, estar con Él es suficiente. Solo porque Dios ha hecho promesas, no quiere decir que me encantará el camino que viene por delante.

Si ella muere; si alguno de nosotros muere, ¿dudaré que pueda existir un Dios bueno? A menos que te comprometas antes de tiempo a tus creencias sobre Dios, las circunstancias dictarán lo que debes creen en cuanto a Su corazón. Yo creo esto: yo y mi casa, aunque vengan las olas, confiaremos sin dudar en el Señor. Y puede ser que aúlle al cielo, como dando arañazos, pero Dios sabe que batallar con dudas es lo que vacuna el alma contra una pandemia de dolor.

Es decir, que la cuestión que debemos decidir una vez y para siempre, sin importar el camino, es: ¿podré seguir creyendo en un Dios bueno cuando encontremos dolor y sufrimiento en el camino? ¿Podré creer que el sufrimiento encierra en sí evidencias de que Dios mismo está con nosotros?

Yo decido creer en la extraña verdad que esto encierra: solo se puede decir realmente que hay sufrimiento si se cree que hay un Dios.[5] Si Dios en realidad no existe, nosotros no podemos estar sufriendo de verdad; solo tendríamos la vida y la dura realidad de la supervivencia del más apto. Creer que hay sufrimiento implica que hay injusticia. Pero sino creemos que hay un Dios, entonces tampoco puede haber ninguna injusticia; solo pueden existir el dolor y las consecuencias naturales de la selección natural. Pero si crees que de verdad existe el sufrimiento injusto; si crees que los bebés no deberían morir, y que los diagnósticos no deberían devorar los sueños, y que la violencia no debería violar nuestras esperanzas, entonces tu misma conciencia estaría apelando a una ley moral superior. ¿De qué otra manera podríamos explicar nuestra indignación sobre lo erróneo que es el sufrimiento, si no es que esa misma indignación parece explicar que *sabemos* que, por *justicia*, debe haber más?

Solo después de la muerte de mi hermana, después que el matrimonio de mis padres se vino abajo y se destruyó, como cenizas al viento, después de estar sobre las tumbas recién cavadas de pequeños que habíamos cargado y amado, pude yo permitir que el misterio de Dios me tocara, me sostuviera, me consolara, como un canto al viento. Si existe un Hacedor y Él es un ser mucho mayor, entonces es totalmente correcto y esperado que Sus caminos estén muy por encima de nuestra comprensión. Eso es precisamente lo que significa ser Dios: Él está más allá de los caminos de este mundo.

Si mis oraciones siempre se cumplieran, entonces resultaría que yo soy Dios. Si Dios pensara que sería mejor entregar la clave de respuestas para todas las preguntas difíciles, lo haría; Él jura por la Biblia que lo haría. En cambio, Él desliza su mano entre las nuestras, porque la clave de todas las preguntas es estar con Él y la respuesta se encuentra en recostar nuestra cabeza lo suficientemente cerca para poder escuchar los amorosos latidos de Su corazón. Él es Dios; yo no. Él es la Palabra; permite que Él escriba la historia que Él considere mejor y adecuada.

El teólogo C. S. Lewis comentó al considerar el poder detrás del cosmos:

> «Si hay un poder controlador fuera del universo, no podría mostrársenos como uno de los hechos dentro del universo… del mismo modo que el arquitecto de una casa no podría ser una pared o una escalera o una chimenea de esa casa. El único modo en que podríamos esperar que se nos mostrase sería dentro de nosotros mismos como una influencia o una orden intentando que nos comportásemos de una cierta manera».[6]

Ese es el movimiento del alma que todos conocemos, el murmullo del Hacedor mismo dentro de nosotros, que nos indica que este mundo no es lo que se supone que debería ser; que precisamente hay sufrimiento a causa de las violaciones de Su ley moral superior.

Y, sin embargo, ¿qué es exactamente lo que está diciendo Abba Padre cuando pestañeas y muere un ser amado? ¿Qué palabra procedente de Dios esperas escuchar cuando un médico te dice que lo siente, o cuando una puerta se cierra por última vez o cuando la ausencia de esa voz única se siente tan fuerte que ensordece a la esperanza? ¿Cómo está el Dios trino expresando Su voluntad cuando la vida te golpea de manera inesperada en las mismas entrañas y tienes que forzarte hasta a respirar? ¿Conozco yo la forma de interpretar el lenguaje de Dios cuando sus caminos no se abren de la manera que esperaba?

> «¿Puedes hacer que las constelaciones salgan a
>   tiempo? [...]
> ¿Conoces las leyes que rigen los cielos?».

> «¿Eres tú quien señala el curso de los rayos?
> ¿Acaso te responden: "Estamos a tus órdenes"?».

> «Tú, que querías entablarme juicio
>   a mí, al Todopoderoso,
>   ¿insistes todavía en responder?».

> «¿Pretendes declararme injusto y culpable?».
>   (Job 38:32-35, NVI; 40:2, 8, DHH)

Si yo no puedo abrir un camino a las estrellas para que giren alrededor del terciopelo del cielo nocturno, ni abrirle camino al viento para que susurre al pasar por los sauces bajo la luna llena, ¿cómo puedo comprender a plenitud los misteriosos caminos de Dios? ¿Por qué Dios me tendría que responder a mí y por qué tendría yo que conocer todas las respuestas, a menos que me quisiera convertir en una especie de dios? «El que cree que sabe algo, todavía no sabe como debiera saber. Pero el que ama a Dios es conocido por Él» (1 Corintios 8:2-3).

Dios aún está escribiendo una historia de amor oceánica por medio de cada ola que rompe en la orilla.

Me parece que ahí mismo está mi respuesta a Darryl. No necesitamos tanto las respuestas de Dios como una unión *con Dios*. Y cuando rompan las olas, una y otra vez, nosotros caeremos hacia Dios, una y otra vez. Pongo con delicadeza mi Biblia en el banco junto al antepecho de la ventana. He leído la Palabra de Dios y lo he mirado directamente a los ojos, y ahora me levanto para mirar a Darryl a los ojos, fortalecida por lo que he visto.

—¿Te preocupa pensar en cómo vamos a salir adelante si la perdemos? —Le toco un brazo—. ¿O si nos perdemos nosotros? ¿O las dos cosas?

—No… preocupado no. —Sus ojos emanan tranquilidad—. Solo… quiero estar seguro de tus expectativas… sobre el camino que puede tomar todo esto.

Tiene razón: no hay forma de evitar el trauma, y puede haber desorientación por un trastorno de estrés postraumático y, aun así, ser el camino de crecimiento postraumático.[7] «En cierto sentido, el sufrimiento deja de ser sufrimiento cuando encuentra un significado».[8]

Tal vez mi expectativa es que solo las matemáticas nos dan respuestas; en cambio, la vida nos da misterios, y abrazar los misterios, dejar que nos lleven a profundizar nuestras relaciones, a aumentar nuestra gratitud, a fortalecer nuestra unión con Dios y a aumentar la resistencia de nuestra alma: esta es la forma de encontrar el sentido y mantenernos de pie. Se supone que todo haga crecer al alma hacia la meta de Dios. Aunque golpeen las olas, ¿cómo podría ser más importante comprender de la razón del sufrimiento, que saber que Dios mismo está junto a nosotros en medio de este? ¿De qué nos ayudaría tener junto a nosotros un Dios lo suficientemente pequeño para que lo comprendiéramos, cuando solo un Dios que está *con nosotros* y que es lo suficientemente grande para estar *por encima* de todo entendimiento es capaz de ayudarnos?

Si tuviéramos un Dios lo suficientemente pequeño para ser comprendido, ¿cómo podría ser Él un Dios lo suficientemente grande para estar con nosotros en todo aquello que tenemos que enfrentar? Yo no sé por qué rompen las olas, pero sí sé que Su oceánico amor es lo que me mantiene a flote.

Esto es todo lo que yo espero: una senda de crecimiento postraumático que atraviese las olas, porque esto es lo que he experimentado: los grandes sufrimientos son soportables cuando sabemos que un gran Dios nos lleva en Sus enormes brazos.

—Yo… no espero que esto sea fácil. Pero sé que Dios tiene experiencia en ser Dios durante mucho tiempo, a través de tiempos difíciles, de manera que no es posible equivocarnos si confiamos en Él *todo el tiempo.*

¿Seré capaz de vivir según mis propias palabras? A fin de cuentas, el Dios trino del cristianismo no se limita a escribirnos una nota con una solución al problema del sufrimiento, sino que nos levanta la cabeza y nos señala hacia la cruz, el indicador supremo, y nos dice: *No hay camino tan tenebroso, ni siquiera este, que no reescriba y restaure para convertirlo en un camino a la resurrección.*

La vida está hecha de olas salvajes, y el ascenso siempre vendrá de nuevo. Recuesto la cabeza en el pecho de Darryl. Y de nuevo, viene mi oración constante:

No sabemos lo que nos espera en el camino, pero Jesús es nuestro camino. Nuestra senda de crecimiento es Él, y Él es también el camino entre las olas. Él es una roca firme. Es Su kjésed el que nos lleva. Los Getsemaníes nos exprimirán y harán crecer en algo mayor. En tus manos encomendamos nuestras esperanzas.

Hágase tu voluntad.

SEÑALES Y PRODIGIOS

A media mañana, cuando Darryl sale para buscar la correspondencia, yo espero que traiga un montón de facturas por pagar, brillantes anuncios de Home Hardware, cupones de la tienda de víveres Zehrs y, tal vez, una fiel tarjeta de la señora Shupe, pero no una palabra del Dios Omnipotente.

Así que no pongo atención cuando él lo saca del montón, de entre la factura de la electricidad y una oferta del 50 % en uvas sin semilla, solo desde hoy hasta el jueves, y lo veo leer la parte exterior de algo que tiene el aspecto de un sobre común y corriente. Solo entonces veo algo por un instante en su rostro… *¿reconocimiento?* Es tan notorio que dejo de echarle crema a mi café.

—¿De quién es? —Espero sobre la humeante taza, con un rayo de esperanza.

—Del Señor. —Y deja caer el sobre en el mostrador.

—¿En serio? —¿Acaso Dios tiene la dirección de nuestra casa?

No llego a leer la dirección del remitente, porque lo escrito en negritas en la parte inferior del sobre llama con fuerza nuestra atención: «La religión pura y sin mancha delante de Dios nuestro Padre es esta: atender a los huérfanos y a las viudas en sus aflicciones» (Santiago 1:27).

En serio. No hace falta abrir el sobre; lo que importa es leer el rostro de Darryl.

—Dios siempre habla. Él es la Palabra, no la ley del hielo.

El hombre que ha estado orando sobre la adopción toma el sobre para leer de nuevo la Palabra que hay allí: «Atender a los huérfanos en sus aflicciones».

Cierro los ojos con la taza de café caliente en la mano. La Palabra creó el mundo, y no ha enmudecido. El mundo puede llamar a la puerta de Dios para demandar respuestas, y Él responderá a la puerta como la Puerta, y Él habla en el Hijo y «Dios no guarda silencio».[9] La luz del sol ilumina las ramas inferiores de los abetos afuera de la ventana. Dios escribe su discreta firma por todas partes; todo es un indicador que apunta a Su amor.

—Es evidente que a veces Dios habla por medio de Su Palabra en las páginas de la Escritura, y que a veces envía Su Palabra en el correo, en la parte exterior de un sobre —dice Darryl, sonriendo.

—Sí. Las circunstancias. —Mi sonrisa se encuentra con la suya.

Dios manifiesta el Camino 1) por medio de la *comunión*, 2) por medio de las *circunstancias*, 3) por medio del *consejo*, 4) por medio de la *convicción*. Y ninguna de las formas en que Él se comunica podrá contradecir jamás lo que Su Santa Palabra ya ha comunicado.

—¿Te dije... te dije lo que Dios ya me había dicho esta mañana? —Y Darryl extiende el brazo en busca de su Biblia, abierta en su escritorio, encima de unas cuantas facturas y recibos, con la correspondencia sin abrir.

Yo espero a que él encuentre el lugar en la página, mientras su dedo índice la recorre como un cursor en busca de la epifanía.

—Aquí está... lo primero que leí esta mañana temprano.

Hay palabras subrayadas con manchas de tinta azul a lo largo de todas las gastadas y enroscadas páginas. Lo amo a él, así como el estilo tan modesto de vida que lleva. Los sabios no leen la Escritura para recibir una palabra de Dios, sino para conocer al Dios de la Palabra. *Yadá, yadá, yadá.* Él lo sabe: lo importante no es leer la Escritura para crecer y convertirte en alguien mejor, sino para profundizar en Dios; no para ser bueno, sino para estar con la Bondad misma. No se lee la Escritura por simple deber, sino a causa de la irresistible belleza de Dios; no es para lograr que Dios te ame a ti, sino para enamorarte tú de Dios.

—No es que lo que leí fueran palabras nuevas, ni nada, sino solo que las oí de manera diferente. —Y recorre con su dedo la línea torcida de tinta:

«Comenzó a sentir temor y tristeza. "Es tal la angustia que me invade que me siento morir —les dijo— [...]. Yendo un poco más allá, se postró en tierra y empezó a orar [...]: "Abba, Padre, todo es posible para ti. No me hagas beber este trago amargo, pero no sea lo que yo quiero, sino lo que quieres tú"» (Marcos 14:33-36).

Darryl se detiene. Levanta la mirada hacia mí. Lo acaba de leer, la forma en que el Dios Hombre estaba angustiado, turbado, abrumado, hasta sentirse morir: la definición misma de lo que es un trauma.[10] Getsemaní, literalmente, el lugar de la prensa de aceite, lo prensa, lo exprime, y grandes gotas de sangre caen de Su frente, pero Él no toma el camino de salida del Getsemaní, sino que toma la copa y la bebe hasta el fondo, pasa por debajo de las olas, y este Getsemaní que lo exprime forma el camino que cede ante el camino de Dios: *no mi camino, sino el tuyo.*

—No sea lo que yo quiero… sino lo que quieras tú. —Su voz es firme; segura.

—¿Qué quieres decir con eso de *no sea lo que yo quiero… sino lo que quieras tú?* —Estoy tratando de impedir que mi voz suene… preocupada—. ¿Tú… no quieres adoptar?

—En ningún momento dije eso. Estoy diciendo que Dios expresa Su voluntad, y que Su voluntad siempre es que nosotros le respondamos: «No mi camino, sino el tuyo». Su mano descansa sobre la página, como si él mismo estuviera descansando, entregado y prensado.

—Pero lo que estoy oyendo es… —Lo susurro con delicadeza, lentamente…

Antes que salgan las palabras de mi boca, su teléfono suena. Sus ojos aún están fijos en los míos mientras toma su teléfono de su bolsillo trasero. Aunque él está contestando, yo estoy haciendo sonar mis propios timbrazos… unos sonidos como campanas de iglesia: *Abba Padre, no sea hecha mi voluntad, sino la tuya, en la tierra como lo es en el cielo.* El Dios del cielo habla en la tierra por medio de la comunión, de las circunstancias, del consejo.

Cuando alguien dice: «No se haga mi voluntad, sino la tuya», está diciendo: «Ni a mi manera, porque yo soy uno con *Su* manera». Se está despegando del amor a uno mismo, porque Su amor está unido ahora al Amor mismo.

Al observar a Darryl en el teléfono con el proveedor de semillas es como si él se estuviera convirtiendo en alguien diferente delante de mis ojos. Crecer en el amor. Eso… Eso es lo que dice el mayor de los amores: «Yo tengo mi voluntad, y Dios tiene la suya, y cuando las dos no están de acuerdo, yo renuncio a la mía para tomar la de Dios». Esta es una escena en el intercambio divino: Él toma mi quebrantamiento y me da Su plenitud… y yo renuncio a mis caminos para tomar los suyos.

Estamos unidos en esta misericordia *kjésed* de la salvación, y el voto sagrado es más que un simple intercambio de mi pecaminosidad por Su justicia; es un intercambio de *mi voluntad y mis caminos por los suyos*. «Yo quiero… yo quiero… No mi voluntad sino la tuya». Es solo la fidelidad del pacto, del amor *kjésed* de Cristo la que nos salva… y nosotros respondemos a Su plenitud de fidelidad *kjésed* salvadora, pactando que *nuestra voluntad* será fiel a *Su voluntad solamente*. Hemos sido salvados por gracia por la fidelidad *kjésed* de Cristo, y los salvos responden con fidelidad en sus caminos única y exclusivamente al camino de Cristo.[11]

Darryl sigue hablando por teléfono, pero se vuelve hacia la ventana para mirarme a mí, y yo estoy asintiendo, viéndolo, viendo la grandeza de una vida que se entrega al Amor mismo, y me tiembla el mentón con la realidad de aquello: el mayor acto de fe consiste en jurarle fidelidad al camino de Dios y someterle el nuestro. La única manera de cumplir con la voluntad de Dios es abandonar por completo nuestra propia voluntad. *No andaremos por el camino de Dios mientras no soltemos y nos apartemos del nuestro.*

Aprieta el oído contra la concha y escúchalo: si el camino por el que vas no tiene cruces, aflicciones, persecuciones y autonegación, no estás en el camino de Cristo. Sus caminos son olas, y el nuestro es como la orilla, siempre resistiéndolas. Nuestro camino se va formando él mismo; el camino de Dios tiene forma de cruz.

> El mayor acto de fe consiste en jurarle fidelidad al camino de Dios y someterle el nuestro. La única manera de cumplir con la voluntad de Dios es abandonar por completo nuestra propia voluntad.

Nuestro camino es ancho y cómodo; Su camino es estrecho y lleno de autonegación. El nuestro muy pocas veces se cruza con el de Él, porque Su camino siempre significa cargar una cruz. Deja que la orilla ceda ante el beso de las olas y sus formas acariciadoras y transformadoras.

Yo noto que él está tratando de terminar la llamada. Me le acerco, pongo mi mano sobre la suya y espero, sabiendo lo que sucede. Cuando te rindes y le prometes fidelidad a Jesús como el camino, la verdad y la vida, lo estás convirtiendo en tu camino, tu verdad y tu vida, y se han convertido en uno solo: un corazón muto, una mente mutua, una voluntad mutua, un camino mutuo… tú en Él y Él en ti.

Cuando Darryl termina la llamada, se vuelve hacia mí.

Se queda inmóvil.

Cualesquiera que sean las preguntas, la unión es la respuesta, y toda la Palabra y todo el mundo cantan el mismo estribillo:

> *Nunca temas.*
> *Siempre estaré contigo.*
> *Siempre te amaré.*
> *Date vuelta y yo te levantaré.*

Yo espero.

Su rostro se transforma en una sonrisa. Y me hace sonreír a mí con esa clase de sonrisa que sana mientras rompe otra ola.

—Sí.

—¿Sí?

—*Sí.*

Un viento fresco se lleva el guante rojo con la palma hacia arriba hasta el otro lado del jardín.

capítulo siete

EL CAMINO DEL MAR ROJO

> El cristianismo es más que una teoría para el universo; más que enseñanzas escritas en papel; es un sendero a lo largo del cual andamos, en el sentido más profundo y rico, el *camino de la vida.*
>
> —KALLISTOS WARE

En el camino hacia esa primera entrevista con nuestro trabajador social, el siguiente paso en el camino a la adopción, Darryl gira lentamente hacia la izquierda y se dirige a Monkton Line. Frente a nosotros, en la tienda de antigüedades Las Tres Hermanas de la esquina, está en la acera un trío de camas antiguas de madera, sin colchón, como si las tres hermanas se hubieran levantado en una racha de viento para irse a esconder, con sus viejos edredones y todo, huyendo en medio de la noche.

¿Puedo ser yo la cuarta hermana que se aleja volando por los cielos azules? Porque tuve suficientes momentos en que se me detuvo el corazón en la crianza de nuestra tribu de media docena de chiquillos durante el mes pasado, y ahora me estoy preguntando con toda seriedad si será sabio todavía intentar ser una mamá competente. Todo mi entusiasmo inicial se ha tornado más que un poco asustadizo… con deseos de salir huyendo.

—Mira… —Me vuelvo hacia Darryl, sentado allí en sus gastados pantalones Wranglers en el asiento del conductor de su camioneta Ford blanca, mientras sus manos marcadas por la grasa y la suciedad sujetan la curva del volante. Puedo oír el amplio camino que se abre delante de nosotros, mientras las ruedas silban con la desafiante promesa de la posibilidad, siempre posibilidad.

—En estos mismos momentos no hay absolutamente forma alguna de pensar en adoptar, porque si no lo has notado, ya nos estamos enfrentando a nuestra propia clase de imposibilidades, y no estamos ganando de forma alguna, en ningún aspecto.

Tan solo la noche anterior, me tropecé con uno de nuestros atrevidos muchachos que se estaba inclinando peligrosamente hacia fuera de las barandas, y el destrozo de la caída aún estaba humeante y me dolían hasta los ojos, y todo aquel destrozo hizo que me sintiera atacada por náuseas.

Si yo tomara la vieja colcha de doble anillo de mi abuela, me la echara en hombros y esperara una fuerte racha de viento, ¿tal vez me llevaría hasta Las Tres Hermanas?

—Lo que digo es que tenemos nuestro propio desorden de crisis y de angustia y de pérdidas y de chiquillos y de granja y de campos y de toda esta locura de vida y, francamente, estamos hasta la coronilla.

Apenas acabamos de pasar junto a la tienda Las Tres Hermanas cuando me doy vuelta y le soy totalmente sincera:

—Sencillamente, no hay forma alguna para mí de encontrar el camino ahora para ser la mamá de una pequeña que está al otro lado del océano y con un corazón roto de verdad… —Me parece totalmente imposible, y quiero reír y llorar a la vez, y tal vez la manera para no apartarse de Dios es serle brutalmente sincero y decirle que nada está saliendo como lo soñábamos.

En Su momento en Getsemaní, Jesús señaló la forma de ser presionado para ir más allá: en Su oración, primero resalta Sus sentimientos, después indica Sus deseos, y termina con una confianza sumisa.* Las oraciones en Getsemaní marcan el camino a la resurrección.

> *Dios mío. ¿Por qué esto es tan duro, y por qué en el mundo Tú hablas con señales y prodigios para después lanzarme por todas partes señales de «No hay camino»? Tal vez te interesa más que demos vuelta hacia Ti, de manera que nos preocupe menos el camino que nosotros queremos, y más el deseo por Ti?*

Tal vez yo esté pensando en cómo algo puede abrirse camino a través de este súbito tsunami que es la vida, un camino que de vuelta a la curvatura del planeta hasta China, y hasta esa ligera curvatura de una niñita con su mano extendida en espera, más de lo que estoy pensando en Aquel que tiene mi nombre grabado en las palmas de Sus manos y que camina sobre las olas. Busco ahora la mano de mi esposo, como si la única manera de salir adelante fuera hallar una mano que me sostenga.

Eres mía. Agárrate a mi mano, la del Único que te ha amado hasta la muerte y que ha regresado como la vida más real y eterna.

Mi Granjero me aprieta la mano como si estuviera tratando de darme prestada la valentía para creer que hay un camino que atraviesa la Fosa de las Marianas de lo imposible, siempre que tengas los ojos puestos en Aquel que convierte hasta las olas en

---

* John Mark Comer observa pensamientos similares en su sermon: «Gospel of Matthew: Gethsemane Prayer», Bridgetown Church, 30 de mayo, 2021, https://bridgetown.church/teaching/gospel-of-matthew/gethsemane-prayer-2/.

autopistas. Pero no puedo evitar decirlo de nuevo, solo que esta vez es una pregunta y no la presentación de un hecho:

—En verdad… ¿Cómo hallamos un camino… cuando en realidad parece no haber camino?

Las palabras ni siquiera han salido de mi boca, cuando el teléfono que está junto a mí en el asiento timbra como si Dios mismo estuviera llamando para decir con voz de barítono: *¿Discúlpame?* Dios habla en lo trivial y en el milagro, en el mensaje santo y en otras formas que se pasan por alto fácilmente en medio de las prisas.

EL MENSAJE

Yo dejo que suene la contestadora, como se hace cuando podría ser Dios quien habla. Cuando oigo la grabación en mi aplicación de mensajes, lo que oigo es: «Oye, soy yo».

No es Dios, hoy no, aunque Dios habla en el idioma del Hijo y de las estrellas de gloria y en mil acentos y dialectos distintos de gracia. ¿Es Ellie… Ellie Holcomb? No había sabido nada de Ellie tal vez en seis meses, o en un año.

«Hola —dice ella—. Solo quería decir… que la semana pasada leí unas palabras, unas palabras que escribiste tú, Ann».

¿Unas palabras que yo escribí?

Resulta que yo había escrito un artículo que decía lo siguiente: «La esperanza abre un camino en el mar Rojo donde no existe camino».[*]

Giro la cabeza hacia mi Granjero. Eh… yo, la dama que padece de amnesia crónica del alma, ¿escribió eso… *la semana pasada*?

---

[*] Tomado de «How to Keep Hoping for Things That Seem Impossible», Ann Voskamp (blog), 28 de mayo, 2014, annvoskamp.com.

Mantengo el teléfono pegado al oído para no perderme lo que viene después. Y Ellie me dice que ella ha convertido esas palabras en un canto nuevo. Puedo escucharla mientras toca su guitarra.

«Así que tomamos esas palabras tuyas, Ann, y las hemos convertido en un canto, y tú eres la primera persona a la que se lo queríamos cantar».

Se lo digo a Darryl con la voz entrecortada: «Ella… nos va a cantar un canto nuevo… ahora mismo».

Y escuchamos la voz melodiosa de Ellie, junto con las de Christa y Nicole, y las cuerdas de la guitarra, y la guitarra da testimonio: en las manos correctas, todos los vacíos pueden cantar. Y la voz de Ellie se alza con sentimiento en un canto que llama «El camino del mar Rojo»:

> *Cómo podemos confiar*
> *Cuando dices que nos librarás de*
> *Todo este dolor que amenaza con dominarnos*
> *Este desierto está seco,*
> *Pero el océano podría consumir*
> *Y sentimos temor de seguirte.*
> *[línea de separación]*
> *Cuando no podemos ver el camino*
> *Él abrirá las olas*
> *Y nunca andaremos solos*
> *Por el camino del mar Rojo.*

¿Qué está pasando? Es como si hubiera descendido la gloria *shejiná*. ¿Cómo acabo yo de decir en voz alta que no hay ningún camino posible, justo cuando mi teléfono timbra junto a mí y ahora oigo a una mujer que me canta en vivo, diciéndome que *sí hay un camino* por medio de este canto compuesto hace tan solo minutos, con palabras que yo hasta había olvidado que había escrito?

Yo me vuelvo hacia mi esposo, boquiabierta y asombrada ante Dios:

—Me imagino —le digo mientras pestañeo para contener las lágrimas— que a veces Dios nos llama en tiempo real, y hasta es posible que Su voz suene como la de una amiga, pero no debemos ignorarlo: es Su voz.

Hay un murmullo, Ellie dice en voz baja que nos ama, se despide con esa gloriosa voz áspera suya… y después cuelga el teléfono.

MÁS ALLÁ DE LA IMAGINACIÓN

—¿Acaso nos acaba de caer un canto del cielo? Porque no fue la radio lo que oímos… —Yo me quiero quitar el calzado. Los arbustos secos de la fe se pueden encender en un incendio causado por Su presencia.

—¿Qué acaba de suceder aquí?

Creo que estoy viendo algo que nunca habría podido imaginar: Jesús conoce vueltas del camino que nunca habrías oído mencionar, crea senderos que nunca habrías soñado, obra milagros que se producen precisamente donde nunca habrías podido imaginar. Hay una razón por la cual se le llama el Camino. Hay más que lo que podemos ver, sentir e imaginar, y siempre hay tierra firme más allá. Siempre hay un camino del mar Rojo que viene a tu encuentro. De maneras inesperadas. Las olas se levantarán, pero es necesario que lo creas: El Amor siempre halla el camino para llegar hasta ti.

Eso es lo que había sucedido: yo no tenía imaginación en

cuanto a los caminos de Dios. En mi mente, no existía una isla de nuevas posibilidades, ni tierra firme de cambio, ni camino hacia otras cosas que las que ya conocía. Es cuando, hasta donde alcanza el horizonte, por detrás y por delante de nosotros, solo podemos divisar oleadas interminables de dolor, que la desesperación nos tienta a acabar con todo, a tirar la toalla, a darnos por vencidos. La desesperanza surge

> Jesús conoce vueltas del camino que nunca habrías oído mencionar, crea senderos que nunca habrías soñado, obra milagros que se producen precisamente donde nunca habrías podido imaginar. Hay una razón por la cual se le llama el Camino.

cuando el dolor del pasado inunda todo el futuro. Y cuando nos sentimos como si toda la esperanza se ha perdido, es precisamente cuando es hora de preguntar: «¿Dónde está mi esperanza?». Esperanza en los planes, en las expectativas, en los sueños, en los resultados, en los trabajos, en las cuentas bancarias, en la medicina, en la gente, en los cronogramas… pero cualquiera de estas cosas se puede perder, caer, desaparecer y llevarse tu esperanza consigo. No estamos hechos para hallar nuestra esperanza en nada de este mundo; al contrario, se supone que perdamos la esperanza en todas las cosas de aquí abajo.

Pregunta: «¿Dónde está mi esperanza?» y podrás sentir alivio en la respuesta: la esperanza nunca se pierde, porque la Esperanza misma nunca nos pierde la pista. Dios es Aquel que sigue haciendo esa pregunta edénica: «*¿Ayekah?* ¿Dónde estás?». La esperanza es siempre la única constante con la que puedes contar, porque puedes contar con que Jesús estará constantemente contigo.

Jinné. Aquí estoy.

Miro mi reflejo en el espejo retrovisor, y me veo sonriente. La manera de no perder la esperanza es no perder una santa imaginación en cuanto a los caminos de Dios. La pobreza de imaginación es la causa de la bancarrota de esperanza. Aunque no nos podamos imaginar cómo está obrando Él, lo cierto es que va abriendo un camino hacia ti, haciendo que todas las cosas resulten en bien para ti, creando una buena historia porque Él es la Palabra, y Él solo escribe buenas historias.

> «Escúchame [...],
> óyeme [...],
> porque mi ley será proclamada
>   y mi justicia llegará a ser una luz para las
>   naciones.
> Mi misericordia y mi justicia ya se acercan;
>   mi salvación viene en camino.
> Mi brazo fuerte hará justicia a las naciones.
> Las tierras lejanas me buscarán
>   y con esperanza aguardarán mi brazo
>   poderoso».
> (Isaías 51:4-5, NTV)

El Dios que crea *ex nihilo*, a partir de la nada, puede crear éxodos para salir de cualquier situación. El Dios que levanta a los muertos puede resucitar cualquier sueño muerto y, aunque Dios no está sujeto de manera alguna a las líneas de un guion en nuestra imaginación, nosotros, los que estamos unidos con Él, podemos encendernos en una santa imaginación en cuanto a las formas en que Él puede moverse por cualquier medio. La esperanza insiste en la forma imaginada, sino que tiene una imaginación según la cual todo lo que venga será obrado *para nuestro bien*. Yo quiero que Dios lo grabe con Su dedo en mi brazo para que yo no olvide nunca lo que acaba de suceder aquí: *la pobreza de imaginación es la causa de la bancarrota de esperanza*.

Ríndete ante caminos que van más allá de los nuestros. Ríndete a la verdad de que no lo sabes todo. Ríndete ante las posibilidades. Ríndete ante vistas desconocidas y toda clase de caminos que se abren de maneras inimaginables. Ríndete ante el milagro. Endereza las arrugadas esquinas de la vida, barre todos los rincones polvosos y cambia las estacas que estén flojas, porque hay milagros y maná y misericordia esperando a todos los que estén dispuestos a ver. Me pregunto si… *Lo que más tememos es no tener el milagro de Dios con nosotros*. Me pregunto si… *Lo que más tememos es ir a parar a algún lugar donde Dios no pueda llegar hasta nosotros, algún lugar fuera del alcance de Dios*. Pero no me pregunto esto, porque lo sé: incluso… sobre todo… en la oscuridad más impenetrable, cuando no puedes ver tu propia mano frente a tu rostro, si cierras los ojos y permaneces quieto lo suficiente, podrás recordar, ver, recuerdos en pantalla de tu mente, hasta probar su sabor, el dulce maná de la misericordia y la bondad y la compañía de Dios.[*] Espéralo; saboréalo. El único milagro con el que siempre puedes contar, como cuarenta años de maná, es la compañía de Dios que nos sustenta. Sin falta. Con Dios, la esperanza siempre tiene justificación. Dios partirá todo un océano de olas en dos para hallar una forma de estar contigo.

> Con Dios, la esperanza siempre tiene justificación. Dios partirá todo un océano de olas en dos para hallar una forma de estar contigo.

---

[*] «Prueben y vean que el Señor es bueno; ¡qué alegría para los que se refugian en él!» (Salmos 34:8, NTV).

Donde no parece haber camino, es precisamente el camino a los milagros.

Miro hacia mi lado y veo a Darryl con una sonrisa de un kilómetro de ancho, como un camino abierto.

QUIETA, QUIETA, QUIETA

Cuando entramos por la puerta trasera, procedentes de la cita con aquel primer trabajador social, con aquel abrumador montón de formularios de adopción que nos exige que abramos nuestro corazón y derramemos toda la enredada historia de nuestra vida en sus páginas, yo lanzo la carpeta sobre mi escritorio y, en cambio, paso las páginas de mi gastado libro en busca de Éxodo. ¿Me había imaginado todo este camino del mar Rojo? ¿O solo necesito tener en la *imaginación* un camino del mar Rojo? Me siento desesperada por leer cuanto milagro sucedió donde retomo el relato. Alcanzo una silla para ponerme en pie, pero ya estoy leyendo:

«Cuando los israelitas se fijaron y vieron a los egipcios pisándoles los talones, sintieron mucho miedo y clamaron al Señor. Entonces le reclamaron a Moisés: —¿Acaso no había sepulcros en Egipto, que nos sacaste de allá para morir en el desierto? ¿Qué has hecho con nosotros? ¿Para qué nos sacaste de Egipto?

—No tengan miedo —les respondió Moisés—. Mantengan sus posiciones, que hoy mismo serán testigos de la salvación que el Señor realizará en favor de ustedes. A esos egipcios que hoy ven, ¡jamás volverán a verlos! Ustedes quédense quietos, que el Señor presentará batalla por ustedes» (Éxodo 14:10-11, 13-14).

Dejo de leer y me recuesto en el asiento. Puedo ver un estornino sentado en la parte superior del arce de Manitoba situado frente al escalón de atrás; sus alas se ven iridiscentes en la luz de la tarde. Se mantiene quieto en la unión de varias ramas, delante de un dorado campo de trigo que se extiende hacia el este.

Tu batalla consiste en mantenerte quieta, mientras Dios pelea por ti. Tu batalla consiste en seguir quieta, pase lo que pase, confiando en Dios.

«Me atrevo a decir que alguno pensará que es algo muy fácil quedarse quieto, en silencio, pero esa es una de las posturas que el soldado cristiano no aprende si no es con años de enseñanza», dijo Charles Spurgeon, el príncipe de los predicadores. «[La quietud] es una de las cosas más difíciles de aprender bajo el Capitán de nuestra salvación. El apóstol parece sugerir lo difícil que es cuando dice: "Habiendo acabado todo, estar firmes. Estad, pues, firmes"».[1] La quietud puede ser lo más difícil de aprender; estar firmes en silencio.

Me pregunto si el estornino en lo más alto del arce de Manitoba podrá ver su reflejo en esos tranquilos charcos que se formaron debajo, en el camino, después de la tormenta de anoche que aplastó el trigo y que probablemente se haya llevado a Las Tres Hermanas en sus brazos.

Cuando todo se queda quieto, en silencio, puedes ver tu reflejo, ver dentro de lo más profundo de tu alma, ver los contornos de las cosas. Para ver por completo una situación, ver la distribución de un lugar, ver el camino que hay por delante, es necesaria el silencio. Pero en realidad, uno ve más que su propio reflejo cuando mira a en aguas tranquilas; también se ve el cielo. Los corazones tranquilos ven incluso a Dios. Cuando no hay agitación en el alma, puede haber una revelación de Dios. Ese es el principio de todo conocimiento: quédense quietos, reconozcan que yo soy Dios. La única manera de saber de qué estás hecho, la única manera de saber cuál es tu camino, es conocer a Dios con tanta intimidad que te veas a ti mismo como Dios te ve a ti.

En mí, algo se estabiliza.

Quietud, silencio, significa ser conocido.

> Cuando no hay agitación en el alma, puede haber una revelación de Dios.

Si es cierto que nuestro anhelo más profundo es ser vistos y conocidos, entonces solo seremos vistos y conocidos en proporción a lo quietos que estemos. Cuando nada está tranquilo, no vemos nada. Cuando las aguas conocen la agitación, no se conoce ninguna revelación. Aguas agitadas, vista nublada.

Necesito tomar una pluma, trazar este camino del mar Rojo y escribirlo:

SILENCIO PARA CONOCER A DIOS.

No creo haberlo notado antes: la palabra *Dios* se encuentra en todos los verbos durante la narración del cruce del mar. En mi silencio, *Dios se mueve*. Tal vez si me quedara realmente quieta y no batallara por ser Dios, no lucharía por *confiar* en Dios. Solamente una confianza sin límites en Dios puede acabar con el temor. El estornino posado en silencio, en perfecta quietud, afuera de la ventana, atrapa la luz; centellea.

Tu fortaleza es tu quietud, porque tu silencio indica que aún estás confiando en Él.

Extraña paradoja: cómo la quietud es el primer paso del camino del mar Rojo.

ATENCIÓN = DEVOCIÓN

Mi dedo se mueve hacia el otro lado de la página y me hace notar el siguiente escrito sagrado: «Pero el Señor le dijo a Moisés: "¿Por qué clamas a mí?"» (Éxodo 14:15).

El corazón me late con fuerza, como si el viento se hubiera detenido de repente. Como si el ojo del estornino que se ha dado vuelta me estuviera observando, esperando. Entre los sonidos, se desliza el silencio. Soy toda oídos. Y lo único que puedo oír es: en la quietud, puede haber una atención que va más allá de nuestras preguntas *a Dios*, a las preguntas *que Dios nos está haciendo*.

El terapeuta Curt Thompson pregunta en su libro *The Soul of Shame* [El corazón de la vergüenza]: «¿Acaso Dios no nos hace preguntas todo el tiempo?».[2]

«¿Dónde estás?», llamó Dios en el huerto, Aquel que siempre está buscando el camino hacia nosotros (Génesis 3:9).

«Y ustedes, ¿quién dicen que soy yo?», le preguntó Jesús a Pedro (Lucas 9:20).

«¿Qué buscan?», preguntó Jesús a Sus discípulos (Juan 1:38).

«¿De dónde vienes y a dónde vas?», le preguntó el ángel del Señor a Agar en su huida (Génesis 16:8).

Tal vez, si comienzo a prestar atención a las preguntas de Dios y a responderlas, ¿tendré menos probabilidades de cuestionar los caminos de Dios? Tal vez, si te haces a ti mismo las preguntas que Dios te hace, ¿comenzarás a obtener respuestas? Tal vez, si pudiera localizar las respuestas a las preguntas de Dios, localizaría quién soy yo, hacia dónde voy, dónde está mi cabeza en relación con mi alma; tal vez no me sentiría tan perdida.

Estoy prestando atención.

Esta es mi ubicación.

La vida se trata de ubicación, ubicación, ubicación… y de atención, atención, atención.

Ese estornino que está en el arce, ¿está atento a este viento del Espíritu en su silencio? ¿Sabrá acaso que sus antepasados fueron traídos por el mar desde Europa por un personaje llamado Schieffelin, quien llevó sesenta estorninos europeos a Central Park y los soltó para que se fueran volando? Hay algo en este señor Schieffelin, con su obsesión extraña de que todas y cada una de las aves que Shakespeare mencionó en sus escritos hiciera nido en algún lugar de este lado del charco. Hay ocasiones en que un estornino habla sin palabras durante un instante. Me siento con la Palabra en la mano, con el estornino que habla sin sonidos, y el texto habla, y el tiempo se llena con esta Gran Danza de la Trinidad. Me quedo quieta ante un éxodo que puedo sentir comenzando dentro de mí: quieta en el Espíritu.

Atención al viento de la Palabra. Haz más que escuchar tu propia vida; escucha a tu Señor. Aparece un brillo de las alas entre púrpura y verdosas del estornino mientras se agitan y un golpe de viento suena como una corriente de aguas, cerca y en todas partes, y puedes sentirlo en medio del silencio y la atención: «El Señor es clemente y compasivo, lento para la ira y grande en amor *[kjésed]*» (Salmos 103:8). Su amor es como una creciente de bondad, irrumpiendo en las orillas, inundándolo todo. Nuestra atención a todo lo que está pasando a nuestro alrededor es una manera de estar atentos al Dios que está *con* nosotros.

La atención conduce a la receptividad. Y mientras más atentos estemos a lo que está sucediendo en nuestra vida, más receptivos estaremos al camino de Dios; y mi atención a las preguntas de Dios, Sus preguntas, pueden sacudirme, pueden reorientar mi camino, pueden hacerme dar vuelta. Mi pluma encuentra de nuevo la página, anota Sus palabras, Sus preguntas, allí en la Palabra, como las preguntas que hace a Su pueblo en el éxodo:

1. Y ustedes, ¿quién dicen que soy yo? (Marcos 8:29)
2. ¿De dónde vienes y a dónde vas? (Génesis 16:8)
3. ¿Qué quieren? (Marcos 10:36)

Atiende a las preguntas de Dios para cuidar tu propia alma. Atender al lugar donde estás tiende a cambiar tu *forma* de ser.

¿Acaso los israelitas no lo habían demostrado cuando estaban a punto de hallar el camino de salida?: la forma en que respondas a las preguntas que *Dios* hace de ti es la respuesta a tu búsqueda del camino.

¿Era el camino de salida una forma real de vida, una manera de *pensar* que surge allí, en el éxodo, como mi propio camino del mar Rojo?

SILENCIO PARA CONOCER A DIOS

ATENCIÓN PARA ESCUCHAR A DIOS

LA SEÑAL DE LA CRUZ

Regreso a la Palabra (siempre de vuelta) y leo lo que Dios dijo a Moisés: «Y tú, levanta tu vara, extiende tu brazo sobre el mar y divide las aguas, para que los israelitas lo crucen sobre terreno seco» (Éxodo 14:16). Leo esas líneas de nuevo y veo, allí en mi muñeca, una cruz en tinta negra. Si Moisés era un tipo de Cristo; si Jesús es el Moisés nuevo y mejor, ¿entonces acaso no comenzaron los éxodos de ambos por los caminos del mar Rojo con las manos alzadas y los brazos extendidos, en una sumisión cruciforme a la voluntad y al camino de Dios?

> Solo cruzamos nuestras aguas cuando nos sometemos a
> vivir como en la cruz.
> Tus mares se dividen cuando ves que el camino es
> cruciforme, como el de Cristo.
> La verdadera transformación de vida se produce cada vez
> que una vida escoge volverse cruciforme.

Si «la vida de Jesús es un éxodo escondido ante la vista de todos»,[3] entonces tal vez el único camino a mi éxodo sea *vivir* la vida de Cristo ante la vista de todos, cruciforme en todas las cosas.

«Ciertamente, es el éxodo el que proporcionó el modelo principal en la idea divina de la redención… una de las claves para comprender el significado de la cruz de Cristo».[4] Si el éxodo no solo es el modelo primario en la idea divina de la redención, sino también una de las claves del significado mismo de la cruz, ¿por qué no se habría de convertir en el modelo primario de mi vida, la clave de mi éxodo que se encuentra en formarlo todo a la imagen de la cruz? *Una redención moldeada en el éxodo exige una misión moldeada en el éxodo.*[5] Una vida moldeada en la cruz es una vida moldeada en el éxodo; siempre hay un camino de salida. Al crecer de una nueva forma, pensar de una nueva forma, ser de una nueva forma, al abrazar un estilo cruciforme de vida.

¿Me podría yo descubrir de manera práctica lo que significa llevar una vida con forma de cruz, conocer un camino con forma de éxodo en mi vida?

Lo anoto en la siguiente línea de la página:

SILENCIO **PARA CONOCER A DIOS**
ATENCIÓN **PARA ESCUCHAR A DIOS**
CRUCIFORMIDAD **PARA SOMETERME A DIOS**

Me pongo de pie, me acerco a la ventana, entro en las manchas de luz. ¿Qué está sucediendo aquí, exactamente? Es verdad, de mil maneras diferentes, estoy de pie frente a mis propios Mares Rojos imposibles adondequiera que me vuelvo… sin ver una manera de pasar de donde estoy ahora, como una madre que cojea, hasta donde quiero estar realmente para mis hijos, para quienes yo me cortaría parte del corazón para dárselas, si con eso hiciera más fácil aunque sea una respiración de ellos, y para ayudar a una pequeñita al otro lado del mundo con un corazón defectuoso. No veo manera alguna de cambiar los errores que he esparcido a lo largo de mi historia, ni forma de cambiar los próximos diagnósticos que se llevarán lo que esperábamos que fuera nuestro futuro; no existe camino no horripilante a través del violento valle de la muerte que no tenía idea que alguna vez nos llegaría, con su sombra de muerte demostrando que tiene brazos y la voluntad malvada de encerrarte en su asfixia de muerte. Pero ¿dónde está mi santa imaginación sobre los caminos sobrenaturales de Dios? ¿Y si el camino que atraviesa todo esto se abre donde nosotros nos arrodillamos para entrar en otra manera de existir?

LA OSCURIDAD REVELADORA

El estornino allá arriba, al final de la rama del árbol, parece que tuviera un ojo fijo en mí, esperando, previendo. Según dicen, ese estornino es uno de los millones de estorninos que hay en América del Norte, descendientes todos de los sesenta que fueron traídos desde el otro lado del océano y puestos en libertad por ese extravagante Eugene Schieffelin en Central Park. ¿Quién se lo habría podido imaginar?

Tomo de nuevo el texto y leo:

«Entonces el ángel de Dios, que marchaba al frente del ejército israelita, se dio vuelta y fue a situarse detrás de este. Lo mismo sucedió con la columna de nube, que dejó su puesto de vanguardia y se desplazó hacia la retaguardia, quedando entre los egipcios y los israelitas. Durante toda la noche, la nube fue oscuridad para unos y luz para otros, así que en toda esa noche no pudieron acercarse los unos a los otros» (Éxodo 14:19-20).

La nube, fue luz en la noche… ¿Una nube que es de fuego por la noche? ¿Quién se habría imaginado algo así?

Con un manto de nube con una llama ardiente en su centro «les alumbraste el camino que debían seguir» (Nehemías 9:12). Me vuelvo de nuevo a la ventana, como si estuviera viendo algo que no había visto nunca: lo que está escondido en el misterio es una llama que ilumina el camino.

La nube que hay sobre ti es también la luz que está delante de ti.

Las nubes pueden ser luz.

Habrá días en los que pensaré que esto es solo una broma, cuando una de esas nubes oscuras me ilumine el camino, y lloraré; pero también habrá días en los cuales lo sabré y no tendré temor: las nubes terribles pueden ser antorchas. Ni siquiera la oscuridad es

> Lo que está escondido en el misterio es una llama que ilumina el camino.

realmente oscura; todo puede dar luz.* Dentro de las nubes hay una luz para alumbrar el camino. Dentro del misterio hay revelación. Confía en que la nube del misterio conduce al misterio del maná; mantente quieto y prueba la gracia que hay en esto. Si alguna vez necesitaras una señal, esta sería: una nube de fuego.

Pero, ¿no es la Palabra, este libro del Espíritu que tengo en las manos, el Espíritu mismo, una señal para todos los tiempos, una revelación segura de Dios? Así como la columna de nube y fuego guio en el pasado, ahora nos guía la presencia del Espíritu de fuego. Él nos da ahora a Sus hijos el Espíritu Santo como guía. Primero, «De día, el Señor iba al frente de ellos en una columna de nube para indicarles el camino» (Éxodo 13:21), y ahora se dice de Sus hijos: «Porque todos los que son guiados por el Espíritu de Dios son hijos de Dios» (Romanos 8:14). Eso significa que hay una luz que no se encuentra únicamente al final del túnel, sino que la Luz misma está con nosotros ahora y nos guía a lo largo de todo el camino.

El Misterio de Su Espíritu nos guía a través de todos los misterios.

Alcanzo de nuevo la silla que se halla frente a la Palabra abierta, pongo la mano en las líneas, en mi linaje, en la historia de mi pueblo, y allí está: tú tienes tu propia nube en llamas, que es el consuelo del Espíritu Santo. Tienes para ti al mismo Espíritu Santo, que te guía a través de la densa oscuridad. Tienes un Misterio que te va guiando a través de tus misterios. *El misterio contiene revelación.*

Tomo de nuevo mi pluma, trazo el mapa de este camino del mar Rojo, así como estos marcadores de cada éxodo:

---

* «Ni las tinieblas serían oscuras para ti, y aun la noche sería clara como el día. ¡Lo mismo son para ti las tinieblas que la luz!» (Salmos 139:12).

SILENCIO **PARA CONOCER A DIOS**
ATENCIÓN **PARA ESCUCHAR A DIOS**
CRUCIFORMIDAD **PARA SOMETERME A DIOS**
REVELACIÓN **PARA VER A DIOS**

Yo no sé lo que está sucediendo aquí, pero la Palabra que está bajo mi mano, la Palabra que está bajo todas mis heridas, se está moviendo, está hablando, se está levantando como otro camino del mar Rojo. El libro del Espíritu le habla al alma atrapada entre la espada y la pared, y todas Sus Palabras se convierten en una historia reveladora de un éxodo, una salida, por medio del Padre, del Hijo y del Espíritu Santo.

La profundidad le habla a la profundidad.

EXAMEN DEL ALMA

Lo dice aquí mismo:

«En ese día el Señor salvó a Israel del poder de Egipto. Los israelitas vieron los cadáveres de los egipcios tendidos a la orilla del mar. Y al ver los israelitas el gran poder que el Señor había desplegado en contra de los egipcios, temieron al Señor y creyeron en él y en su siervo Moisés» (Éxodo 14:30-31).

Lo subrayo con tinta: *al ver los israelitas el gran poder.* Israel vio el gran poder de Dios, reflexionó en lo que Dios había hecho, examinó cómo la mano de Dios había forjado un camino imposible. Al final del día, Israel examinó la mano de Dios y esto transformó su corazón.

Tal vez, cuando volvemos a vivir el día, vemos más razones para creer en el Señor.

Tal vez, parte de la salida de las dificultades es examinar nuestro corazón. Tal vez no haya éxodo sin examen.

¿No convirtieron Juan Wesley, George Whitefield e Ignacio en práctica diaria examinar su corazón, reconocer la topografía de su alma, ubicarse ellos mismos con relación a Dios para alimentar su relación con Dios? ¿No había dicho David: «Me he puesto a pensar en mis caminos, y he orientado mis pasos hacia tus estatutos» (Salmos 119:59), porque Dios mismo dijo: «Consideren bien sus caminos» (Hageo 1:5, NBLA)? ¿No imploró Pablo: «Cada cual examine su propia conducta» (Gálatas 6:4)? Pero yo no lo hacía. ¿Me sentía perdida con demasiada frecuencia, como si no hubiera camino alguno, porque no había adquirido el hábito de examinar mi propio camino? Tal vez ya era tiempo de sobra para que mi corazón susurrara junto con todo el pueblo de Dios: «Examinemos nuestros caminos y escudriñémoslos, y volvamos al Señor» (Lamentaciones 3:40, NBLA).

Las experiencias diarias pueden enseñarnos, pero Dios utiliza el examen diario de nuestro corazón para transformarnos. A menos que tomemos tiempo para la reflexión diaria, podremos estar fabricando un camino en el sentido equivocado.

Lo anoto, como si estuviera escribiendo indicaciones, bosquejando un mapa, como si la Palabra estuviera forjando un éxodo:

SILENCIO **PARA CONOCER A DIOS**
ATENCIÓN **PARA ESCUCHAR A DIOS**
CRUCIFORMIDAD **PARA SOMETERME A DIOS**
REVELACIÓN **PARA VER A DIOS**
EXAMEN **PARA REGRESAR A DIOS**

En la página, las palabras parecen estar desarrollando algo, como si se estuvieran convirtiendo en un camino del mar Rojo, en algo mayor que una manera de pasar al otro lado; lo que desarrollan es una nueva manera de ser. Me puedo imaginar cómo se echaría a volar el estornino negro en cualquier momento.

Puedo escuchar los silbidos del estornino negro al ascender, sus chasquidos, su gorjeo, atravesando el océano por sobre el ondulante océano de trigo, como una esperanza. Ese estornino ha escuchado el mundo, y ha oído y localizado mentalmente los cantos de otras aves, ampliando su repertorio y nunca deja de imitar, uniendo nuevos cantos al suyo. Se dice que el estornino tiene uno de los cantos más largos y complejos de todos, y que un estornino puede aprender incluso a hablar, puede imitar palabras humanas.

Yo había leído que en una ocasión, Laurence Sterne, clérigo del siglo XVIII, dijo haber oído a un estornino llorando desde una jaula en una escalera en los callejones de París. Sterne se detuvo, miró hacia lo que pensaba que era el llanto de un niño, solo para oír que en realidad era un estornino suplicando con palabras que había aprendido en algún lugar:

—¡No puedo salir! ¡No puedo salir!

Sterne, asombrado, había alcanzado la jaula:

—¡Que Dios te ayude, porque yo te voy a sacar!

Pero la jaula estaba tan fuertemente atada con alambre, que los intentos de Sterne fallaron miserablemente, y el predicador dijo después que tuvo que confesarle al estornino:

—Me temo, pobre criatura, que no te podré poner en libertad.

El estornino, con el pecho oprimido en desesperación contra la jaula, siguió suplicando:

—¡No puedo salir! ¡No puedo salir![6]

Cuando el estornino en la punta de la rama se da vuelta y trina hacia el viento del anochecer, yo quiero decirle lo que estoy escuchando. Cómo estoy oyendo hablar a la Palabra; decirle que estoy aprendiendo palabras del éxodo: «¡Hay un camino, un camino de salida, un camino hacia adelante!». Hay un camino del mar Rojo.

Mi propio repertorio de esperanzas puede cambiar.

Me puedo someter a la imaginación y a los milagros.

Puedo estar en Cristo, imitar a Cristo, vivir como vivió Cristo, y puedo aprender el lenguaje del éxodo y puedo encontrar el Camino. Eso es lo que quiero decirle y luego presenciar cómo lleva ese canto al mundo.

DOXOLOGÍA U OSCURIDAD

¿Y qué viene después del éxodo?

«Entonces Moisés y los israelitas entonaron un cantico en honor del SEÑOR, que a la letra decía:

Cantaré al SEÑOR, que se ha coronado de triunfo,
arrojando al mar caballos y jinetes.
El SEÑOR es mi fuerza y mi cantico:
Él es mi salvación.
Él es mi Dios y lo alabaré,
Es el Dios de mi padre, y lo enalteceré».
(Éxodo 15:1-2)

Sonrío lentamente. Por supuesto. Doxología. Acción de gracias. Alabanza. Este era un camino que yo había conocido: en una ocasión una amiga me había retado a registrar un centenar de bendiciones y dones (*y qué tal mejor mil*) de parte del Dador, y yo había sido lo suficientemente ingenua como para aceptarlo.[7] Había tomado una pluma y la había esgrimido como un arma contra la oscuridad y había anotado bendiciones, momentos de gracia a lo largo del día; y durante años luché por el gozo, porque toda vida digna de ser vivida exige que te niegues a dejar que nada te robe el gozo, porque eso te roba la fuerza. Y había descubierto algo radical: si Jesús escogió dar gracias por la copa del sufrimiento ya que, dentro de todo un cosmos de posibilidades, la acción de gracias era el arma preferida para enfrentarme a las tinieblas y combatirlas, ¿acaso tengo yo una forma mejor? Puesto que Jesús pudo dar gracias, incluso en la noche en que fue traicionado, entonces yo también puedo dar gracias en medio de cualquier cosa, y siempre hay algo por lo cual estar agradecida, y la acción de gracias siempre precede al milagro de recibir más de Dios.

Yo no había perdido el hábito de darle gracias; todavía estaba anotando bendiciones y mis acciones de gracias todos los días. Cuando estuve pendiendo de un hilo, lo que me sostuvo fue buscar ese hilo de gracia que lo recorría todo. Y esta, esta fue la forma de ir más arriba y más adentro con Dios, el siguiente paso santo. Un hábito de acción de gracias es siempre nuestro éxodo para salir de la amargura. Exaltar a Cristo siempre lleva a algún tipo de éxodo.

Todo camino de vida que encuentra la salida siempre ha tenido la cadencia de la doxología.

Eso es. Solté la pluma:

SILENCIO PARA CONOCER A DIOS
ATENCIÓN PARA ESCUCHAR A DIOS
CRUCIFORMIDAD PARA SOMETERME A DIOS

REVELACIÓN PARA VER A DIOS

EXAMEN PARA REGRESAR A DIOS

DOXOLOGÍA PARA AGRADECER A DIOS

¡Un camino del mar Rojo! Un éxodo que surge… ¡directamente de Éxodo!

Un mapa, un camino hacia una vida con sentido. Eso era: Hallar un camino para *salir adelante* era en realidad encontrar un *camino de vida*, una regla para la vida.

Una manera nueva de pensar.

Una manera nueva de ser.

Tal vez, la pregunta nunca es «¿Cómo se sale de aquí?», sino «¿Qué camino puedo escoger vivir en esto?». El camino para salir adelante se produce cada vez que dejamos de enfocarnos en cómo salir de algo para enfocarnos en lo que podemos sacar de esto para llegar a ser como Cristo. La libertad no tiene que ver con buscar un camino de salida, sino en buscar el Camino a las profundidades, el Camino al crecimiento, el Camino a ser comprimido hacia la senda estrecha que nos sacará adelante.

> Hallar un camino para *salir adelante* era en realidad encontrar un *camino de vida*, una regla para la vida.

Y en un instante, presencio el momento en que el pequeño estornino finalmente se echa a volar, un caminante que atraviesa el cielo azul.

SELAH

Puedo ver el despliegue de las alas y del viento del Espíritu que se eleva, se eleva.

Desde este punto privilegiado, lo veo todo diferente, toda la historia, siempre trazando un camino hacia la tierra prometida de la unión, el Hacedor de caminos lo divide todo a fin de apartarnos para una intimidad más profunda con Él.

Bajo la vista y veo lo que no había visto antes... las palabras forman un acrónimo en inglés: SACRED, que en español significa *SAGRADO*.

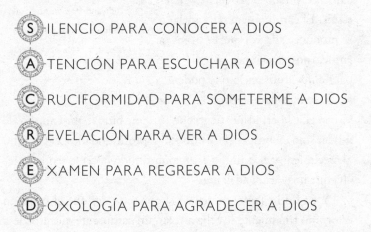

SILENCIO PARA CONOCER A DIOS

ATENCIÓN PARA ESCUCHAR A DIOS

CRUCIFORMIDAD PARA SOMETERME A DIOS

REVELACIÓN PARA VER A DIOS

EXAMEN PARA REGRESAR A DIOS

DOXOLOGÍA PARA AGRADECER A DIOS

¡Sagrado! ¡Apartado! ¡El camino del mar Rojo... es una forma de vida SAGRADA! ¡Cada uno de los pasos que atraviesan ese camino del mar Rojo: *Silencio, atención, cruciformidad, revelación, examen, doxología*, conducen de la esclavitud a la conexión con Dios y constituyen una forma sagrada de vivir que el Hacedor de caminos está obrando en mí con el fin de apartarme para Él!

Voy recorriendo mi diario, revisando la historia, y allí está, desde el principio mismo, un capítulo tras otro, una línea tras otra: cómo el Hacedor de caminos siempre ha estado obrando, en especial cuando yo no ponía atención, formando siempre sueños sagrados de conexión y de comunión que se convierten en realidad:

Sigue siendo difícil de confesar: solo llevábamos cuatro días de casados cuando dimos por terminada nuestra luna de miel, tres días antes de lo acordado.

Atentos al camino que se extiende delante de nosotros, dejamos atrás todo lo que habíamos soñado; él gira a la izquierda, sale de Bluewater Highway para dirigirnos a Gore Road, hace todos los giros necesarios para llegar a casa.

Cruzando junto a la chimenea, él me había llevado como en una vieja y gastada coreografía, pero yo no sabía que este aferramiento de almas podía sentirse como un hacha que nos separa de la esperanza con un golpe.

Revelaciones como la de que no encuentras la forma de consumar tu matrimonio bien te pueden llevar a la sala de terapia.

Examinar el rostro que se halla frente al tuyo puede hacerte sentir, de maneras que nunca esperabas, como un volver a casa.

Doxología es algo que puede elevarse como un sueño hecho realidad, y levantarte a ti también, acortando una larga noche.

Descanso mi mano sobre la página. Lo que fue un misterio puede contener algún día revelación. Lo que está nublado en misterio es una llama que ilumina un camino sagrado a una comunión santa. Él es la Palabra y Él siempre trabaja, en especial cuando no pongo atención, y siempre está en el proceso de escribir todas las cosas para formar una buena historia. Tal vez, la historia parezca carecer de sentido, pero el Hacedor de caminos está obrando todas las líneas de manera que todo resulte en una sagrada unión contigo. Aun cuando tú no puedas ver que Él está haciendo algo SAGRADO, Él está obrando para abrir las aguas, para apartarte para una comunión más profunda con Él. El Hacedor de caminos nunca cesa de abrir un camino para estar más cerca de ti.

Cuando miro hacia arriba, veo desde la ventana cómo el estornino da vueltas y se eleva, desciende y asciende. Es como si un viento invisible partiera los cielos y lo arrebatara hacia una gran danza.

Segunda parte

capítulo ocho

EN LA TORMENTA

La *[shalóm]* les dejo, Mi *[shalóm]* les doy; no se
la doy a ustedes como el mundo la da. No se
turbe su corazón ni tenga miedo.
—JUAN 14:27, NBLA

Que el mismo Señor de *[shalóm]* siempre les
conceda *[shalóm]* en todas las circunstancias. El
Señor sea con todos ustedes.
—2 TESALONICENSES 3:16, NBLA

uando una amiga me invita de forma inesperada, en
medio de nuestro camino de adopción hacia China, a ir
con ella a Tierra Santa por una semana, Darryl me da un tierno
beso y susurra: «Ve». Mientras subo al ave de metal que volará
hasta Israel, la azafata me recibe a mí, y a todos los pasajeros, en
la puerta del avión con un asentimiento de cabeza y diciendo:
«Shalóm, shalóm».

Me detengo allí, con el peso de mi bagaje de mano, y retengo
una risa ridícula. ¿En serio?

¿Shalóm, shalóm?

*¿Estará haciendo alguna profecía de aerolínea sobre mi vida con
dos hijas Shalóm?*

«Shalóm, shalóm» será un saludo corriente entre los judíos,

pero para mí es como si una profetisa volante estuviera manifestando una voluntad divina sobre mí, sobre una bebé Shalóm en China y una niña en nuestro hogar en la granja que también se llama Shalóm, y con ellas, una doble medida de paz. Una humanidad en búsqueda, carente de tranquilidad, y el latido del corazón humano, a final de cuentas, lo que busca es eso: *shalóm, shalóm.*

Arrastro mi equipaje de mano por el estrecho pasillo, y escucho el saludo que intercambian todos allí: *shalóm, shalóm.* Desde la cabina hasta las azafatas de vuelo y, para mí, es jocoso y santo a la vez, y soy toda oídos, pegada a este mundo como a una concha, atenta al mover de Dios en el momento.

ORACIONES ENTRE EMPAREDADOS DE JAMÓN

Cuando yo entré siguiendo a mi granjero en el vestíbulo del trabajador social para aquella primera entrevista, este ya había extendido su desgastada mano: «¡Llámenme Ted! ¡Encantado en conocerlos! ¡Entren, amigos, entren!». Ted nos llevó de inmediato hacia la cocina, como si estuviera lanzando migajas de Dios. Yo estaba hambrienta y sí, es cierto, el maná está en todas partes, porque Él también lo está. Yo había sonreído débilmente en la cocina de Ted mientras la luz del final de la tarde se torna dorada, pero digo con sinceridad que habría querido una bolsa de papel marrón para lanzarme dentro, como cuando estás a punto de tomar un examen de matemáticas y no puedes recordar nada sobre el teorema de Pitágoras. Solo que este examen no es de matemáticas. Esta prueba es de nuestra capacidad como padres… mi capacidad como madre. ¿Indiscreciones en la juventud? ¿Problemas de salud mental? ¿Peleas en el matrimonio? ¿Disfunción en su familia de origen? Y entonces, se pone peor: entrevistas privadas (¿interrogatorios?) con cada uno de nuestros hijos. Ted sigue sonriente, tratando por todos los medios de detectar nuestra disfunción y después ejecutar su informe para decidir si nuestro sueño sobre la pequeña Shalóm tendrá al menos la posibilidad de comenzar a ser cierto. ¿Podría amablemente colocar su plantita de bienvenida allí, en aquella esquina, señor Ted?

¿O podría apartar mi mente por un instante y reorientarla al camino, al camino para salir adelante, el Camino mismo?

Silencio: Está quieta… vive en tierna sumisión porque el Señor está batallando para abrirse camino hacia ti; Él pelea por ti de maneras que ni siquiera esperabas necesarias.

Atención: Atiende a ese que dices que es Dios, al lugar donde estás con relación a Él, y a lo que quieres en realidad.

Cruciformidad: Ríndete con los brazos abiertos, deja que Él te moldee conforme a la cruz, y acércate así a Dios y a otros.

Revelación: ¿Cómo se te está revelando la Palabra en Persona en este momento?

Examen: ¿De qué tienes miedo?

Doxología: ¿De qué puedes dar gracias en este lugar, en este instante?

Te lo podría prometer: hay una forma SAGRADA de ser que te lleva a un nuevo camino, a una nueva forma de ser. *Shalóm, shalóm.*

«Así que, amigos». Ted pone mostaza y encurtidos en la mesa

de la cocina. «¿Les importaría que oráramos y que tomáramos aquí una cena ligera antes de nuestra primera entrevista juntos? Yo también doy clases de adopción los martes por la noche, así que estamos comiendo aquí a la carrera».

Lo que sucedió después, nosotros lo repetiremos una y otra vez. Ted no inclina la cabeza para murmurar: «Señor, bendice estos alimentos...». Tampoco se sienta en un instante de oración silenciosa. En cambio, Ted abre la boca para cantar un himno antiguo, y las primeras cuatro palabras hacen que mi corazón se detenga: «*Shalóm*, amigo mío, *shalóm*».[1]

Espera. ¿Shalóm? ¿Por qué motivo nuestro trabajador social, que nunca ha oído el nombre de nuestra tan anhelada hija china, el hombre que a fin de cuentas decidirá si somos una pareja lo suficientemente capacitada para adoptar, se pondría a cantar una oración que comienza con la palabra *Shalóm*? ¿Cómo... *Shalóm, mi hija menor, y Shalóm, nuestra añorada hija futura*? ¿*Shalóm, shalóm*?

¿Por qué el misterio del maná algunas veces sabe a una inmensa sorpresa celestial?

Darryl me está dando unas patadaitas en las canillas por debajo de la mesa, como una alarma que me sacude para despertarme a cualquier señal divina que esté centelleando aquí. Mientras mi granjero me golpea la canilla, Ted está entonando a capela la segunda estrofa, que habla de cómo Dios nos da Su *shalóm*, nos da Su *shalóm*.

Darryl me está pateando sin tregua por debajo de la mesa, y yo le quiero gritar: «¡Ya lo sé, ya *lo sé*!».

Pero ese es el milagro que estoy comenzando a conocer: Cristo nos trae *shalóm*, sin importar lo que la vida nos traiga.

Esa es la revelación real. No es que hayamos sido aceptados

para adoptar, ni que nuestra Shalóm se convertiría en hermana mayor de la bebé Shalóm, ni tampoco un anticipo del rumbo que tomará nuestra historia, nuestro camino. Este es el momento profético supremo, la respuesta a todas nuestras oraciones, a todos nuestros sueños: incluso aunque no lo podamos ver, el Hacedor de caminos está obrando y abriendo el camino, no a un lugar, sino a una Persona, la Única que nos trae *shalóm*. La paz no es un lugar; la paz es una Persona.

SHALÓM ES EL SUEÑO, Y JESÚS ES EL ÚNICO CAMINO.

Mientras mi corazón arde con la cercanía de Su cálida sombra, yo me mantengo en silencio, atenta. Él no es un Dios pequeño y distante, sino un Dios que se acerca para llevarnos hasta el final, para susurrarnos esperanzas secretas en el oído y reducir nuestros temores; es el Dios que habla a través del tiempo. La Palabra hablaba de maneras que sacudían el mundo y sigue hablando de maneras que traspasan el mundo.

ESTE ES EL CAMINO SAGRADO: DIOS CREA UN CAMINO PARA DARTE *SHALÓM*, PARA DARTE *SHALÓM*.

«Shalóm, shalóm». Una azafata de aerolínea, haciendo eco con el buen Ted, sonríe y sale del pasillo, y yo asiento y quiero cantarle la oración de Ted entre emparedados de jamón. ¿Sabrá ella que, en las antiguas historias hebreas, la pregunta acostumbrada para saludar a un recién llegado era *hashalóm*? Esta era una manera de preguntar: «¿Todo va bien?» (2 Reyes 9:11). Todo va bien, *no* cuando hemos alcanzado el sueño, vencido todo sufrimiento, alcanzado nuestra propia tierra prometida; todo va bien cuando estamos en silencio y descansamos en la *shalóm* de la plenitud, la unidad y la *unión* con *Dios*, que es nuestro todo.

LA FORMA EN QUE LAS COSAS DEBERÍAN SER

Cuando yo estaba esperando nuestro sexto bebé, ya con cuatro hijos y una hija, nuestra pequeña de seis años, rodeada de un pelotón de hermanos, se subía a la cama todas las noches, unía sus manos y, con los nudillos bien apretados, le suplicaba a Dios que le enviara una hermanita. Cada vez que lo hacía, yo sentía dolor. ¿Qué pasa si le pides a Dios un pez y Él te da una piedra? ¿Significa eso que Dios tiene el corazón de piedra, o significa que Él sabe que en realidad tienes alergia al pescado, y sabe también que necesitas una piedra para encender un fuego, moler algo de trigo y hacer algo de pan? ¿Qué pasa si Dios no te da lo que quieres, sino que te da lo que tú no sabías que necesitabas, y es entonces cuando la ternura de Su mano fascinante y vinculadora se roza con la tuya?

Nuestra hija solitaria se había dado a la pena de anunciar a todo el que la quisiera escuchar que tendría una hermanita, y yo me había tocado mi vientre hinchado y lleno de vida, preguntándome si daría a luz a un niño y aplastaría su fe en Dios.

En la noche en que finalmente entré en los dolores del parto, nos fuimos al encuentro de la comadrona únicamente con un nombre de niño preparado para el bebé: Job. Yo le había dicho a Darryl tarde una noche en el columpio del portal, bajo un cielo tachonado de estrellas plateadas, que no se me ocurría un nombre mejor para un hijo que el de Job, el mismo Job que estuvo de pie sobre las tumbas abiertas de todos sus hijos, cuya riqueza y seguridad habían desaparecido en un abrir y cerrar de ojos; el mismo Job despojado de todo que aún se atrevió a enfrentarse desafiante al huracán de las tinieblas y someterse a Dios como un tonto santo: «El Señor ha dado; el Señor ha quitado. ¡Bendito sea el nombre del Señor» (Job 1:21). Esta es siempre la brújula que orienta a todos los que realmente llegan al destino. Yo había puesto mi mano sobre mi creciente montaña de esperanza y el niño encogido dentro de ella, y le había susurrado a Darryl que cada vez que dijéramos el nombre de Job, estaríamos diciendo lo que ya sabíamos, aquello con lo cual habíamos luchado de forma incesante por vivir: «Aunque Él me mate, en Él esperaré» (13:15, NBLA); en cambio, me volveré a Él y recorreré Su faz lentamente, hasta hallar los contornos de Su bondad. Al menos, ese era el plan en el papel.

Sin embargo, cuando entré en esos dolores de madre que nunca terminan, los dolores y el parto donde siempre tienes que recordar cómo respirar, la criatura casi se deslizó hasta el suelo y solo se salvó por una sábana de algodón puesta por la comadrona, quien se lanzó tras ella como una jugadora de fútbol decidida a no perderse la jugada.

«Bueno, mírenla y después nos dicen», dijo la comadrona poniendo la criatura firmemente envuelta sobre la cama. Darryl había sonreído y parpadeado. Y yo había desenvuelto con lentitud aquel bulto santo. ¿Y? La criatura era una niña. Nuestra segunda hija. La sexta en total. Allí estaba, ya limpia de todo su moco, chillando a más no poder. La hija que la primera hija le había suplicado al Dios de los cielos que le diera.

Aunque no fuera Job, nosotros le daríamos un nombre semejante al de Job.

Recorrí lentamente sus labios con un dedo, después la acerqué a mí, y esa es la única palabra, el único nombre que yo quería, todo en una palabra: «*Shalóm*. Creo que ese es tu nombre, pequeña: Shalóm».

Es más que un saludo, más que un sentimiento dulzón y nebuloso. Shalóm es una identidad, una manera de ser, una manera de quedarse en silencio de confiar a profundidad. Y significa más que paz. Aunque la paz puede significar que no hay distancia entre los corazones, *shalóm* significa que no hay distancia entre el corazón de uno y el de Dios. *Shalóm* significa un corazón que es uno con el de Dios.

Shalóm «es la forma en que las cosas deberían ser», es lo que escribió el teólogo Cornelius Plantinga.[2] *Shalóm*, y su palabra relacionada *shalém*, se refiere no solo a las piedras enteras, sin tallar, de un altar (Deuteronomio 27:6, Josué 8:31), sino también al bienestar de un corazón entero, sin divisiones (2 Reyes 20:3). Yo había tocado las delgadas páginas de la Palabra y su epifanía es un lugar delgado en sí mismo: la única manera en que un corazón puede llegar a estar sin temor y sin preocupación es estar sin divisiones. ¿Por qué suplicarle a Dios que divida los mares por mí si mi corazón hacia Él está dividido? ¿Por qué esperar que Dios abra las aguas para mí, si yo solo le estoy dando a Él mi atención dividida? ¿Por qué esperar que

> La única manera en que un corazón puede llegar a estar sin temor y sin preocupación es estar sin divisiones. ¿Por qué suplicarle a Dios que divida los mares por mí si mi corazón hacia Él está dividido?

Dios me haga un camino, si yo con frecuencia voy por mi propio camino?

Yo pensaba en todo esto cuando mecía a Shalóm para que se durmiera en mis brazos, con su corazón palpitando junto al mío, esa niña cuyo nombre significa «íntegra».

La noche en que nombramos Shalóm a esa bebé por la que tanto oramos, yo reclamé estas palabras como el versículo de su vida:

> «Al de carácter firme
> lo guardarás en perfecta paz,
> porque en ti confía» (Isaías 26:3).

Yo no había sabido entonces que las palabras «perfecta paz» traducen literalmente la expresión hebrea shalóm, shalóm. Pero mi vida es un aprender y tropezar y caer y volver a aprender: donde permanece la mente, es donde está la confianza. Apoya tu mente con su peso de preocupaciones en el firme hombro de Dios, y tu mente se enroscará alrededor de Aquel que es la Paz. Permanece, mente mía; no te distraigas. Permanece y ata tu mente a Él, exhala en el pecho de Dios. Shalóm, shalóm.

Deslizo mi equipaje de mano en el compartimento superior y giro para asentarme junto a la ventanilla. El sol está bajo y caliente, como si se hubiera hinchado con toda la gracia reunida en su loco viaje por el firmamento. Pronto, esa bola de luz se hundirá en nuestro horizonte, y un avión repleto de personas y agraciado con la bendición del *Shalóm, shalóm* volará toda la noche hacia Tierra Santa, bajo el característico olor de Dios que flota en el aire.

MEMORIZA ESTO

«Me puedes poner otro nombre», es lo que nuestra Shalóm había anunciado una noche en la cena, frente a un inmenso plato de patatas fritas y de guisantes. «Quiero decir… que si adoptamos a la pequeña Shalóm de China, las dos no podremos ser Shalóm…».

«No, no, tú no vas a perder tu nombre». Le paso la sal. «Ya hallaremos otro nombre… que signifique algo parecido, para honrar que su primer nombre en inglés fuera Shalóm también, porque tú sabes lo que sucedió el día que naciste, ¿no es cierto?».

La niña había hecho un gesto con la mirada, porque sabía que yo me iba a lanzar a narrar toda la historia de cómo ella había nacido a las 12:15 a. m., a mediados de junio, y a las dos de la tarde de aquel mismo día, con una bebé de doce horas de nacida enroscada en mi hombro, había visto cómo el cielo frente a la ventana de la cocina tomaba una monstruosa sombra color verde y la terrible parte inferior de la tormenta arrasaba nuestros campos, devorando árboles enteros. Temblando como una hoja, yo había tomado de la mano a nuestra otra pequeña y me había retirado con Shalóm, de solo horas de nacida, al sótano, mientras un tornado pasaba destrozando nuestro condado, tumbando techos, destrozando graneros.

Darryl había llamado desde los campos, gritando sobre el rugido del viento, mientras la conexión se rompía y crepitaba entre nosotros: «¿Estás en el sótano? Los árboles se están derrumbando por todas partes, Ann. ¿Tienes contigo a Josh y Shalóm? ¿Están bien?». Mientras la lluvia golpeaba las ventanas del sótano como si les estuviera lanzando gravilla, y Shalóm dormía, con su respiración de bebé en mi cuello, yo susurré: «Sí… Tengo a Shalóm en medio de la tormenta».

La paz es una Persona, no un lugar. La paz no se encuentra en ningún lugar del mapa, ni en un sitio de nuestra imaginación o nuestros sueños, ni al llegar a algún lugar en el cosmos; solo se encuentra en una profunda unión a la Persona de Cristo. *La paz no se encuentra en ninguna circunstancia pacífica presente, sino en la presencia de Cristo.* La paz no consiste en ir a *algún lugar,* sino en darle nuestra vida a *Alguien.*

En el confuso y extraño tiempo que siguió al tornado, Darryl tuvo que abrirse paso hasta la casa a través de los árboles destrozados y regados por los caminos como pilotes esparcidos que la gigante tormenta había dejado detrás de sí mientras tronaba por la campiña. Cuando por fin mi hombre logró regresar a mí, la tormenta era una extraña mancha oscura que daba vueltas hacia el este, mientras el sol bañaba todo lo golpeado y lo chorreando con su tierna luz dorada. Nos quedamos de pie en el escalón, observando cómo seguía su curso aquella bestial tormenta. Darryl había cargado a uno de los pequeños, que estaba descalzo, y tenía otro agarrado de una pierna. Yo, sintiéndome con esa fragilidad tan singular, producto de haber dado a luz menos de veinticuatro horas antes, me apoyé en Darryl y me quedé apoyada en él, mientras nos sostenía con el brazo a mí y a Shalóm, de medio día de nacida, bien apretada entre los pañales y durmiendo en perfecta paz.

Y sobre los campos de trigo aplastados, aquel arco iris formaba un puente a través del cielo, desafiante como el pacto que siempre está presente, pero que solo vemos con la refracción de la lluvia.

«*Shalóm* en la tormenta», suspiró frente a mi cabello, como una caricia. Yo me mantuve en silencio y atenta.

Terminaría narrándole a Shalóm docenas de veces la historia del día en que nació. Algunas veces, la niña solo alzaba los ojos, y otras extendía los brazos para abrazarme, ponía la cabeza sobre mi hombro de nuevo, como para decirme que ni el tiempo ni los cambios podrían cambiar jamás la verdad de la *shalóm* en la tormenta.

Toda aquella escena se repite una y otra vez, como una cinta grabada con películas viejas de la familia en mi cabeza, mientras la voz del piloto se oye por encima del intercomunicador, dándonos la bienvenida a este vuelo directo a Tel Aviv; en tanto, las azafatas del vuelo se abren paso por la cabina, comprobando que los compartimentos de equipaje estén cerrados. Próxima parada: Tierra Santa. Yo no sabía entonces con cuáles paredes chocaría en el camino nuestro estudio de adopción, no sabía si una la pequeña Shalóm llegaría alguna vez a nuestro hogar en la granja; donde la otra Shalóm se está alistando para ir a la cama, pero hoy, en algún lugar, Ted ha cantado su oración para que Cristo nos traiga *shalóm* a todos, y voy a creer que ese es el sueño hecho realidad, pase lo que pase. Le doy vuelta al cinturón de seguridad con mi dedo anular. En ese momento, no lo sabía.

Abróchense sus cinturones.

capítulo nueve

LA PEREGRINACIÓN

> Lo más importante es que reconozcan a Dios como único rey, y que hagan lo que él les pide. Dios les dará a su tiempo todo lo que necesiten. Así que no se preocupen por lo que pasará mañana. Ya tendrán tiempo para eso.
>
> —JESÚS (MATEO 6:33-34, TLA)

Al salir del avión, respiro hondo, como una chiquilla asombrada. Ignacio, el padre de la iglesia, quien se llamó a sí mismo «el peregrino» al llegar a Tierra Santa, dijo: «Sentí un gran consuelo y, como los demás testificaban, esto era algo común a todos ellos, con un gozo que no parecía natural».[1] Ciertamente, se siente como un gozo sobrenatural: estoy ya en suelo de Tierra Santa, caminando por donde caminó mi padre Abraham sin mapa alguno, donde Jacob yació en tierra y luchó hasta que la mano del cielo tocó la articulación de su cadera y quedó cojo para siempre. Moisés caminó en medio de olas que parecían no ofrecer camino para llegar a este lugar, y es aquí donde Jesús caminó por encima de las olas. Estoy entrando en la geografía de Dios. Aquí fue donde el pueblo de Dios casó su futuro con Dios. Pero ¿sé realmente en dónde estoy entrando?

Cuando llego a la lenta coreografía de la cinta transportadora para recoger mi equipaje, voy pasando el dedo por los días y momentos del itinerario, los lugares y las lecturas en la Escritura, de martes a martes. Un peregrinaje de una semana literalmente en el camino, desde Juan 2 hasta Juan 21, siguiendo el camino de Jesús. Y ese sagrado camino de Jesús no se puede reducir sencillamente a un sendero, una ruta, una línea que da vueltas por el mapa:

«Ese Camino que es Jesús no es únicamente el conjunto de veredas por las que Jesús caminó en Galilea y de camino a Jerusalén, sino también la forma en que Jesús caminó en esos caminos, la forma en que actuó, sintió, habló, gesticuló, oró, sanó, enseñó y murió. Y el camino de Su resurrección. El Camino que es Jesús no se puede reducir a información ni a instrucción. El Camino es una persona a la que hemos creído y seguido como Dios con nosotros».[2]

Mirando hacia arriba, a la cinta transportadora de equipaje, sigo buscando mi maltratada maleta gris, a la que debí haber atado alguna cinta altamente llamativa, en la esperanza de que llegue por fin dando saltos por el carrusel, mientras mantengo solo un pensamiento dándome vueltas en la mente: *Este es el Camino de Jesús: Más que información o instrucción; intimidad. El conocimiento de* yadá, yadá, yadá.

¡Ahí está! Mi maleta aparece en la parte superior de la cinta transportadora. ¡Embárcate ahora, peregrina! ¡Comienza de nuevo, caminante! Apóyate en el Camino, adondequiera que te lleve. En mi loco intento por recoger mi maleta, que seguía rodando alegremente, mi itinerario laminado se me cayó al suelo.

Cuando me inclino a recogerlo, noto algo que no había visto antes.

Jueves, 11:30 a 13:00, Siló, Ana y Penina (1 Samuel 1–2:10).

¿Siló?

Siló está en el Antiguo Testamento, no en el Evangelio de Juan. Siló está en Cisjordania. Territorio palestino. A veces, las giras turísticas prefieren no correr riesgos y ni siquiera se dirigen al territorio palestino, debido a las constantes tensiones. Seguro, Siló puede haber sido el epicentro de toda la nación de Israel durante cientos de años, el lugar donde se hallaba el arca del pacto, el punto de destino de las peregrinaciones, pero este es un tour del Nuevo Testamento. ¿Por qué estará el Hacedor de caminos moviendo las cosas hacia un peregrinaje a Siló?

Sé con exactitud dónde estaba, en frente de pilas de libros de vuelta en la cabaña en la granja, cuando leí el nombre que supe le daríamos a esa pequeña en China si el océano se abría milagrosamente y ella iba a parar a nuestros brazos. ¿O había escuchado en realidad su nombre como una ráfaga de viento que venía desde los campos?

Shiló…

Un eco de *shalóm*: pacífica. Tranquila.

La palabra Siló [también escrita Siloh] aparece treinta y tres veces en el Antiguo Testamento, todas ellas con referencia a un lugar, con excepción de la primera vez que aparece en Génesis, en una bendición dada a Judá por Jacob, su padre: «El cetro no se apartará de Judá, […] Hasta que venga Siloh» (Génesis 49:10, NBLA).

Hasta que venga Shiló.

Si viene Shiló.

CÓMO LLEVAR UN HÁBITO

Cuando los rayos tempranos de luz caen sobre mi cama a la mañana siguiente en el *kibutz* de las afueras de Jerusalén, alcanzo mi gastado diario y mi libro sagrado, porque el peregrinaje no es solo caminar donde Jesús caminó, sino caminar de la forma en que Jesús caminó sin importar dónde estemos, y la práctica espiritual de lo SAGRADO es la verdadera brújula que nos dirige para andar en compañía de Dios. Los hábitos (o la ausencia de ellos) cambian nuestro destino. Los ritmos construyen caminos; la falta de ritmos nos deja perdidos. Los pequeños cambios de rutina diarios deciden nuestro destino, y aquí solo tenemos una vida.

He leído y pensado con frecuencia sobre cómo originalmente el hábito era una prenda que nos ponemos, habitamos y vivimos. Así como las monjas se revisten de un hábito para expresar su consagración a Dios, de igual manera los hábitos son como ropajes que revelan nuestras propias clases de consagración. Más que algo que hacemos, los hábitos nos hacen lo que somos. Los hábitos son uniformes que revelan identidad; cambia tus hábitos y la persona que eres cambiará. Todo peregrino lleva puestos sus hábitos, todo caminante lleva un estilo de vida y, por medio de nuestros hábitos, revelamos nuestro corazón.

Los hábitos son la forma en que nos vestimos de nuestros anhelos más profundos y nuestros ritmos diarios revelan nuestros romances más verdaderos. El hábito de acudir a Facebook antes de abrir la Palabra y enfrentarnos con Su rostro, de dejarnos consumir más por las noticias que por las Buenas Nuevas, de acudir a las anécdotas de Hollywood para comprender nuestra propia historia santa, en lugar de permanecer en Su Historia; así revelamos nuestros verdaderos afectos. Nuestros amores se convierten en nuestras liturgias, y sabremos lo que amamos si observamos nuestras liturgias.* Nuestros hábitos construyen la clase de vida que llevamos. Nuestra forma de vivir moldea nuestra manera de ser. Nuestra manera diaria de ser es la forma en que nos revestimos de Cristo… o no.

Saco mi diario del fondo de la maleta, abro el ajado cuaderno cubierto de lino sobre la humilde mesa del *kibutz*, junto con mi gastada Biblia de cuero y, pluma en mano, ubico mi alma con relación al Hacedor de caminos; toda relación siempre tiene que ver con la ubicación con relación a algo, con distancia y orientación. Llevar un diario con los

> Nuestra forma de vivir moldea nuestra manera de ser. Nuestra manera diaria de ser es la forma en que nos revestimos de Cristo… o no.

pasos SAGRADOS para acercarte al corazón sagrado de Cristo se lleva tan solo un momento cada mañana que sientes que no puedes permitirte perder. Pero ¿quién se puede permitir realmente que su alma pierda el camino?

Si no dedicas tiempo a encontrar tu alma, ¿cómo podrás llegar a encontrarte a ti mismo?

La liturgia, una liturgia de amor con Dios, comienza cuando la pluma anota, línea de vida tras línea de vida:

Silencio

Lo que siempre viene primero es el silencio, saber que Él sigue siendo Dios. El silencio confía desafiante: porque Él está

---

* «Si pensamos en las prácticas que moldean nuestro amor como "liturgias", esto significa que podemos estar adorando otros dioses sin siquiera saberlo». James K. A. Smith, *You Are What You Love: The Spiritual Power of Habit* (Grand Rapids, MI: Brazos Press, 2016), p. 37.

siempre con nosotros, nuestra alma siempre está segura. Solo existe una forma de ser un caminante en peregrinaje: es necesario mantenerse continuamente dejando ir el lugar donde estamos. El hecho mismo de ser seguidor de Jesús significa ser alguien que se rinde por completo; no es posible seguirlo a Él, si no dejamos ir el lugar donde estamos ahora mismo.

La única forma de salir adelante es soltar el camino por el cual hemos venido. *Rendirnos*.

Atención

Y ustedes, ¿quién dicen que soy yo? Yo digo que tú eres Abba Padre. El que levanta mi cabeza. El que venda mis heridas. El que me conoce con *yadá*. El que me sostiene con *kjésed*. El Rey Seguro del universo que ata Su corazón al mío. El Hacedor de caminos. Que se hagan las cosas a tu manera, y no a la mía.

¿Dónde estoy? Sinceramente, estoy en este lugar donde me pregunto por qué me estás abriendo un camino hacia Siló, cuando no tengo idea alguna de si va a existir un camino hacia la pequeña Shiló.

Algunas veces, vivimos en tierna sumisión y, otras, vivimos en una sumisión aterrada, incluso a veces ambas cosas a la vez. Sin embargo, Su misericordia *kjésed* nos permite rendir la parte de nosotros mismos que dice que el miedo o el drama o el estrés son de ayuda (cuando en realidad no logran nada) y rendirnos a un amor que nos permite ver que la mayor ganancia siempre está en estar satisfechos en Dios.

¿Qué quiero? ¿Quiero estar estresada, ansiosa, preocupada? ¿Qué me ayudan estas cosas a lograr? El estrés siempre trata de convencernos de que tiene una razón para

acecharnos, si se lo permitimos. Siempre hay algo por qué estar ansiosos, si queremos. Pero la realidad es que Dios siempre está obrando y siempre hay algo por lo cual estar agradecidos; eso nos hace gozosos, si queremos.

Entre todos los caminos que deseamos, ¿acaso no se reduce todo a querer esto en el camino?: mayor quietud interior, mayor confianza, mayor agradecimiento, mayor gozo expansivo, más *shalóm*, una *shalóm* más genuina. ¿Por qué no querer estar sumamente satisfechos en Dios? Si lo que deseamos sobre todas las cosas es la *shalóm*, no necesitaremos nada más.

Cruciformidad

Darle a la vida forma de cruz es vivir con los brazos bien abiertos, soltar todas las formas de control, vivir con el corazón vulnerable y expuesto, amar con suficiente vulnerabilidad que nos duela; eso es el amor. Esta verdad se halla en el centro mismo del universo. Abro mis brazos al máximo, me estiro y tomo forma de cruz, me someto, vivo para dar y para alcanzar a Dios y a las personas y contesto incansablemente a cada duda con esta oración cruciforme: *En tus manos, Señor, encomiendo esto.* Encomiendo este miedo, esta persona, esta preocupación, esta situación. *Te someto mis pecados, mi gente, mis sueños, mi futuro. Al someterme por completo, alcanzo a los seres humanos y te alcanzo a ti.*

Revelación

Anoto una palabra de Su Palabra procedente de mi lectura cronológica, Su revelación de hoy para esta caminante que vacila:

«¡Voy a hacer algo nuevo!
Ya está sucediendo, ¿no se dan cuenta?
Estoy abriendo un camino en el desierto,
y ríos en lugares desolados» (Isaías 43:19).

Es algo cierto con respecto a todo peregrinaje: los desiertos son lugares donde se depende de Dios. Los desiertos no son lugares donde Dios nos abandona, sino lugares donde no hay ruido para que podamos escuchar una palabra de parte de Dios. Todo desierto tiene en sí la ternura de Dios y el desierto más seco puede ser el Lugar Santísimo. Los desiertos no son lugares para el temor: en realidad, son invernaderos de confianza. Descansa en los pastos de hoy y no te aflijas pensando en la provisión de mañana. El Hacedor de caminos siempre nos lleva a desiertos, no para abandonar a los suyos, sino para darnos un apetito especial por más de solo Dios. El desierto que parece estar en tu camino... está creando un camino para descansar en el Camino mismo. Siempre: lo que está en tu camino... está haciendo un camino. Tal vez los desiertos no estén fuera del camino, sino que están formando el camino... *para oírlo a Él con mayor claridad, si decido estar quieta y escuchar con atención las formas en que Él está obrando, moviéndose, atrayéndome.*

Examen

¿A qué le tienes miedo hoy? ¿Hoy, si examino mi corazón y soy totalmente sincera? Pienso... pienso que tengo miedo de ir a Siló y temo que Shiló, nuestra bebé, nunca llegue a estar con nosotros. La vergüenza muere cuando compar-

timos nuestra historia en lugares seguros, y ¿qué lugar es más seguro que la página, ante la Palabra, para compartir nuestros temores sin sentir vergüenza? Compartir nuestros temores con nuestro Padre regula esos temores. Si Abba Padre no se deja llevar por la preocupación, ¿entonces por qué no confiar? Suéltalo todo, entrégalo en confianza, ata tu ser al suyo. En uno. Unión.

Doxología

Gracias le doy a Dios porque sé esto hasta la médula de mis huesos: Dios no nos niega ningún camino bueno,* así que hay un camino que Dios está abriendo a través del mar de mi alma y, si Él hace callar los vientos y las tormentas feroces, yo me perderé los milagros de un sinnúmero de caminos del mar Rojo en mis sueños, en mi espíritu y en mi manera de ser. Gracias sean dadas a Dios porque los desiertos no son lugares de desesperación; los desiertos son espacios sagrados de diálogo divino. Gracias sean dadas a Dios porque todos los lugares desolados, todos los desiertos, no son lugares donde Dios nos abandona, sino lugares donde Dios nos atrae con el susurro de una palabra. Gracias sean dadas a Dios que nos podemos atrever a creer esto incluso. A menos que dé gracias por las bendiciones difíciles, estaré sacando mal la cuenta de las bendiciones que recibo.

Ya está. Dejé que mi corazón goteara honestidad en una página, lo derramé todo y ahora Dios tiene mi corazón. No solo se lo di una vez, cuando me convertí, sino de nuevo aquí mismo, esta mañana. Dios no está tan lejos que tengas necesidad de

---

* Salmos 84:11, NBLA

gritarle para que te atienda; Él está aquí mismo, en el camino entre un latido del corazón y la siguiente respiración, sentado ya con tus pensamientos más sagrados, y escogiendo conocerte [*yadá*]. Entregarle esos pensamientos secretos y sagrados a Dios es rozarse con la bondad de lo divino y sentir Su tibio aliento de resurrección a través de las palpitantes cámaras de tu ardiente corazón. Cuando le entregas todo tu ser al Camino es cuando sabes que habrá un camino de salida. Confía. Lo vas a lograr.

TODOS LOS CAMINOS LLEVAN A SILÓ

El jueves por la mañana, nuestro guía, Arie Bar David, un judío mesiánico, nos lleva a Cisjordania; conduce por caminos serpenteantes y por el pedregoso territorio palestino. Allí está en un letrero, mientras él disminuye la velocidad para dar una vuelta: Antigua Siló.

—Así que… aquí es donde estuvo la primera capital de la nación de Israel —El guía camina por el sendero rocoso—. Donde estuvo en el pasado el tabernáculo con el arca del pacto en el Lugar Santísimo durante trescientos sesenta y nueve años, adonde el pueblo de Dios venía de toda la nación para orar de pie y conectarse directamente con Dios. Durante generaciones, toda la nación de Israel venía en peregrinaje hasta Siló, el corazón sagrado de la nación.

En el otro extremo del planeta, Shiló Shalóm Yu Xin está sentada en el regazo de su madre temporal en un hospital de China con su medio corazón, su corazón roto, y una pulmonía severa. Y yo estoy en Israel, caminando hacia Siló, sin saber si la niña alguna vez llegará a mí. ¿Está sucediendo esto en tiempo real? En un par de sandalias de corcho, estoy caminando tres mil años de vuelta en el tiempo, caminando hasta donde estuvo el tabernáculo de reunión real, desnudando mi propio corazón confundido delante Dios, diciéndole cómo ese corazón anhela tener a la pequeña Shiló Shalóm, hablándole allí mismo en Siló, donde por más de tres siglos el mismísimo Dios Santo había morado.

—Después de que los israelitas cruzaron el mar Rojo, estuvieron cuarenta años vagando en el desierto, hasta que finalmente entraron en la tierra prometida; desde entonces toda la nación de Israel venía aquí a Siló para ofrecerle sus sacrificios a Dios.

Nuestro guía, Arie, nos está señalando ahora hacia un grupo de rocas donde se encontraron unos agujeros labrados en las rocas, tal vez los mismos huecos que ocupaban los postes que sostuvieron en el pasado el tabernáculo.

—Todos los sacrificios al Dios Santo tenían lugar aquí. Los holocaustos, las ofrendas de harina, las ofrendas de paz, las ofrendas por el pecado, las ofrendas por las culpas. Ovejas, cabras, granos, toros, palomas… todos los sacrificios que hacía el pueblo de Dios por las desviaciones de su corazón, por todos sus pecados, eran ofrecidos aquí mismo.

Yo no tengo nada. No tengo ninguna paloma aleteando en la mochila; ningún toro preparado, ningún saco de trigo al hombro.

—Ahora bien, cuando el tabernáculo estaba aquí —El guía levanta dos dedos—, alguien podía llegar aquí con dos clases distintas de sacrificios. El sacrificio *olá* era un sacrificio que se consume por completo en las llamas ante Dios. O podía venir a Siló con el sacrificio *shélem*, palabra que se deriva de *shalóm*, la ofrenda de paz.

¿Shalóm? ¿Un sacrificio de Shalóm? ¿Aquí en Siló? ¿Acaso guio el Hacedor de caminos a esta madre de una niña llamada Shalóm, que trata con desesperación de adoptar a otra niña de la cual se ha enamorado y a la que pondría el nombre de Shiló Shalóm, hasta este lugar desierto para hablarle una palabra santa, indicándole que sacrifique cada uno de sus sueños? Me acerco más, tratando de memorizar las palabras del guía que vienen a continuación.

—Y, en realidad, este sacrificio de paz es comido por aquellos que lo sacrifican, casi como una comida compartida, casi como un festín entre el hombre y Dios, casi como una comunión, una expresión de conexión.

El sacrificio... ¿es una expresión de conexión?

El sacrificio... ¿es una forma de comunión?

—Espere —interrumpo al guía, lo toco en el hombro antes de que siga adelante—. Sacrificio... ¿no significa que renunciamos a algo, o lo entregamos o lo abandonamos?

—No, no, no... Eso no es en absoluto lo que significa sacrificio. La palabra equivalente a sacrificio en hebreo es *korbán* —Arie pasa las páginas de su ajada Biblia para mostrármelo—. Vean. Sacrificio, *korbán*, viene de la raíz hebrea K-R-V, que significa literalmente acercarse, disminuir la distancia, moverse más cerca o pasar a tener una relación más cercana.

Sacrificar no es perder algo, sino moverse más cerca de Alguien. El sacrificio no es una pérdida; es una manifestación de amor. Es someterse al amor. El sacrificio consiste en desprenderse de algo para unirse a algo mayor. ¿Cómo me quito mis zapatos, renuncio a mis zapatos, cómo le doy a Él todo lo que yo soy?

> Sacrificar no es perder algo, sino moverse más cerca de Alguien.

—Antes de dejarlas con algún tiempo a solas aquí para su propia oración y comunión con Dios

—Nuestro guía está cerrando su

Biblia—, las quiero dejar con Ana. Véanla con los ojos de la mente, cómo vino a este lugar, a Siló, comió su comida sacrificial, presentó su ofrenda de paz en comunión, después se inclinó y derramó ante el Dios que moraba aquí lo que había en su corazón: que, si le agradaba al Señor, abriera para ella el camino para tener a ese niño soñado.

Apenas puedo tragar por las ascuas ardientes que tengo en la garganta.

—Tal como Ana —Asiente nuestro guía a medida que comienza a retirarse para dejarnos solas en este lugar sagrado—, ustedes están aquí en Siló, donde el Señor mismo habitó por más de tres siglos. Tal como Ana, derramen todo lo que tienen en su corazón, todas sus esperanzas, ante su Dios en este lugar.

Caigo de rodillas mientras coloco mi frente en el calor del lugar santo. Aunque yo no vea cómo está Él trabajando, sé que está abriendo un camino donde *todos los caminos llevan a Siló, porque todos los caminos llevan a un sacrificio para acercarnos más. Ven a Siló con tu sacrificio* korbán; *ven a Getsemaní y permite que seas exprimido; ven, que el Hacedor de caminos hace que todo sea un camino que nos lleva a volvernos uno.* Es como si mi oído interno hubiera sido abierto por la verdad y ahora puedo oír a plenitud; ahora me puedo acercar. Extiendo al máximo mis brazos, con las palmas de las manos abiertas hacia los cielos, mientras mi corazón derrama sinceridad:

> *Aquí tienes. Aquí están mis sueños, tan delgados como*
> *el papel.*
> *Aquí están mis esperanzas, heridas y rotas.*
> *Aquí está el maltratado mapa*
> *de la forma en que pienso que las cosas deberían suceder.*

Aquí tienes; toma todos mis caminos como mi sacrificio
los pongo en el suelo a tus pies,
los quito del camino entre nosotros,
entre mi corazón y el tuyo.
Así que ahora, por favor,
tómame a mí
para poder estar cerca,
muy cerca,
aquí, en este lugar.

Esta es la oración del desierto de un corazón como el de Ana. Esta es una oración *korbán*. Es lo único que tengo.

Justo donde estoy arrodillada, aquí en Siló, Ana clamó por un hijo con tal desesperación que parecía totalmente embriagada. Y, en su oración, hizo un voto ante Dios de que si Él le daba aquel niño tan profundamente anhelado, ella se lo devolvería a Dios. Ana cumplió su voto: cuando Samuel era tan solo un pequeño, ella tomó a su niño soñado, ese niño por quien Dios había abierto un camino, y regresó a Siló para entregar su sueño; le devolvió el niño a Dios para que le sirviera con los sacerdotes en el templo todos los días de su vida (1 Samuel 1).

¿Por qué pedirle a Dios que abra un camino solo para después devolverle al Hacedor de caminos el mismo sueño hacia el cual Él había abierto el camino? ¿Quién hace eso?

La respuesta viene a mí y parpadeo.

Alguien que no quiere que nada se interponga entre él y Dios.

capítulo diez

EL TEMOR DE SER HALLADA

Ya que vemos que un piloto dirige el barco
en que navegamos, un piloto que jamás nos
dejará perecer incluso en medio de otros
naufragios, no existe razón para que nuestras
mentes sean abrumadas con temor y vencidas
por el agotamiento.

—JUAN CALVINO

Tú gobiernas sobre el mar embravecido; tú
apaciguas sus encrespadas olas.

—SALMOS 89:9

Después de una semana en Tierra Santa, despertar al fin
junto a él en nuestra cama se siente casi como despertar
en la tierra prometida. ¿Cómo es que su hombro desnudo huele
a tierra y a sal y, para mí, a hogar? ¿Cómo es posible que Darryl
tenga sabor a un suave alivio?

—Hola, tú. —Él se da vuelta, me besa en la frente y me
acerca a sí—. Estuviste fuera mucho tiempo, allá arriba con Dios
en la cima de una montaña. ¿Te sientes cómoda con regresar solo
con nosotros aquí abajo?

—Siempre feliz de volver a estar con ustedes… —Sonrío

con lentitud—. Y ya sabes: después de toda cima vienen el valle
—bromeo.

—Es eso lo que yo soy ahora, ¿eh? —Se ríe con delicadeza
junto a mi oído, como el hogar.

¿QUÉ TEMES?

Después de recoger la mesa esa noche, y de que los niños bajaran
al sótano para unos cuantos bulliciosos juegos de pingpong, y de
que la lavadora de platos zumbara con su pequeño laboral, él y
yo nos sentamos para comenzar lo que no sabíamos que sería un
descenso a los papeleos de adopción. Comienzo a sentir que mi
mano se agarrota cuando llego a esta línea: *¿Alguna vez ha tenido
usted terapia o ha recibido consejería?* ¿Acaso estoy a punto de que
me califiquen pobremente por haber decidido una vez que necesitaba mejorar? Recibir ayuda no es señal de que algo vaya mal
contigo; es señal de que estás haciendo las cosas correctamente.

—Llenaré este espacio en blanco con solo esto… —Me estoy
riendo entre dientes, con la pluma lista—. La terapia es gimnasia
para la mente. No me avergüenzo de tener una membresía.

—¿De verdad que vas a escribir eso, eh? —Darryl capta mi
intento de conexión con él y deja sus formularios por el momento.

—Oh, sí. —Ahora me estoy divirtiendo.

En cambio, escribo en dos letras mi respuesta sincera: *Sí*.

Fue en 1993. Yo tenía dieciocho años cuando fui a mi primera cita de terapia en una calurosa y sofocante oficina con una
sola ventana, sin aire acondicionado, para ver a una consejera con
flequillos en su peinado y un permanente rizado y blanqueado.
Mamá se había acabado de inscribir en una clínica psiquiátrica
para recibir su cuarto tratamiento extensivo que se extendería

por meses, como los demás. Papá había caído en un torbellino de depresión y yo estaba tratando de recordar que el Hacedor de caminos se hace camino para encontrarnos en el polvo, cuando estamos en nuestro punto más bajo, y nos besa y nos da vida con Su aliento cuando nosotros ni sabemos respirar. Me digo esto a mí misma, tratando de creerlo: «Ningún pasado se puede adueñar de ti cuando has escuchado el susurro divino de lo que aún puedes llegar a ser». Las almas son una clase de historia que le puede dar vuelta a la página. Y, cuando esas páginas están manchadas y rotas, la gracia las puede volver a voltear.

—¿A qué le temes realmente? —Darryl está mirando hacia mí, buscando lo que está sucediendo debajo de la superficie.

Él sabe que yo estoy convirtiendo en SAGRADOS el ritmo, el camino de mi vida, la disciplina espiritual de mis pensamientos, que es lo mismo que decir que estoy haciendo a diario la pregunta que Jesús les hizo a Sus discípulos: «¿Por qué tienen tanto miedo?» (Marcos 4:40). Él deja su pluma de tinta negra sobre el montón de papeles; está yendo un poco demasiado profundo con sus preguntas.

—¿Quieres decir, a qué no le tengo miedo en realidad? —Suelto una risa forzada y demasiado fuerte.

—Bueno, sí… eso también. —Él sonríe con delicadeza, pero espera. Sabe que una vida no examinada termina siendo insatisfactoria. Pasar tus días sin un examen de tu alma es la forma de fracasar en tu única vida aquí abajo. Y esta mujer con amnesia crónica del alma exhala y recuerda: desempaca la razón de tu miedo y estarás mandando al diablo a empacar sus maletas.

—Yo creo que… —Yo solo estoy esperando a que las palabras vayan saliendo con lentitud, se levanten y rompan la represa… para después salir en un torrente—. Me parece que estoy como aterrada porque siento que estoy entrando alegremente hacia la peor pesadilla que puede tener una madre y que estoy a punto de ser oficialmente marcada por este trabajador social con una calificación *F* de «Madre Fracasada» a pesar de que ya soy madre. Que los que actualmente detentan el poder decidirán de forma colectiva que yo no soy lo suficientemente buena para ser madre; no en el sentido subjetivo, sino en el objetivo, que estoy maternalmente incapacitada para adoptar un niño, y que tendré que pasar educadamente por eso y por la vergüenza de esta situación y volver a casa para mirar directamente a los ojos de los seis chiquillos que ya tenemos y, de alguna manera, por algún medio, encontrar el camino para seguir adelante… como la madre de ellos. Y eso es a lo que tengo temor en este momento. —Sonrío débilmente.

¿Estamos todos acaso temerosos de que nos descubran y de luego tener que hallar una forma de seguir adelante? ¿Existe alguna manera de seguir adelante si tu forma de ser no es suficiente? ¿Puedo ser compasiva con mis temores, reunirlos todos y tranquilizarlos de nuevo con la verdad? *Cuando sabes que eres totalmente conocido y, aun así, plenamente amado, no queda nada que temer.*

—Ann. —Darryl está en silencio, mirando a través de los campos hacia el este. Luego, se voltea hacia mí y establece la conexión—. ¿Te acuerdas de la noche en que fuiste madre por primera vez?

Sí. Todavía no cumplíamos once meses de casados. Yo tenía veintiún años y era la víspera del Día de las Madres. Mientras escuchaba la respiración de nuestro recién nacido que dormía envuelto en pañales, era yo la que no podía dormir por el temor: ¿cómo me las iba a arreglar para criar a aquel pequeño bebé dormido y convertirlo en un hombre en el futuro? A veces, criar hijos se siente como si solo nos hubieran dado herramientas rotas para esculpir un alma.

—¿Y qué hiciste en esa víspera del Día de las Madres? —me pregunta Darryl en voz baja.

Lo cargué con un brazo, envuelto en sábanas, la Biblia abierta en mi regazo y fui pasando página tras página hasta que llegué a ese versículo de Isaías, como si quisiera que sus palabras me penetraran por debajo de la piel:

> «Como un pastor que cuida su rebaño,
>   recoge los corderos en sus brazos;
> los lleva junto a su pecho,
>   y guía con cuidado a las recién paridas».
>   (Isaías 40:11)

Yo había acariciado esa página de la Sagrada Escritura como súplica y Él había guardado silencio durante toda aquella larga noche, como el coro de algún canto sagrado.

—¿Y cuál fue el camino de salida, cuando no sabías qué hacer? —Darryl se inclina hacia mí.

Es sencillo y no lo es, porque significa que tendrás que confiar: el camino de salida consiste sencillamente en dejar que el Hacedor de caminos te mantenga cerca y que te guíe en el camino. *En tus manos encomiendo esto.* La confianza solo es difícil si no confías en que el Amor en Persona te está sosteniendo.

Dos semanas más tarde, el trabajador social nos envía un correo, y nos cae como balde de agua fría.

«Vamos a necesitar ver todos los archivos de su consejería antes de seguir adelante».

¿Cómo se llama ese sentimiento en el cual te puedes reír con fuerza y en tus brazos sientes un hormigueo, junto con una vergüenza que te sonroja hasta los dedos? Sí, eso. En realidad, yo puedo ver las escenas escritas en esas sesiones de consejería de hace veintitantos años: los cortes para aliviar la tensión a lo largo de mis años de adolescente. Los ataques de ansiedad para huir de los temores en la universidad. Las estancias de mamá en el hospital psiquiátrico cuando yo era una niña. La adicción de papá al trabajo, después de la muerte de mi hermana. Es la paradoja de un alma que espera ser vista y conocida, conocida de forma *yadá*, pero que no quiere realmente que nadie vea ni conozca su camino hasta aquí ni su forma de ser.

Una investigación superficial en internet en busca de la terapeuta no revela nada. Al parecer, hace largo tiempo que fue liberada de esa oficina excesivamente calurosa donde ella y yo nos encontramos por vez primera hace veinte veranos para realizar la labor de caminar mis propios Mares Rojos a través del trauma mientras todas mis divertidas amigas se pasaban los viernes por la tarde yendo a la orilla del lago para jugar *frisbee* en la playa.

¿Por qué temer a las olas que van trazando por el mar un camino que aún no puedes ver? Puede ser que solo veas olas, pero eso no quiere decir que esas olas no sean tu verdadero camino a través del mar para ver más de Dios. Exhalo y siento confianza.

Envío un correo al trabajador social de adopción:

> Mis disculpas; la terapeuta ya no está ejerciendo con la agencia y ese archivo fue cerrado hace más de veinte años. Estamos trabajando para terminar nuestros informes médicos con nuestro doctor. Esperamos enviarlos por correo a más tardar a fines de semana. ¡Que tengas un gran día, amigo!

Aprieto el mando de «enviar».

Las olas en mi interior se calman un poco.

POR QUÉ EXAMINAMOS Y NOMBRAMOS NUESTROS TEMORES

En el principio, «aún no había ningún arbusto del campo sobre la tierra, ni había brotado la hierba, porque Dios el Señor todavía no había hecho llover sobre la tierra» (Génesis 2:5); no fue sino hasta que Dios envió agua procedente del suelo, que es *ad* en hebreo. Y del polvo de la tierra, que es *adamá* en hebreo, Dios formó la humanidad, Adán. En el principio, existía el agua que salía de la tierra, *ad*, y del polvo de la tierra, *adamá*, Dios creó al primer ser humano, Adán. La humanidad vive entre los caminos del agua y de la tierra firme. Enfrentarse a las olas y hallar un sendero para pasar a través de ellas es algo que ha formado parte de la experiencia humana desde nuestro primer respiro. Hay una muralla de agua frente a ti, no porque hayas hecho algo incorrecto, ni porque hayas dado necesariamente un giro equivocado; ha habido una muralla de agua frente a nosotros desde el mismo principio, porque esta *es* la experiencia humana.

La vida está compuesta de olas. El dolor nos viene en oleadas. El sufrimiento nos llega en oleadas. No hay manera de controlar las tormentas de la vida; solo podemos aprender a vivir entre las olas. El verdadero trabajo de ser humano es dominar la forma de procesar las pérdidas, al mismo tiempo que estamos en el proceso de seguir adelante. El verdadero trabajo del ser humano consiste en confiar en que el camino está en las mismas olas y que cruza precisamente todos sus valles y crestas. Sobre las olas, aun ahora, aquí mismo, el Espíritu se mueve.

Al final de la tarde, justo cuando estoy agregándole orégano a la cazuela de sopa de pollo hirviendo, me llama mi hermana, con su voz amable del otro lado de la línea.

—Oye, ¿conoces a un trabajador social llamado Ted? Llamó aquí esta tarde y tenía un verdadero montón de preguntas sobre ti, sobre Darryl y los niños. Me preguntó de alguna consejería en el pasado.

Pongo el orégano en el mostrador y coloco la tapa a la cazuela.

La vida está compuesta de olas.

—¡Ah! ¡Conociste a mi amigo Ted! —Yo me río en silencio, destapo la cazuela, agito la sopa, pero yo soy la que está agitada, batida y hasta tornándome un poco verde—. Ted está haciendo su trabajo y lo está haciendo bien. Todos los niños merecen y necesitan ser fuertemente bien protegidos. —Simplemente, no me había dado cuenta de que tal vez mi propio arduo trabajo de crecer podía no ser suficiente para ser el tipo de mamá que ellos pensaban que debía cuidar de un niño.

—¿Estás bien por allá? ¿De verdad? —Mi hermana no quiere limitarse a ponerle una tapa a lo que sea que estoy sintiendo.

—¿Sabes una cosa? Creo que lo que está pasando… —Y lo que me sorprende son esas palabras que me salen de lo más profundo—: mi propio camino SAGRADO, esos ritmos espirituales de silencio, atención, cruciformidad, revelación, examen y doxología, están deteniendo literalmente las olas, o más bien haciendo un camino en medio de las olas. —¡El camino de vida SAGRADO me estaba abriendo el camino para salir adelante! La disciplina espiritual de lo SAGRADO estaba discipulando las oleadas internas de preocupación y abriéndome un camino para que me pudiera recostar a descansar y confiar en que la presencia de Dios que lo envuelve todo me mantendría segura.

Eso era lo que estaba sucediendo: es posible resistir los ritmos de las olas de la vida siempre que tengamos nuestros propios ritmos sagrados internos con el Dios que nos mece en seguridad. El hábito diario de un estilo de vida SAGRADO detiene una tormenta de preocupaciones, un tsunami de temores, al apartar el alma por medio del silencio, la atención, la cruciformidad, la revelación, el examen y la doxología para permitir que el Espíritu alivie el corazón con la verdad del evangelio. Son los movimientos habituales diarios del alma los que se convierten en el destino final de esta y son las disciplinas espirituales SAGRADAS las que hacen la labor de seguir abriendo los ojos del corazón para llegar a los brazos del Hacedor de caminos que sigue abriendo el camino, Su camino hacia conocerte *[yadá]* y hacerte uno con Él y asegurar tu alma.

Esto es lo que escribe James K. A. Smith: «Aprender a amar [a Dios] exige práctica».[1] Eso es lo que yo le digo a mi hermana: la disciplina espiritual de lo SAGRADO está abriendo literalmente un camino en el mar Rojo a través de todo un mar de preocupaciones, directo hacia Dios, que se siente nada menos que una salida de Egipto para llegar a la libertad. Y le digo con toda franqueza que la posibilidad de que nuestro archivo sea identificado de forma específica con el archivo de la pequeña Shiló Shalóm Yu Xin es como estar ante el fregadero de la granja con un hilo rojo y tratar de pasarlo por el ojo de una pequeña aguja que alguien sostiene a diez mil kilómetros de distancia, del otro lado del mar, afuera de un hogar de acogimiento situado en una calle de un barrio humilde en Beijing (China). Traducido: ni en el sueño más loco. Yo lo sé. Y, sin embargo, las historias menos probables también pueden convertirse en historias de amor y las tramas imposibles pueden volverse intensas líneas de esperanza, y la esperanza bíblica no tiene que ver con buenas posibilidades, sino con confiarle nuestros caminos a un Dios bueno.

El correo de Ted apareció aquella tarde como un amistoso saludo:

> Por favor, envíen un mensaje a la Agencia de Salud y Servicios a la Familia cuanto antes les sea posible y pidan que busquen en su historial los archivos de su consejería.
>
> ¡Muchas gracias!

¡Sí, señor! ¡El camino del mar Rojo, adondequiera que vaya, me conduce a conocer *[yadá]* el perfil de Su misericordia *kjésed*! Yo hago esto: de línea en línea, voy redactando esa solicitud en un correo, a petición de Ted, pero lo que en realidad deseo es que la pequeña Shiló Shalóm Yu Xin conozca en su vida una historia de unión sana, de conexión profunda, de fuerte seguridad, a como dé lugar, aquí o donde sea. ¿Cómo podría un padre querer algo diferente para un hijo suyo? ¿Cómo podría nuestro Padre querer otra vida distinta para cualquiera de nosotros? Él nunca nos niega ningún camino que nos pueda abrir el camino, ni exprimirnos como la prensa de aceite de Getsemaní, hasta ponernos en el camino que siempre hemos soñado. Que no sea mi camino, sino el suyo.

—¿Te ha contestado ya alguien? —Darryl abre el edredón de nuestra cama esa noche y se inclina para quitarse los calcetines, que todavía tienen tierra de los campos.

—No. Ni un archivo, ni una carta; nada de parte de Ted. —Me meto debajo de las sábanas, emocionalmente exhausta por la larga gestación de la espera, el largo camino a través de este valle. Es cierto, lo sé: los destinos más deseados son siempre los que más tardan. Pero las largas esperas y los largos valles siempre han sido parte del camino: Abraham se enfrentó a su propia situación sin salida y sin victoria; Agar lloró en el desierto su futuro sin camino; Jonás trató de huir de su dilema sin salida; Job sufrió con su vida sin camino hacia adelante; y Elías no veía esperanza alguna, ni alivio, ni manera de salir adelante, y rogó que se le concediera acostarse y morir. Y antes que Noé pudiera ver siquiera tierra ya seca, dejó que su esperanza cobrara alas. La esperanza es el sacramento de la espera cuando hay olas tan lejos como alcanza la mirada.

La esperanza cobra alas sobre las olas, confiando en que hay tierra adelante, aunque solo se vean olas desde aquí.

Darryl se da vuelta en su lado de la cama, me abraza cuidadosamente y me acerca a sí en nuestra propia liturgia de amor y me susurra al oído un consejo sobre las tormentas y los duros vientos que nos golpean: «Los vientos fuertes son los que soplan el milagro de los caminos del mar Rojo a todas partes». A todas partes: lo que está en el camino es lo que está abriendo el camino.[*]

Y me quedo allí, con mi mano en la suya que me rodea, sostenidos por la misericordia *kjésed*, y dejo que mi mente tome su camino SAGRADO y termine el día con el examen de mi propia alma, porque si terminas el día sin un examen del alma, puedes terminar enfermo del alma; es decir: si te acuestas por la noche sin reducir de tamaño tus temores, te estarás

> «Los vientos fuertes son los que soplan el milagro de los caminos del mar Rojo a todas partes». A todas partes: lo que está en el camino es lo que está abriendo el camino.

---

[*] «El impedimento a la acción avanza la acción. Lo que está en el camino se vuelve el camino». Marco Aurelio, *Meditations*, Libro 5.20.

acostando con el diablo. Así que sigo volviendo a esto todas las noches, a lo que Jesús les pidió a Sus discípulos que examinaran en su propio corazón, allí en medio de una tormenta: «¿Por qué tienen tanto miedo?» (Marcos 4:40).

No hay pregunta más importante. Porque si dejamos que los temores nos llenen la mente, se convertirán en alfileres calvados en el corazón. Y si nuestros labios nunca hablan de esos temores en voz alta, los temores permanecerán resbalosos, se harán grandes en las tinieblas y apartarán nuestro corazón del Amor en Persona.

Solo podemos regular aquello que podemos nombrar. Solo cuando nos abrimos, nombramos nuestros temores y los expresamos, estos podrán comenzar a menguar. Esa es la razón por la que la Palabra nos pide que calmemos nuestros temores al expresarlos y llevárselos a Él: «No se inquieten por nada, más bien, en toda ocasión, con oración y ruego, presenten sus peticiones a Dios y denle gracias. Y la paz de Dios, que sobrepasa todo entendimiento, cuidará sus corazones y sus pensamientos en Cristo Jesús» (Filipenses 4:6-7). «Depositen en él toda ansiedad, porque él cuida de ustedes» (1 Pedro 5:7). Jesús nos pide que examinemos la causa de nuestros muchos temores porque Él sabe que estos se pueden volver y quemar nuestro corazón, que lo mueven a respuestas instintivas de lucha o de huida; nuestros temores se disfrazan como ira, como afán de controlar, como perfeccionismo, como procrastinación, como daño a uno mismo o como miles de rostros enmascarados más.

Dios sabe que no hay pregunta más importante que esta: ¿por qué tenemos tanto temor? Precisamente por eso, Él nos manda más que cualquier otro mandato en la Escritura: «No temas». Porque Dios lo sabe, aunque yo he sido lenta para saberlo y más lenta aún para admitirlo: el temor consiste en no querer perder lo que amamos. Escribe Agustín: «El temor se asusta ante todo aquello […] que pone en peligro las cosas que uno ama».[2]

Sin importar en dónde estés, lo que temes es perder aquello que amas.

Como también señala Agustín: «No tememos a nada sino a perder lo que amamos».[3] Nuestros amores más profundos guían nuestros temores más profundos.

«La maldad en nuestros deseos típicamente no está en lo que queremos, sino en que lo queremos demasiado», dijo Calvino.[4] Cuando queremos demasiado lo que queremos, cuando nuestro amor por lo que queremos es más grande que nuestro amor por Dios, nuestros temores son más grandes que nuestra vida misma.

En mi tsunami de preguntas y dudas sobre el archivo de la adopción en colisión con lo que puede haber en esos archivos de consejería, mis temores han sido sorprendidos ante cosas que ponían en peligro otras que amaba, temores de perder lo que amaba: mis esperanzas, mis sueños, mis relaciones, mi reputación, mi futuro, mi sentido de mi propia personalidad. Todos los temores están centrados en mí misma.

Sin embargo, en la práctica del camino SAGRADO y el hábito diario de preguntarle a mi alma lo que pregunta Jesús: «¿Por qué tienen tanto miedo?», yo pienso, después de examinar debajo de todas sus capas, que tal vez en su centro, el temor sea amor a nosotros mismos. Jesús nos pide que exploremos aquello que tememos tanto para que podamos ver qué cosas amamos más que a Él.

Llegada la mañana, mientras preparo mi café en el borde del mostrador, noto un correo electrónico que llegó por la noche. Es de una tal Betty… de la Agencia de Salud y Servicios de la Familia.

Discúlpenos. Debido a una enfermedad y a los cambios de personal que siguieron, apenas leímos su correo y, cumpliendo con su petición, le rogamos que encuentre adjunta una copia de sus archivos de la consejería.

Sinceramente,
Betty

Las olas rugen en mi interior. ¿Me atrevo a abrir el archivo adjunto? Algunas veces no encontramos esqueletos en los closets, sino solo pedazos de nuestro propio corazón petrificados.

Clic.

Las manchadas copias en facsímil de torcidos escritos a mano son difíciles de leer, pero allí está el agitado intento de mis diecinueve años: allí están mis ataques de pánico, los cortes con vidrios, los años de la agorafobia desorientadora. Allí está mi pobre mamá, tambaleándose de dolor por la muerte de su pequeña Aimee y papá convirtiendo todo su dolor en trabajo, y me veo transportada en el pasado a otra vida dolorosa. ¿Siento… siento vergüenza ante los calificativos escritos por la enredada pluma de la terapeuta, etiquetas sobre las heridas de una familia que se duele por un accidente que mató a su hijita menor, una pequeña destrozada en el camino de entrada de la granja? ¿O siento vergüenza de que Ted lea todo esto y decida quiénes somos? ¿O quiero envolver a todas estas personas sufrientes en las páginas y abrazarlas con la misericordia *kjésed* de Dios? Aquello a lo que la gente etiqueta, Dios lo ama, y al descalificado, Dios escribe su nombre en la palma de Sus manos; cuando no alcanzamos el estándar, Dios abre el camino para vivir en nosotros y ser nuestro hogar. Dios sabe que somos solo polvo, pero mira lo que Él hace con ese polvo: Él abre el camino para que el polvo resucite y respire por todo el tiempo y la eternidad. No; no tengo de qué avergonzarme: lo único que puedo sentir es ternura hacia todos los valientes que se niegan a rendirse a la oscuridad y se siguen levantando hasta su último aliento.

La pantalla se está empañando. Lo que decida Ted: si es este el final de nuestro sueño de convertirnos en la familia de la pequeña Shiló Shalóm Yu Xin, lo siento mucho por este mundo quebrantado, con sistemas y estructuras quebrantadas: yo lo intenté con cada pedacito de mi corazón roto. En cada uno de nuestros corazones, eres una historia de amor que nunca terminará.

Estoy a punto de cerrar el archivo, cuando mis ojos lo captan, como nadando un poco en la pantalla:

«Esta cliente está considerando casarse con su novio de varios años, y creo que este matrimonio va a ser muy difícil…».

Me detengo. Me golpea la ola.

Muevo el cursor hacia atrás. Me preparo. Pestañeo fuerte. Eso no lo estaba esperando.

Leo esa línea de nuevo. ¿La terapeuta espera que mi matrimonio sea… difícil?

Sin importar la manera en que interprete el resto del archivo, en ese momento hay algo que sisea en mi corazón: *¿difícil?*

capítulo once

FAMILIA

~

A Dios elevo mi voz suplicante;
   a Dios elevo mi voz para que me
      escuche.
Cuando estoy angustiado, recurro al
   Señor [...]
Te abriste camino en el mar;
   te hiciste paso entre las muchas aguas,
   y no se hallaron tus huellas.
      —Salmos 77:1-2, 19

No hay un día en el cual no suplique por éxodo tras éxodo, por un camino de salida, pero no hay éxodo, no hay salida, sin haber entrado primero.

Un año exacto desde el día en que vi por vez primera la pequeña foto de Shiló Shalóm Yu Xin, con ese pequeño sombrero de cordero tejido a mano en esa reunión en Texas, me encuentro de vuelta en la misma reunión anual y en ese mismo gran estado de Texas, cuando mi teléfono suena de forma inesperada. ¿La directora de nuestra agencia de adopción? ¿Hoy? ¿Aquí?

Resulta que había recibido noticias de nuestro buen amigo Ted: «¡Las comprobaciones de antecedentes penales, las evaluaciones médicas y físicas, los registros financieros y la inspección del hogar fueron aprobados! ¡Las entrevistas con cada uno de sus hijos salieron muy bien! ¡La supervisora Gwyneth dice que no hay necesidad de revisar archivos de consejerías de hace más de veinte años! Es una gran noticia: ¡¡¡todo ha sido postulado!!!».

Dejo caer la cabeza con alivio. Desbordo de alegría. Gracias sean dadas a Dios. Pero la razón de la llamada es otra: el archivo de Yu Xin ha sido acelerado a causa del estado precario de su corazón y de una disminución en sus niveles de oxígeno. Sus labios y las puntas de sus dedos están tomando un color azulado, le está costando trabajo respirar, su medio corazón lucha por seguir latiendo y ha estado hospitalizada trece veces con neumonía.

«Se lo tenía que decir: su expediente de adopción ha sido emparejado en China con Yu Xin. Yo le enviaré por correo electrónico todas las confirmaciones, pero prepárese para viajar».

Cuando se vive *in via*, en el camino, se vive siempre listo para rendirlo todo y seguir adelante. Cuando las olas se levantan y se encrespan, puede ser difícil respirar también. Respirar: «Lo más increíble de los milagros es que suceden», escribió el conciso G. K. Chesterton.[1]

«Ah… oh… de acuerdo… sí, sí…». Mi mente da vueltas. Por docenas de razones, nada de esto debería ser ni siquiera posible. ¿Cómo es posible que exactamente un año después de estar yo aquí en Texas, en este mismo lugar, con la foto de una bebé en mis manos, y de haberme dado vuelta para murmurarle tontamente a mi amiga Jennie: «Creo que acabo de ver una foto de nuestra hija», ahora lo es en realidad?

Con dedos temblorosos, llamo a Darryl que está a dos mil quinientos kilómetros de distancia, parado en la cocina de la granja, recién llegado de recoger la correspondencia del buzón de correos al final de nuestra calle.

—¿Darryl? ¡Darryl! No vas a creer esto.

—Ni tú esto.

—Espera… ¿qué? —¿Acaso la directora de la agencia de adopción lo llamó a él primero?

—Tienes que ver lo que nos acaba de llegar aquí en el correo, lo que tengo en mis manos ahora mismo. Mira tus mensajes de texto. —Puedo sentir el calor de una sonrisa en su voz.

Cuando abro mis mensajes, encuentro la foto de una tarjeta en sus manos; es una tarjeta con un dibujo a lápiz, con un mar dibujado en grafito, dividido en dos murallas de olas, y Moisés levantando una vara, y la columna de nube abriendo un camino donde no parece haber camino.

Él tiene en sus manos una imagen del camino del mar Rojo.

La misericordia *kjésed* siempre nos sostiene.

—Pero… yo… ¿dónde? ¿Cómo? —Un corazón se puede abrir por completo y la nube de fuego puede entrar directo en él y convertirlo en Su hogar.

—Acaba de llegar en el correo ahora mismo, dibujada por un niño que patrocinamos en Compassion International, una tarjeta de agradecimiento por las formas en que se ha ayudado a satisfacer las necesidades de los niños, y en el frente hay un dibujo donde están todos los hijos de Dios de pie ante un mar Rojo abierto. Me imagino que representa que Dios abre un camino para suplir las necesidades reales de Sus hijos.

—¿Darryl? —Apenas puedo hablar y mi voz es casi un suspiro—. La agencia de adopción me acaba de llamar. Nuestro expediente ha sido emparejado… a la pequeña Shiló Shalóm Yu Xin.

Se produjo una larga pausa llena de asombro.

Incluso cuando no vemos cómo está Él obrando, Él está

moviendo todas las cosas para acercarse a ti, para entrar a morar en ti.

—Los fuertes vientos abren caminos en el mar Rojo —dice Darryl con la voz entrecortada.

¿Acaso lo oye él en su mente también? Ellie, cantando El camino del mar Rojo, mis propias palabras, cuando yo había dicho que no había camino:

> *Cuando no podemos ver el camino*
> *Él abrirá las olas*
> *Y nunca andaremos solos*
> *Por el camino del mar Rojo.*

Y aquí estamos, mientras nuestro corazón es atado para siempre a nuestra hija, mientras Darryl abre una tarjeta llegada en el correo, con este dibujo de las olas del mar Rojo abiertas para dar paso a un camino de esperanza que lleva directamente hasta el pilar de Su Presencia.

«*Los caminos del mar Rojo nunca conducen* a un lugar, *sino a* una Persona».

Esta es la manera de siempre:

> «Te abriste camino a través del mar
> y tu sendero atravesó las poderosas aguas,
> ¡una senda que nadie sabía que estaba allí!».
> (Salmos 77:19, NTV)

El Hacedor de caminos transforma todas las olas que vemos en un camino que aún no podemos ver.

Y todos los caminos del mar Rojo son éxodos que llevan a

> El Hacedor de caminos transforma todas las olas que vemos en un camino que aún no podemos ver.

más que una tierra prometida; llevan a los brazos prometidos que nos sostendrán seguros, sin importar el fuego o las aguas.

Darryl pone el camino del mar Rojo allí, junto al fregadero de la cocina.

Yo comienzo a buscar la forma de volar sobre medio mundo de agua.

CHINA

En el momento en que la veo por primera vez al doblar la esquina, ella parece un destello de luz procedente del alto cielo, como un rayo de luz estelar plateado que se desliza sobre las olas. Su *ayi* la lleva en alto en sus brazos hacia este cuarto, lleno de los olores de arroz frito y de wantán, con el suelo iluminado por los rayos del sol naciente de China. Ella es lo único que puedo ver; es un prisma roto, que parte la luz en un caleidoscopio de color en todas partes para mí. *Mi palabra, pequeña.* Tu historia de trauma y de pérdida siempre tendrá un testigo y toda mi cercanía; te prometo que nunca, nunca tendrás que ir sola por este camino.* Estás completamente segura para dolerte conmigo; eres totalmente libre para llorar conmigo; eres plenamente vista y conocida, tal como eres, por mí, y juntas enfrentaremos el espacio con un profundo dolor en una mano y gracia de verdad en la otra, porque eso es lo que significa ser de todo corazón humano. Y, en medio del

---

* «El trauma no es algo que nos sucede, sino algo que guardamos en nuestro interior en la ausencia de un testigo empático». Gabor Maté, prólogo, en Peter Levine, *In an Unspoken Voice: How the Body Releases Trauma and Restores Goodness* (Berkeley, CA: North Atlantic Books, 2012), p. xii.

trauma de esta alabanza quebrantada, debes saber esto también: tú eres la constelación que siempre hemos buscado. Tú eres la orilla que teníamos que hallar. Tú eres una maravilla, la respuesta a tantos años de ecos perdidos. Su *ayi* inclina delicadamente su frente para tocar la de ella, señala hacia mí y me llama: «¡Mamá! ¡Mamá!».

> Hija.
> *Hija mía.*
> *Mi corazón por el tuyo,*
> *mi caminar con el tuyo,*
> *mi vida atada a la tuya,*
> *hasta mi último aliento y, luego, por toda la eternidad.*

Con sus diminutas manos aferradas a la camisa de su *ayi*, Shiló Shalóm Yu Xin, que aún no llega a los dos años, está abajo del percentil tres del peso, y su corazón roto con su único ventrículo la separa a ella en un millón de cristales de luz de una ola que rompe, y mis manos están bien abiertas para atrapar esta luz que cae. Tal vez el corazón roto te rompa hasta convertirte en tu propia clase de luz. Ella es diminuta, pero para mí, para nosotros, tiene gravedad y significa un mundo entero aun a un mundo de distancia. Solo puedo desear que Darryl, nuestros hijos, estuvieran todos aquí, callados ante la santa luminaria de su presencia.

Pero solo cuarenta y ocho horas después que nuestro expediente fuera archivado en la agencia en China, fuimos a dar a la sala de emergencias con Malakai, nuestro quinto hijo, demacrado, pálido y alarmantemente débil, solo para que nos golpeara la sorpresa de que tenía una lectura de glucosa de 34 mmol/L (612 mg/dl), un páncreas moribundo y el diagnóstico de una diabetes Tipo 1.

La única manera en que podría sobrevivir era si nosotros buscábamos la forma de convertirnos en un órgano manual 24/7 para él, fuéramos su páncreas y le inyectáramos la dosis correcta de insulina cada vez que abriera la boca para comer; de lo contrario, moriría. Nuestro pequeño mundo de siempre se tambaleaba sobre su eje. «En estos momentos, no hay modo de que ambos podamos dejar solo a Malakai, con su páncreas muriéndose y sus niveles de azúcar y de insulina erráticos; estamos tratando de ver cómo manejar esta situación». Noté que los ojos de Darryl estaban firmes, sumisos. «Dios abrió un camino en el mar Rojo. Ve... trae a Shiló Shalóm Yu Xin a casa».

Probablemente, debimos haber buscado otro camino.

Debimos haber tenido una imaginación santa para hallar alguna forma de que nuestro hijo recientemente diagnosticado como diabético siguiera estando seguro, luego de hallar una forma de que Darryl volara a China; una manera de injertar juntos nuestros corazones con Shiló Shalóm, en lugar de yo tener que viajar sola. Él pensaba que yo era más que capaz de volar al otro lado del mundo y de regresar con mi bebé. Yo pensaba que él era más que bondadoso para cubrir por mí y hacer el millón de cosas más que se necesitaba hacer en casa. Al tratar de decidir cómo viajar a China, una forma más sana habría sido que yo le dijera a él: «Te necesito», y que él me dijera: «Necesito estar contigo», y que los dos nos diéramos cuenta de que nuestra pequeña niña nos necesitaría a ambos. Entonces no lo sabíamos: lo que más necesitamos todos es tener necesidad. La necesidad y la dependencia cultivan la confianza y profundizan la unión que nos hace sentir seguros. Este es el camino de la fe.

Pero nosotros solo lo hemos llegado a saber ahora: algunas veces no sabemos que hemos dado un giro equivocado hasta que llevamos andando largo rato en esa dirección. Y, sin embargo, sobre todo entonces, nunca dudes que el Hacedor de caminos pueda enderezar los caminos equivocados. Esta es la obra de un Dios bueno y amoroso.

Shiló ya ha sido cargada y mecida hasta dormirse en los brazos de su *ayi*, cuando uno de los

> Lo que todos más necesitamos es tener necesidad. La necesidad y la dependencia cultivan la confianza y profundizan la unión que nos hace sentir seguros. Este es el camino de la fe.

oficiales de asuntos civiles del gobierno me indica que ya es hora de que me acerque a Shiló y la tome en mis brazos, porque necesitan que nos pongamos de pie aquí para que nos tomen una foto de madre e hija juntas para el papeleo legal.

«Sí, sí». Me vuelvo tentativamente, extiendo los brazos, adoloridos por el peso del momento, y su *ayi* asiente también y extiende sus brazos y la durmiente Shiló Shalóm Yu Xin es confiada desde el amor de una a otra en su valerosa línea de madres. Shiló se agita. Me mira, aterrada, ve dónde está… y dónde ya no está.

La dulce bebé llora.

¿Ayekah? Jinné.

Mamá está aquí, aquí mismo.

Yo me mantengo susurrando esto, mientras los oficiales toman la foto y me hacen señas para que pase a firmar los papeles. Y con unas pocas líneas a tinta, se convierte ella en mía y yo me convierto en suya.

> *Si alguna vez te pierdes, yo te abriré camino.*
> *Si alguna vez tu corazón se parte en dos, yo te daré*
> *el mío.*

> *Si alguna vez estás sola, yo encontraré la forma de*
> *sostenerte.*
> *Porque, mientras haya manera de que nuestros*
> *corazones estén juntos,*
> *todo estará bien.*

Lo único que nuestro quebranto necesita es cercanía y testimonio; y Él está aquí, aquí mismo, el Dios cuyo nombre es «Dios con nosotros».[*]

Le beso la punta de sus dedos.

EDUCACIÓN

Un día conocí a un profesor, un teólogo, que se sentaba en su escritorio en frente del mío y le pregunté: «¿Por qué terminamos viviendo más perdidos, alejados y distantes de Dios que en comunión, profundamente unidos con Él?».

«Bueno —contestó él—, me pregunto si será porque entendemos las metáforas de nuestra realidad al revés. Me parece que la principal metáfora que se ha convertido en nuestro mapa para comprender quiénes somos y dónde estamos en relación con Dios es legal, judiciaria, como si Dios fuera para nosotros primordialmente un juez.

Es lo mismo que decir: se han cometido errores en las relaciones, se han cometido pecados que destrozan corazones y el Dios Santo con toda razón exige justicia.

> «Antes de recibir esa circuncisión, ustedes estaban muertos
> en sus pecados. Sin embargo, Dios nos dio vida en unión

---

[*] «"La virgen concebirá y dará a luz un hijo, y lo llamarán Emanuel" (que significa "Dios con nosotros")» (Mateo 1:23).

con Cristo, al perdonarnos todos los pecados y anular la deuda que teníamos pendiente por los requisitos de la ley. Él anuló esa deuda que nos era adversa, clavándola en la cruz» (Colosenses 2:13-14).

Es verdad: el Dios trino viene entonces en la persona perfecta de Cristo y paga la deuda que nosotros no podíamos pagar, porque vivió la vida que nosotros no podíamos vivir. El Dios trino juzga el sacrificio perfecto del Hijo de Dios en la cruz a favor nuestro como un pago completo y nosotros, los que hemos sido comprados por precio, la preciosa sangre de Cristo, somos liberados de la esclavitud del pecado y puestos en libertad.

«Por su gracia [todos] son justificados gratuitamente mediante la redención que Cristo Jesús efectuó. Dios lo ofreció como un sacrificio de expiación que se recibe por la fe en su sangre, para así demostrar su justicia […] en el tiempo presente […]. De este modo Dios es justo y, a la vez, el que justifica a los que tienen fe en Jesús» (Romanos 3:24-26).

Esto es cierto y bueno y correcto, y a la vez es la historia de nuestro rescate y de nuestra redención y nuestra única esperanza.

Y yo asiento y recuerdo cómo alguien decía que todo el evangelio se puede resumir en estas cuatro palabras: «Jesús en mi lugar». Jesús en la cruz, pagando el precio por mis pecados; el gran intercambio; Él mismo tomando todo mi quebranto y yo tomando Su lugar de plenitud. Esto no es pequeña cosa; lo es todo: «Al que no conoció pecado, lo hizo pecado por nosotros, para que fuéramos hechos justicia de Dios en Él» (2 Corintios 5:21, NBLA).

El profesor de teología rodó su silla detrás de su asiento.

—Esto es verdad y, sin embargo, hay mucho más por decirse. Si tu única metáfora bíblica de la realidad del evangelio consiste en que tus maldades te han llevado ante el tribunal del Dios Santo, ¿quién paga el precio y lo corrige todo cuando sales del tribunal? Tal vez desconozcas que el camino hacia adelante, el camino de Jesús, consiste en vivir en íntima comunión *con* Dios.

—Entonces, ¿cómo despertaremos a una vida de unión íntima con Dios, de cercanía momento a momento con Él, de comunión diaria transformadora con Él? ¿Cómo viviremos realmente el camino de Jesús, *en* Cristo; *con* Aquel que es el Camino?

Tengo mi Biblia abierta en mi regazo.

—Eso es fácil. Necesitamos ver nuestra relación con Dios de la manera que Él la ve. —El profesor de teología sonríe—. Como el matrimonio y la adopción que es en realidad.

Es como un rayo que me electriza. Voy por el camino correcto:

el matrimonio y la adopción tienen consecuencias legales, pero son más que una simple realidad legal. ¡Se deben convertir en una *realidad vivida*, una *unión vivida*, una *realidad de comunión… una historia de amor*!

¡Dios es el Dador de la Ley *y Dios es el Amante*! El corazón de Dios está unido al nuestro por un *contrato* y por un *pacto*. Es solo la fidelidad del *pacto* de Cristo que nos salva y nosotros respondemos a Su fidelidad salvadora al *pactar nuestra propia fidelidad de vuelta a Él*. Esa es la verdad del evangelio: somos salvos por la *kjésed* del pacto de Dios para responder en *kjésed* de pacto a Él. Ser salvos solo por la fidelidad de Cristo significa que los salvos responden con fidelidad solo a Él.[2]

Legal *y filial*, por contrato *y por pacto*, Su corazón *por* nosotros, *con* nosotros, *en* nosotros.

Si encadenamos nuestra imagen de Dios solo a un tribunal,

nunca experimentaremos de qué manera nos corteja con Su misericordia, nos libera de la soledad para que tengamos unidad, anula todas las sentencias que hay contra nosotros para incluirnos en una historia de amor salvador, tierna línea tras tierna línea. Si solamente conocemos

> Nuestro caminar solo estará a la altura de nuestro hablar cuando vivamos unidos a Su corazón.

a Dios como el Juez santo y el Rey de justicia que se sacrificó y nos salvó, es posible amarlo *por* todo eso. Pero si lo conocemos en la intimidad como el Amante supremo, como el Padre, el Esposo, el Hermano que es también el Rey y Juez que se sacrificó y nos salvó, es posible amarlo *con todo nuestro ser*. Si existe esa profunda desconexión en la iglesia entre lo que creemos y la forma en que realmente vivimos, ¿no será porque hemos olvidado la manera de vivir realmente conectado en intimidad con Dios? Nuestro caminar solo estará a la altura de nuestro hablar cuando vivamos unidos a Su corazón.

Todo el Nuevo Testamento podría explicarse en estas tres palabras: «Adopción por propiciación», afirmaba el estimado J. I. Packer.[3] El teólogo R. Michael Allen ofreció un mapa para entender nuestro parentesco con Dios: «El matrimonio precede a la vida de casados, mientras que la declaración de adopción funda los lazos familiares. Pero el matrimonio es para permitir una vida juntos, y el proceso de la adopción tiene como meta *una vida juntos*».[4]

Y esto también es verdad: desde el momento en que tuve en mis manos la fotografía de Shiló y la miré a los ojos bajo aquel cielo estrellado de Texas, supe que ella era mía y estuve dispuesta a dar la vida por ella. Había quedado sellada en mi corazón como mía, mucho antes de que mi mano firmara en la línea punteada.

El *pacto* de amor contigo lo movió a Él a firmar el *contrato* en la cruz con Su sangre para hacerte suyo, porque la razón suprema de Su venida fue una íntima *comunión* contigo.

El camino que el Hacedor de caminos siempre está abriendo es un camino de vida *con Él*. *Lo que nuestro quebranto necesita en última instancia es cercanía y testimonio.* No hay camino errado si es *con Él*; todo camino es bueno si es *en Él*.

Miro a esa cruz que tengo tatuada en mi muñeca: aunque es una historia verdadera, que el evangelio es «Jesús en mi lugar», tal vez entonces la historia entera del evangelio se condense en estas cuatro palabras: «Jesús es mi persona». En realidad, esto lo es *todo*.

Jesús es *mi persona*. Jesús es mi persona en la cruz. Jesús es mi persona en los valles. Jesús es mi persona en medio de las tormentas. Jesús es mi persona en las olas. Jesús es mi salvación, mi destino, mi rumbo, mi orientación, mi refugio, mi hogar, mi camino, mi Señor, mi Amante, mi Rey, *mi Vida*.

El Dios trino que es el Rey del universo también se llama a sí mismo nuestro Padre, Esposo, Amante, Hermano, porque nuestro temor más grande es el abandono, nuestra mayor necesidad es la unión, y Dios envuelve cada aliento nuestro:

Yo soy tu Rey, y soy tu familia y soy tu Padre; ¿qué podrá haber jamás que temer, cuando el Rey del universo es tu propio Padre? Yo soy tu Padre y tú fuiste creado a mi imagen y, porque somos parientes, a la misma imagen, puedes confiar totalmente en que yo siempre seré bondadoso con alguien que lleva mi nombre. Una vez tu Padre, siempre seré tu Padre; una vez tu Esposo, siempre seré tu Esposo; una vez el camino, la verdad y la vida, siempre

seré tu camino, tu verdad y tu vida. Tu Hacedor de caminos es el
Dios de pactos que se muda a tu corazón para ser tu hogar seguro
en donde sea, para llevarte a tu hogar a través de cualquier cir-
cunstancia. Confía. Y déjame tomarte y llevarte hasta la meta.

No se trata de un milagro pequeño: la expiación que tuvo lugar en la cruz es para más que enderezar las cosas; es para unirnos a Dios; es nuestra transformación en uno con Dios. «Porque Cristo murió por los pecados una vez por todas, el justo por los injustos, *a fin de llevarlos a ustedes a Dios*» (1 Pedro 3:18). *La expiación es para unión*. La razón misma por la cual Dios nos perdona es para hacernos familia. La salvación no *solo* nos salva *de* una vida de pecado; nos salva *para* una vida *con* Dios. *Familia*. Él derramó Su sangre para compartir Su vida con nosotros. Salvos *del* pecado; salvos *para* comunión. *Familia*. El grito de Jesús en la cruz fue un llamado a la comunión. Lo notamos en los brazos extendidos de Jesús en la cruz; lo vemos en el clamor de cada representación de la cruz a lo largo de los tiempos: el evangelio es más que un escape; el evangelio es abrazo. Es parentesco con el Rey.

> Nuestro temor más grande es el abandono, nuestra mayor necesidad es la unión.

Familia.

Dios es siempre más que bueno. Dios es siempre *bondadoso…* ¡porque es *pariente* nuestro! ¡Dios no puede ser otra cosa que bondadoso con los *de Su propia familia*!

El reino de Dios es en realidad una gran *familia* y, en Cristo, somos injertados en esa *familia* donde somos más que siervos; ¡somos los hijos, la esposa, la amada de nuestro Rey que nos ha adoptado, nos ha desposado para ser nada menos que suyos! El matrimonio terrenal y la adopción nunca podrán ser una imagen total de lo que siente el amor del Dios trino por la humanidad, pero, ciertamente, son ilustraciones de las formas en que el Dios trino se abre camino hacia nosotros, promete estar con nosotros en nuestro sufrimiento, para que adondequiera que vayamos Él vaya y adondequiera que Él vaya vayamos nosotros y, *mientras nada se atraviese en el camino de estar juntos, todo saldrá bien.*

FAMILIA

Un amable funcionario chino llega con dos almohadillas de tinta roja, se inclina sobre los papeles para tratar de explicarme con gestos que necesitaré marcar con el pulgar en este lugar de esta almohadilla y después dejar la huella digital roja en este lugar, encima de mi firma, porque mi firma sola no será suficiente para sellar esta adopción. Solo una mano manchada de rojo podrá sellar el trato.

Oprimo con mi pulgar la almohadilla de tinta roja y después sobre mi firma, y muevo mi cabeza, atónita: este es Su pacto de amor *kjésed*, firmado con Su mano manchada de rojo, que abre todos los caminos del mar Rojo.

Puedo ver en mi mente ese camino del mar Rojo que se abre paso a través de inmensos muros de agua; también recuerdo esa otra escena, esa escena extraña tomada de Génesis 15, tal vez una de las más significativas del Antiguo Testamento, cuando Dios le ordena a Abram que corte en dos pedazos una ternera, una cabra y un carnero y, entonces, después de la caída del sol, cuando ya todo ha quedado en tinieblas, Dios hace un trato, un pacto, por el cual se compromete a siempre amar [*kjésed*] a Abram. Solo Dios, ardiendo como columna de fuego, pasa entre las piezas ensangrentadas de los animales sacrificados. Abram no sella el pacto. Él no camina entre los sacrificios ensangrentados, porque sabe que no podrá cumplir el trato de siempre estar con Dios, pero Dios le dice que Él mismo guardará ese pacto de amor por ambos.

Y cuando Dios divide las aguas en dos y abre un camino en el mar Rojo que atraviesa las olas, eso exactamente es lo que está sucediendo: *Dios está haciendo un pacto con Su pueblo.*

Así como la presencia de Dios era «una hornilla humeante y una antorcha encendida, las cuales pasaban entre los animales descuartizados» (Génesis 15:17), así como Su presencia era una columna de nube y de fuego que pasó por las aguas abiertas en el mar Rojo, las manos de ese mismo Dios nuestro fueron sujetadas con clavos a la cruz y las rocas y el velo del templo se partieron en dos, mientras nosotros pasábamos a los brazos abiertos de Dios, quien se abre paso por todo pecado, toda tormenta, toda historia y todo mar, para hacer un pacto de intimidad *kjésed*.

Esto es el todo del evangelio; este es el Camino; este es todo camino del mar Rojo. Dios siempre recorre todo el camino *por* nosotros a fin de estar *con* nosotros.

Lo que Dios está diciendo al hacer el pacto como hornilla humeante con Abram en Génesis 15, al abrir el mar Rojo para el pueblo de Israel, al partir el velo del templo en dos con Su sacrificio en la cruz por nosotros ahora mismo, es nada menos que esto:

No solo me descuartizaré a mí mismo si no guardo mi pacto de amor kjésed *con ustedes para siempre, sino que pagaré el castigo y me permitiré ser descuartizado si ustedes* no pueden guardar su amor de pacto *conmigo. Incluso cuando ustedes fallen y caigan, y las esperanzas y los sueños queden destrozados y no quieran ni*

puedan guardar su pacto de amor kjésed, *yo cumpliré todo el pacto*
por ustedes y seré Aquel que los ama hasta la muerte y de vuelta a la
vida más plena, para hacerlos míos, familia, para siempre.

Con muchos gestos y palabras en chino que no puedo entender, se me pregunta si le puedo quitar a Shiló uno de sus zapatos
y después su calcetín. El oficial acerca la almohadilla de tinta roja
al piecito descalzo.

Ah, claro.

La sostengo en alto y pongo sus pequeños deditos en la almohadilla de tinta roja. Ella no tiene que saber qué significa todo
esto. Aún no sabe que nos vamos a mecer juntas en la hamaca,
leyendo nuestros libros favoritos gastados en las tardes de verano
o que vamos a comer tomatitos cherry en el jardín de la cocina
en pijama, mientras sale el sol. Aún no sabe que andaremos en
bicicleta por nuestro camino de gravilla al caer el sol, ella en el
portabebés detrás de mí, con las manos alzadas en el aire como si
estuviera volando o planeando, ni que observará nuestra sombra
que vuela y se alarga en los campos ni que cantará mientras se
eleva: «¡Miren, somos nosooooootras juntas! ¡Somos nosooooo-
tras juntaaaaaaaas!».

Aún no sabe tampoco que oraremos esto juntas todas las
noches bajo las estrellas que brillan sobre la granja: «Padre nuestro que estás en los cielos, santificado sea tu nombre, venga
tu reino…» porque este es el mundo de nuestro Abba Padre y
nosotros «somos hijos de Dios, adoptados por gracia por medio
de Cristo»[*] y somos Su familia, estamos seguros en Su reino

---

[*] «Lord's Day 13», Heidelberg Catechism, Christian Reformed Church, consultado el 14 de noviembre, 2021, https://www.crcna.org/welcome/beliefs/confessions/
heidelberg-catechism.

y, porque este es *Su* reino, todos *Sus* caminos seguros deben ser hechos y *no los nuestros*. Ella no sabe todavía que esto es un pacto de parentesco, de familia, y que su padre y yo guardaremos todo este largo pacto, sin importar lo que pase, sin importar lo que duela, sin importar lo que encontremos en el camino, sin importar lo que ella pueda guardar o no, guardaremos nuestra promesa de ser familia. Su pie está teñido de un rojo brillante.

El éxodo real solo sucede cuando entramos en Cristo.

Todo cruce, por la cruz y por el mar, es por medio de un acto divino de amor de pacto, una entrada a pertenecerle a Dios para siempre.

Dios no nos saca, no hace un camino para nuestros propios éxodos, para que nos vayamos por nuestro propio camino ni hagamos nuestra propia voluntad. En cambio, Él dice: «Deja ir a Mi pueblo para que me sirva en el desierto» (Éxodo 7:16, NBLA). Y esas palabras hebreas traducidas *servir* o *adorar* que se usan repetidamente en Éxodo 7, son palabras de la misma familia: *abád* y *abodá* que significan «mantener como esclavo, ser esclavo, esclavitud».*

El Hacedor de caminos está diciendo: «Deja ir a mi pueblo para que se fundan conmigo. Para que me adoren. Para que estén unidos a mí». El Hacedor de caminos no abre un camino para que nos vayamos por nuestro propio camino.

El Hacedor de caminos está diciendo: «Deja ir a mi pueblo para que se unan conmigo».

El Hacedor de caminos nos está llamando a salir de la

---

* *Nueva Concordancia Strong Exhaustiva*, «H5647 *abád*». (Editorial Caribe, Miami, FL, 2002), p. 314.

esclavitud *[ébed]* al faraón, para unirnos en *esclavitud de amor [ébed]* a Él.*

El Hacedor de caminos nos abre un camino para ser libres para estar unidos a Su corazón.

Todo éxodo de una *esclavitud* es con el objetivo de entrar a una *esclavitud de amor*.
El éxodo no es para escapar de una situación, sino para *unirnos a un Salvador*.
Todo éxodo es para establecer una *conexión*.

Sabemos que estamos atravesando un camino del mar Rojo cuando nos estamos uniendo estrechamente a Él.

> Sabemos que estamos atravesando un camino del mar Rojo cuando nos estamos uniendo estrechamente a Él.

Dios nos saca para hacernos entrar. Para guiarnos a Su hogar. Shiló no sabe aún que volaremos de regreso a casa ni que algún día repetirá con nosotros estas palabras del Catecismo de Heidelberg, juntos alrededor de la mesa de la granja, después de retirar los tazones de la sopa, estas líneas que posiblemente sean las más tiernas y transformadoras en toda la historia de la teología cristiana, ni cómo ella y yo nos tomaremos de la mano:

* Dios dice de la esclavitud de Israel a faraón: «Yo los saqué de Egipto, tierra de esclavitud» *[ébed]* (Jueces 6:8); luego, Dios dice de Su propio pueblo: «Todos los israelitas son mis *[ébed]*. Yo los saqué de Egipto» (Levítico 25:42). «La palabra que se usa, *ébed*, es la misma con que se describe lo que los israelitas fueron para faraón» (Lewis Warshauer, «What Is a Slave?», Jewish Theological Seminary, 2 de mayo, 2002, https://www.jtsa.edu/torah/what-is-a-slave). Dios los había librado de la esclavitud en Egipto para una *esclavitud de amor a Él* que todo lo consume y que todo lo abarca.

«¿Cuál es tu único consuelo en la vida y en la muerte? Saber que no soy mío, sino que pertenezco en cuerpo y alma, en vida y muerte, a mi fiel Salvador, Jesucristo. Él ha pagado plenamente por todos mis pecados con Su preciosa sangre, y me ha hecho libre de la tiranía del diablo. También vigila sobre mí de una manera tal que ni un solo cabello puede caer de mi cabeza sin que lo disponga mi Padre que está en el cielo; de hecho, todas las cosas deben obrar en conjunto para mi salvación. Porque yo le pertenezco a Él, Cristo, por Su Santo Espíritu, me da seguridad de la vida eterna y me hace estar totalmente dispuesto y listo desde ahora en adelante para vivir para a Él».[5]

Aquí, junto a mi propia huella dactilar en rojo, pongo la planta de su pie, también en rojo.

Estamos caminando hacia adelante.

Sin la más remota idea de a qué nos estamos metiendo.

capítulo doce

LA CLEMÁTIDE

~∿~

Cristo no es valorado en absoluto si no es valorado por sobre todo.
—AGUSTÍN

Busca a Dios, no la felicidad; esta es la regla fundamental de toda meditación. Si buscas solo a Dios, hallarás la felicidad; esa es la promesa.
—DIETRICH BONHOEFFER

Estoy sentada en el piso de la cocina en la granja esa primera mañana con ella, Darryl y los niños sentados en un círculo alrededor, y no podemos dejar de reírnos con los ojos llenos de asombro mientras la vemos intentando atrapar burbujas de jabón mientras se ríe y cae en nuestros brazos y nosotros en ella.

—Te tengo, pequeña; te tenemos, Shiló… —Darryl susurra suavemente mientras ella se tropieza sobre las piernas de él y se estira para alcanzar una burbuja; él la abraza y pone sus grandes brazos tiernamente alrededor de ella.

La parra de la clemátide que crece en el centro de nuestro huerto de vegetales se comienza a encorvar y a enroscar y a extender a principios de la primavera, en el tiempo en que ella y yo volamos hasta casa desde China y los granjeros salen a los campos.

UNIÓN

No estoy durmiendo profundamente por las noches. La pequeña bolita que es Shiló está acomodada junto a mí en esta extensión de cuna que está literalmente unida al lado de nuestra cama. Noche tras noche, en la oscuridad absoluta cuando las estrellas parpadean sobre la casa y los campos de la granja, ella se agita aterrada, se mueve para buscarme, se sienta de un golpe y grita. Ya no está en China y nosotros no somos sus *ayis*, y olemos a viejos abrigos y tierra de primavera, no a árboles de ginkgo y a tallarines.

Yo la busco en medio de la oscuridad, la acerco a mí mientras tiembla, trato de calmar su dolor acariciándola, trato de consolarla y de callar sus gritos. No hay necesidad de oxímetro para saberlo: cada uno de esos gritos suyos disminuye en gran manera la cantidad de oxígeno y su medio corazón literalmente lucha para respirar entre el temor. Darryl se da vuelta y se acerca, me pone un brazo alrededor de la cintura como si quisiera sostenerme en medio de las olas tempestuosas.

Llena de temor, empuja frenéticamente la mano de Darryl. *Respira, bebé, respira. Respira, matrimonio, respira.*

—Todo está bien, Shiló, todo está bien… nadie te quitará a tu mamá. —Él está medio dormido y trata de frotar mi cansada espalda también.

Ella no quiere saber nada. Grita más alto, sigue golpeando la mano de él y los labios se le ponen azules cuando llora.

—Ella solo… ella no te conoce aún. —Estoy tratando débilmente de hallarlo, de envolverlo a él también. Quisiera poder decir que me enrosco hacia Darryl, que llevo mis temores y mis dudas hasta el dispuesto costado del hombre, lo que habría podido dividir esos temores a la mitad. Sin embargo, en realidad

243

estoy comenzando a sentir cómo los bordes de mi ser se están enroscando en mí misma y mi cuerpo entero está sensible, peligrosamente roto, mientras trato de alcanzarla a ella y de aferrarme a él, y no siento cómo los lugares que han sido estirados pueden ser lugares delgados destinados a ver a Dios porque poco a poco me estoy volviendo hacia dentro. ¿Es esto lo que Agustín dijo que significa ser humano? Somos el *homo incurvatus in se*, todo ser humano vuelto y encorvado en sí mismo.[1] Eso es lo que los santos cojos y encorvados del pasado han dicho acerca de este viaje tan lleno de curvas: Agustín, Lutero. Barth, Lewis. *Incurvatus in se* nos tuerce y nos aparta del corazón de Dios, hasta que finalmente se rompe nuestra unión y nuestro propio corazón.

Llega la brumosa mañana y Darryl se está tomando el último trago de su humeante taza de café antes de dirigirse al campo para plantar semillas en la tierra. Se inclina hacia mí para besarme y Shiló, encaramada en mis brazos, le empuja la cara hacia atrás.

Él se echa hacia atrás.

Sorprendido. Herido. No lo quiere estar; yo sé que no lo quiere estar porque, más que sentir, él *sabe*; sabe que ella acaba de perder todo su mundo y necesita saber que está unida y que aún tiene su mundo propio. Pero él se siente herido; lo puedo leer en sus ojos. ¿Me culpará a mí? Él nunca lo dice. Tal vez parezca que se está retirando calladamente. Tal vez yo esté distraída e ignoro todos sus intentos de conexión. Me digo que él está muy ocupado, que los dos estamos muy ocupados. Él está comenzando a quedarse en los campos hasta más tarde, bajo esa luna temprana de la primavera. Y yo ni siquiera sé cuándo mis días comienzan o terminan, con una bebé enferma del corazón en mis brazos, esperando una cita con el cardiólogo, esperando cada respiración de ella, esperando por leer alguna epifanía sobre la unión en los libros que estoy leyendo a medianoche. ¿Está él cansado de mí? Tal vez, estoy cansada de ser yo misma. O tal vez sea que los dos estamos agotados por completo.

Por doloroso que sea, me es más fácil dar testimonio de todo esto si esto libra a otra alma de tener que soportar el peso de lo que pasará después. Sigue enterrando lo que sientes y terminarán cavando una tumba bastante grande a tus relaciones. Si no pones en palabras lo que temes y haces preguntas en voz alta, solo se harán más fuertes en tu alma. Yo necesitaba decir en voz alta todos esos temores… a él, a mí, a Dios; pero no lo hice. Me enrosqué alrededor de todos mis dolores, como si pudiera protegerme, sin saber que así comienza la autodestrucción. Ciertamente, *incurvatus in se*.

Cuando la bebé Shiló sigue llorando después de la media noche, con el corazón acelerado y el oxígeno bajando, yo me deslizo con ella hasta el portal del frente para no despertar a toda la casa; y ella y yo, envueltas en una manta, nos mecemos en el columpio del portal bajo una luna llena de verano en ese movimiento que las madres saben que calma naturalmente los traumas y que yo había confirmado cuando leí investigaciones del cerebro y de la unión:

> «La actividad somatosensorial repetitiva y rítmica […] produce una sensación de seguridad. El ritmo regula. Todas las culturas tienen alguna forma de actividad rítmica repetitiva como parte de sus rituales […] de curación […] en parte porque [los movimientos rítmicos] se conectan con las asociaciones profundamente arraigadas y poderosas que formamos en el útero».[2]

Mientras la pequeña Shiló llora, yo me mezo y me balanceo. La vida es como las olas, y estas nos mecen y regulan al crecer y al caer y, si lo permitimos, si nos soltamos y dejamos que venga lo que venga, el ritmo de las olas nos puede mecer hasta llevarnos a la seguridad de la salud más profunda. *Lo que hay en el camino está abriendo el camino.* Sométete. Las olas no nos tienen que ahogar; las olas nos pueden mecer hasta darnos paz de sanidad.

Mucho tiempo después de que ella se duerme, con el rostro iluminado en mis brazos como una joya bajo la luz aperlada de la luna, yo sigo leyendo estas páginas sobre la unión, como si tuviera que haber una forma de atar todos nuestros corazones y, de esa manera, encontrar más del camino del amor.

Leo cómo los profesores de psicología, Todd y Liz Hall, definen la unión como un vínculo invisible «sostenido por una conexión literal entre el cerebro del padre y el del hijo» y cuáles son las tres características de este vínculo invisible:

1. La proximidad y el permanecer cerca; lo inverso sería «la angustia que se siente cuando se está separado de sus figuras de unión (angustia de separación)».
2. La figura de unión es «un refugio de seguridad en tiempos de angustia y una base segura desde la cual explorar el mundo» por lo que ofrece consuelo y regulación emocional.
3. La figura de unión ofrece «una sensación de conocimiento mutuo, de influencia y de pertenencia».[3]

Meciéndome en el columpio del portal del frente entre un mar de estrellas rutilantes, memorizo el lazo invisible de la unión, del vínculo de corazones, como cuatro movimientos:

1. Cercanía
2. Anhelo de presencia
3. Alcance cruciforme
4. Hendidura en la roca

Con la bebé en brazos, bajo la lechosa luz de una luna temprana de verano, me veo rodeada por un Dios que nos llama desde más allá de las olas para que atemos nuestro corazón a Él por medio de esto: permanecer cerca, anhelar Su presencia, vivir un alcance cruciforme hacia Él por consuelo, acudir a Él incontables veces al día como la hendidura segura en la roca de nuestra alma.

Pienso en esto mientras peino el sedoso y negro cabello de Shiló a la luz de la mañana y revuelvo miel en su humeante plato de avena mientras recorro su rostro con la punta de mi dedo y siento que esa niña es parte de mí, mientras la mezo por las noches y las olas en unión, como la formación de un camino del mar Rojo entre nuestros corazones.

En el consultorio del doctor, cuando ella levanta de repente la vista de una pila de libros, me busca en medio de una ola creciente de pánico:

—¿Mamá? —Shiló se da vuelta—. ¿Mamá?

—Estoy aquí, bebé. Tu mamá está aquí. —El alma fue diseñada para caber en una hendidura en la roca y la proximidad siempre alivia la ansiedad.

Cuando ella coloca su último bloque de madera hasta arriba y levanta la vista, con sus ojos lanzando chispas de celebración, yo estoy allí mismo, sonriendo con deleite por su existencia, bendiciéndola con un

> El alma fue diseñada para caber en una hendidura en la roca y la proximidad siempre alivia la ansiedad.

beso. Cuando mete la cabeza junto a mi cuello, yo trato de hacer que mis brazos, el latido de mi corazón y todos los momentos de mi día hagan que los vínculos invisibles de la unión se noten de manera visible y clara:

> Cuando tu mundo se deslice de su base, aquí
> tienes una base.
> Cuando tu mundo necesite sentir seguridad, aquí
> tienes un refugio.
> Cuando tu mundo te parezca rocoso, yo seré tu
> hendidura en la roca.
> *La cercanía. El anhelo de presencia. El alcance*
> *cruciforme. La hendidura en la roca.*

«Unión segura significa que alguien en este mundo se ha comprometido a cuidarte, a estar *a tu favor*».[4] Y es cierto: sin importar lo que haya podido escribir en esos papeles de adopción, lo que decía mi firma era:

> *Si alguna vez te pierdes, yo te abriré camino.*
> *Si alguna vez tu corazón se parte en dos, yo te daré*
> *el mío.*
> *Si alguna vez estás sola, yo encontraré la forma de*
> *sostenerte.*
> *Porque, mientras haya manera de que nuestros*
> *corazones estén juntos, todo estará bien.*

¿Qué diferencia había con lo que firmé en la línea punteada de mis papeles de matrimonio? *Mi corazón por el tuyo, mi caminar con el tuyo, mi vida atada a la tuya, hasta mi último suspiro y, después, para siempre.* Entonces, ¿por qué dolorosa razón ese pacto matrimonial ha sido infinitamente más duro algunos días?

DESUNIÓN

—¿Tienes tiempo para un café? —Darryl me pregunta con ternura después de la cena, después de terminar de murmurar nuestras cansadas oraciones alrededor de la mesa.

Pero las palabras que brotan sin pensarlo de mis labios, como la oleada repentina de una marea, me atrapan desprevenida:

—¿Café? ¿Tiempo para un café? ¿Pero dónde *has* estado metido la mayor parte del tiempo? ¿Dónde *estás* ahora? ¿Dónde? —¿*Ayekah*?

Algunas veces, uno no sabe dónde está hasta que las palabras que salen de su boca lo encuentran. ¿Cómo es posible que estas palabras salieran siseando con un dolor que yo ni siquiera sabía que estaba presente? Pero, ¿con cuánta frecuencia me había yo detenido en silencio hasta prestar atención SAGRADA en esos días?

—Mira, ¿en dónde rayos te encuentras? —susurro, dolida—. No me da la impresión de que estés aquí, conmigo. No siento que estés procesando todo este camino de unión conmigo, ni que estés despierto toda la noche, meciendo a Shiló Shalóm, ni investigando su enfermedad del corazón ni la unión ni el trauma por la adopción. Lo que siento es que te has retirado a tu propia concha y que no estás ayudando a cargar esto en absoluto. —Subtexto: no me estás cargando a mí.

Subtexto más profundo: a veces, mi propio *incurvatus in se* significa estoy viendo el mundo a través de un lente curvado hacia mí misma.

Y con todo: dentro de todos nosotros hay un niño tierno que anhela ser abrazado por alguien que lo cargue. Que lo sostenga. Los clamores del corazón que tenemos de niños crecen con nosotros hasta la madurez y buscamos de los que nos acompañan en la vida lo que buscábamos de nuestros padres: alguien que nos sostenga.[5] Alguien que nos meza seguros. ¿Esta es la razón por la cual la Escritura pinta las dos metáforas que expresan más plenamente nuestra relación con Dios como Padre, un pariente cercano, y como Amante, un compañero de pacto? ¿Porque ambos tienen que ver con abrazo, con dependencia, ambos se tratan de lazos emocionales íntimos, de cercanía y testimonio y unión? Y como una niña que siente que su persona se ha movido lejos y la ha abandonado, estoy clamando a mi persona el eco mismo de la primera pregunta de Dios recogida en la Escritura: «¿Dónde estás?». *Ayekah*. ¿Por qué no estás conmigo? Acércate a mí. *Jinné*. Di que estás aquí. Di: ven, déjame estar siempre contigo y sostenerte. El clamor en toda ira y dolor es por unión. Y el aislamiento emocional es una forma de desolación en el desierto.

Entonces, ¿por qué estoy dejando solo a Darryl en esto?

Él aún me está escuchando, pero está alcanzando la pila de platos sucios. No me está alcanzando a mí. Yo aparto la silla de la mesa y ambos ponemos un millón de dolorosos kilómetros entre nosotros, y mis temores lo golpean a él como olas de ira que siguen tirándolo hacia atrás, de tal manera que no nos hallamos cerca el uno del otro, sin acercarnos, sin vernos ni tomar turnos para acercarnos, sin ser una hendidura en la roca, un refugio seguro, una base segura. ¿Cómo llegamos aquí tan rápido y por qué la distancia es tan aterradora y de qué manera encontramos un camino de regreso el uno al otro?

—Nada que haga yo en estos días te parece suficiente, Ann.

—Tiene razón. Lo único que se siente seguro para acercar a sí es esa pila de platos—. Estás tensa, como al borde de un precipicio. —Me suplica con la mirada—. Y, cuando estás así, ¿cómo se supone que yo esté cerca de ti? Yo no quiero estar tan cerca del precipicio.

Yo lo oigo, sí, lo oigo, pero tengo mis expectativas en cuanto a la unión. Las tengo—. Bueno, allí es precisamente donde estoy, al borde del precipicio, pero tal vez, ¿si me escucharas, te acercaras, eso literalmente me apartaría de allí?

—Mira. —Él está de pie, junto a la mesa de la cocina, herido y sincero—. Cuando yo trato de acercarme a ti, ¿qué sucede? Tú solo me arrancas la cabeza y yo estoy cansado de eso, Ann. Cansado. Todo esto es demasiado. Es demasiado, simplemente demasiado.

¿Demasiado? ¿Qué quiere decir que es demasiado? ¿Yo? ¿O está diciendo que mis sentimientos son demasiados? ¿Está tratando de decir que él no puede soportar lo que yo estoy sintiendo, porque lo lleva a sentir, y que eso en realidad lo aterra?

Tal vez, nuestro temor más profundo es a sentir.

—Sencillamente, necesito… espacio. —Y se da vuelta.

Se da vuelta y se aleja, dejándome a mí en una batalla con una oscura resaca de pensamientos, sola. Exactamente lo que estaba tratando de decir con desesperación que no podría soportar nunca más: estar sola.

Coloca la ropa en la lavadora. Dobla un montón de toallas. No digas nada. *¿Espacio?* Puedo darle su espacio. *¿Difícil?* Esa palabra amenazadora de aquellos viejos archivos de consejería que la terapeuta predijo para nuestro matrimonio. ¿Tal vez tenía razón o, tal vez, es más preciso decir que *yo* soy la difícil? ¿Difícil y tensa? Tal vez pueda simplemente sacar de su radar mi persona difícil, volverme invisible y pequeña y callarme. Subtexto: *incurvatus in se* tuerce tu cabeza en formas que parecen ridículas desde el exterior, si no es que comienza a desviar tu vida entera desde el interior. He reducido esto a un arte precisa: *en mi propia manera dolida, intenté decirte que te necesito, y tú me rechazaste; así que, ahora, te probaré que no te necesito*. Es extraño cómo el trauma de nuestra historia temprana queda vivo en nuestros huesos y tuerce la manera en que vemos el mundo. Tal vez, es cierto que enterramos a mi hermana después de que murió aplastada en frente de mamá y de mí, pero el trauma de presenciar su muerte brutal se deslizó fuera de la tumba y se adentró en mí en la forma de este temor de nunca estar segura. El trauma puede torcer la manera en que me retraigo e intento protegerme a mí misma.

Para nosotros, esta es nuestra danza desorientadora:[6] los traumas que se producen temprano en la vida pueden dejar a la persona sensible, de manera que cuando las cosas ordinarias la incomodan un poco más de la cuenta, ella termina hostigando y dañando a otros. (Va más allá de las equivocaciones de tu corazón; también hay daños terribles que te partieron el corazón). Y ese trauma temprano de ver a mi hermana pequeña aplastada bajo las ruedas de un camión, muerta, tirada en el camino de entrada a la granja dejó mi alma tan sensible que, en ocasiones, hasta duele respirar; y si él tan solo toca mis temores de ser abandonada, algo que produce todo tipo de agitaciones del alma que él interpreta como enojo, luego eso lo aleja, y yo lo interpreto como más abandono, lo cual me deja más temerosa… y sola. Y seguimos dando vueltas en la danza.

Pela la calabaza para la sopa. Limpia el fregadero. Él viene y va, y somos dos almas que se van separando cada vez más, que olvidan las partes de nuestra historia cuando nos enamoramos. ¿Por qué no tomé su rostro, lo acerqué a mí y lo miré a los ojos hasta encontrar la chispa de ese granjerito que levantaba del suelo a una jovencita? Los matrimonios no se alejan porque haya conflictos y enojos constantes, sino porque hay una distancia cada vez mayor y una unión que disminuye. ¿Por qué no lo recordé yo, como hace una madre con su hijo? El momento en que te quieras alejar podría ser tu señal para hallar una forma de acercarte. Yo me mantengo callada todo el día. Los traumas pueden inclinarnos hasta el punto de quedar fuera del alcance o de la confianza, o del consuelo de alguien. Nadie te dice que los escudos que levantas para proteger tu corazón terminan siendo más como una prisión que te deja en soledad.

¿Qué habría querido yo saber antes?[7] La comunicación de los sentimientos lleva a una regulación de ellos. La palabra *emoción* significa literalmente moverse. Las emociones sirven para movernos unos hacia otros y hacia Dios, movernos para

> El momento en que te quieras alejar podría ser tu señal para hallar una forma de acercarte.

que nos respondamos mutuamente, movernos para compartir en vulnerabilidad. La regulación mutua calma la agitación. El hecho de compartir el peso de nuestros sentimientos con otra alma regula esos sentimientos y trae equilibrio a nuestra alma.

Una noche, después de haber besado a los niños en la frente para desearles buenas noches y que ellos se han metido debajo de las mantas y yo apago las luces, lo que está en lo profundo de los lugares más oscuros de mi mente, lo que creo que él piensa, se presenta en repetición de todas las formas posibles:

Yo soy demasiado. Yo soy demasiado. Yo soy demasiado. No

soy suficiente; no soy suficiente; no soy suficiente. De alguna forma, quien soy yo tendrá que desaparecer.

¿Cuántas mujeres se sienten así?

Sentir que no eres suficiente puede ser sencillamente una forma de decir que sientes que eres demasiado. ¿Por qué no habría él de querer más de mí, en lugar de menos de mí? ¿Por qué no puedo ser yo más para él, lo que él necesita? ¿Por qué no es él quien me toma el rostro y me susurra: «Tú nunca eres demasiado para ser amada y siempre eres más que suficiente para ser amada»? ¿Por qué yo no puedo inclinarme hacia él y decirle: «Quiero todo de ti y confío en ti con todo mi ser»? ¿Por qué se siente como si estuviéramos perdiendo la tierra prometida y caminando de vuelta a Egipto, asfixiándonos con la arena seca en nuestra boca?

ESCLAVITUD

Estoy deshecha por la cadena de sucesos que se producen entonces, cómo a medida que voy inclinando mi vida hacia Shiló, uniendo mi corazón al suyo, voy torciéndome poco a poco, despegando mi corazón del de mi esposo, alejándome en este distanciamiento del corazón de Dios y, en esta estación donde todo crece y florece, comienzo a inclinarme hacia una fragancia que lleva un fuerte olor a... comodidad, cualquier que sea, en dónde sea, con tal de evitar el sufrimiento. Ni siquiera estoy plenamente consciente de la forma en que me estoy separando de Darryl, así que puedo estirar una mano y encontrar todas las distracciones consoladoras que suavizan el dolor y la angustia. Esta es la forma en que se mueve el *incurvatus in se...* Me inclino y me tuerzo y me vuelvo hacia adentro de maneras que incluso ahora me duelen físicamente mientras trato de hallar palabras para describir los rumbos y las curvas que escojo.

Comienza como algo sin importancia. Más tarde leería que, si un piloto, al salir de Los Ángeles, «ajusta el rumbo solo a 3,5 grados al sur», el avión aterrizará en Washington D. C. y no en Nueva York. Un cambio tan pequeño es apenas notable al despegar; el morro del avión solo se mueve unos pocos metros, pero al atravesar todo Estados Unidos, termina con centenares de kilómetros de desviación».[8] Temor a ser demasiado, temor a estar totalmente equivocada, el temor me mueve a dar vueltas equivocadas y demasiado cerradas, y resulta que las vueltas equivocadas se vuelven exponenciales. Un pequeño error aquí, una curva ligeramente equivocada allí, y llego a un punto de destino muy diferente. De igual manera, hábitos que van cambiando de manera imperceptible comienzan a cambiar de forma drástica quién eres. Intercambiar un poco de tiempo significativo con el Camino en Persona aquí, girar para evadir la superficie del camino allá termina por trastornar y cambiar quien yo soy. Todo comienza con algo pequeño, solo aquí y allá, no seguir mi regla SAGRADA de vida, inventar alguna excusa (bastante patética) para no tener tiempo al despertar en la mañana de tomar el camino SAGRADO e inclinarme hacia Dios; así es más fácil inclinarse hacia atrás, hacia las gastadas rutinas de Egipto.

Shiló ha estado despierta toda la noche llorando y yo estoy luchando a través de la neblina de un dolor de cabeza por mantener los ojos abiertos. Me he arrastrado fuera de la cama tarde y me digo a mí misma que no tengo suficiente tiempo para estar en silencio y conocer [*yadá*] el tierno corazón de Dios.

Más tarde, tomo un versículo de la Palabra procedente de un devocional que está allí, como suplicado, al final de la mesa.

Tengo una lista mental de bendiciones y pequeños pensamientos de acción de gracias que centellean a través de mi radar. Sin embargo, me desvelo investigando sobre la unión, leyendo estudios sobre trauma en la adopción, devorando historias de hijos adoptivos, estudiando el estado médico de ella y resultados de cirugías de síndrome de corazón izquierdo hipoplásico. Me levanto tarde de nuevo a la mañana siguiente, y a la siguiente, y Facebook me distrae con dramas, así que no comienzo el día en silencio en la Palabra, mirando el rostro de mi Amado, quien nunca piensa que un hijo que Él mismo creó es demasiado. Claro, la música de alabanza está a todo volumen, e inclinamos nuestras cansadas cabezas alrededor de la mesa en la cena y nunca alejamos las sillas hasta que hemos abierto la Palabra. Pero, si soy totalmente franca, diría que en estos momentos mi corazón no se halla inclinado hacia Él como antes y que yo no estoy realmente atenta, ni desesperadamente hambrienta de recibir una revelación fresca ni tampoco aquieto mi corazón para saber que Él es Dios y que Él es mío y que yo soy suya.

Lo que estoy haciendo es esto: soy una necia que solo está siguiendo la forma de las cosas y esta no es una justificación sobre cómo comencé a deslizarme del mapa y a tener un sentido de orientación totalmente equivocado. Solo se trata de las devastadoras realidades de cómo mi brújula SAGRADA se me comenzó a deslizar de la mano y dejé esas SAGRADAS disciplinas espirituales de silencio, atención, cruciformidad, revelación y doxología deslizarse de su puesto como prioridades y, si uno pierde su regla de vida, su forma de vida, pierde el camino. En la vida, todo es dirección. Ser humano es ser relacional y direccional. Todo en la vida gira. La vida no tiene que ver con lo lejos que lleguemos, ni con lo lejos que tenemos que ir; no tiene que ver con desvíos, bloqueos en el camino, caminos equivocados, desiertos, valles profundos ni montañas elevadas, ni siquiera con las cosas abrumadoras que lo tienen a uno entre la espada y la pared. La vida tiene que ver con la distancia, con relación a Dios, y con vivir constantemente en dirección a Dios. No hay medida alguna en el mundo que importe más que la distancia entre nosotros y Dios.

Cierto, solo moví los pies unos pocos centímetros lejos del Camino en Persona, y levanté la nariz mucho más pronto de la Palabra y me digo a mí misma que, en realidad, no tengo ni ese poco de tiempo para tomar un diario y una pluma que me ayuden a orientar y dirigir el camino de mi alma y que es igual de efectivo leer un versículo y una oración aquí, como volando a doscientos kilómetros por hora, sin detenerme. Pero ¿cuál es la cruda realidad?

Por un millar de razones engañadoras con las que yo traté de convencerme a mí misma (trabajo sin fin, cansancio profundo y la interrupción de ritmos debida a una nueva hija) comienzo a alejarme sin darme cuenta, centímetro a centímetro, a inclinarme en dirección opuesta de la segura intimidad de mi base SAGRADA, y me olvido, y desfallezco, y fallo. Mientras los granjeros trabajan hasta tarde en los campos y la clemátide en el jardín se dobla y se enrosca y nuestra bebé se aferra a mí en su sueño, con los dedos envueltos estrechamente alrededor de los míos, mi corazón toma el camino de *incurvatus in se*, esta curva hacia mí misma, hacia la autosuficiencia, la autoprotección, la comodidad propia, el egoísmo. Es la forma torcida de ser humano: fuimos diseñados para la unión, para depender de Dios, pero nuestra tendencia a *incurvatus in se* torna la dirección de nuestra dependencia hacia cosas destructivas y nuestras uniones se desvían. Toda adicción es una unión en una dirección incorrecta. Nombra tu dolor; nombra la forma en que estás tratando de hacer que el dolor desaparezca y estarás nombrando una adicción. Nombra tu dirección por defecto. Nombra el camino que buscas para consolarte: un vaso, una pantalla, un plato, un dulce, una droga, una página, una voz, un clic, un golpe, una urgencia, una botella… Anda, nombra aquello hacia lo cual te inclinas para consolarte de tu dolor y nombrarás ese Egipto tuyo que te parece tan cómodo.

Lo he nombrado y lo he confesado a mi gente, ese doloroso *incurvatus in se*, pero nombrarlo aquí en el papel podría hacer que tú, compañero caminante, dejes de nombrar la manera en que tu propio *incurvatus in se* está doblando y enroscando tu corazón aquí y ahora. Para cada uno de nosotros, en nuestra propia forma sensible y dolorosa, «hay caminos que al hombre le parecen rectos, pero que acaban por ser caminos de muerte»; llevan directo al infierno (Proverbios 14:12-13). Y la única manera de salir adelante es hallar la curva y el sesgo de nuestro propio corazón para doblar la rodilla en sumisión a un amor más real y mejor. No te he comunicado mis direcciones equivocadas para que te distraigas especulando, sino más bien como una invitación abierta, un espacio en blanco, para llenarlo con la tuya, de manera que comiences a sentir que tu única vida sagrada da vuelta en el sentido correcto.

He estado sentada con esto largo tiempo en oración, en la Palabra, en terapia, preguntándome a través de las lágrimas: *¿por qué, por qué mi*

> La única manera de salir adelante es hallar la curva y el sesgo de nuestro propio corazón para doblar la rodilla en sumisión a un amor más real y mejor.

propio incurvatus in se *me inclinó de esta forma y de esa otra y me alejó?*

Y tal vez la explicación más directa y mejor sea: en el corazón de toda adicción hay una unión rota que dejó un corazón destrozado.[9] El adicto a la comida, el adicto a la pantalla, el adicto a los juegos, el adicto a las píldoras, el adicto a la botella, el adicto a la pornografía, el adicto a las apuestas, el adicto a una persona, el adicto a las compras, el adicto a la comodidad y todos los demás adictos, llevan una herida adentro, pero la llevan en la dirección contraria a la debida, en busca de un camino que los saque del dolor que sienten. Las adicciones nos atrapan cuando nuestras motivaciones no son lo suficientemente fuertes para llevarnos en una dirección más satisfactoria, aunque más difícil. Pero, cuando nos inclinamos y nos volvemos hacia adentro, hacia otra comodidad, y actuamos como si no hubiéramos sido hechos para estar en una relación correcta con Dios, ese Dios que no existe ya como Dios para nosotros, las partes de nuestra propia alma que se relacionan con Él dejan de existir. El *incurvatus in se* nos podrá decir que la forma de salir de nuestros quebrantos de corazón es sencillamente inclinarnos hacia nosotros mismos. Sin embargo, la verdadera manera de salir del dolor es extendernos hacia el exterior; es un camino cruciforme.

Establecer un vínculo o una esclavitud; esas son las opciones en todo momento.

La observo durante los primeros días de la primavera, durante la luna lléna y la nueva, la clemátide, allá afuera en el jardín de la cocina, uniéndose, enroscándose y subiendo por el enrejado de madera de la veleta, dando vueltas y girando y cubriéndolo todo a medida que se abren sus hojas. Y eso mismo sucede con mis adicciones, que se enroscan alrededor de mis heridas, susurrándome que me sanarán de todo dolor o sufrimiento, que solo necesito mantener escondida la torcedura que hay en mi corazón. Y eso es lo que yo hago. Y de esa manera, me voy consumiendo. Como todos los giros equivocados de la comodidad distractora para evitar el sufrimiento, la mía me susurra la mentira de que yo sigo teniendo el control de todo y que no me domina, y mi mundo interior se enreda en un jardín de giros equivocados y de vueltas secretas.

Yo apenas lo puedo aceptar, pero es cierto lo que dijo Agustín: «Abandonar a Dios y existir en uno mismo; es decir, estar complacido con uno mismo, no es perder de forma inmediata todo su ser, pero sí es llegar cerca de la nada».[10]

Lo puedo sentir. La única cosa a la que me estoy acercando es a la nada.

Al inclinarnos hacia adentro de nuestro ser, nos inclinamos ante nuestro propio ser; nos convertimos en egoteístas. En lugar de ateos, somos egoteístas; nos deleitamos mayormente en nosotros mismos. Y como los egoístas de mente escasa, es nuestro egoteísmo el que reduce nuestra alma, toda nuestra vida. En nuestra inclinación hacia nosotros mismos para tratar de hacernos grandes, en realidad lo que hacemos es volvernos más pequeños.

La clemátide parecía estar como dormida y, al final de la primavera estaba trepando, pero ahora, al principio del verano, está saltando, buscando, ensanchándose, alcanzando donde no debe, compitiendo con las demás cosas que crecen en el jardín, enredándose y enroscándose por el enrejado de la veleta, hasta que la flecha rotante de la veleta queda asfixiada, inmóvil y silenciosa entre la enredadera. Toda dirección queda consumida por sí misma hasta convertirse en… nada.

Ya llegó el verano, la época en la que los granjeros regresan de los campos, donde uno podría quedar embriagado de muerte con el olor reconfortante al abrirse las flores de la clemátide.

capítulo trece

CIRUGÍA A CORAZÓN ABIERTO

> El Señor su Dios marcha al frente y peleará
> por ustedes, como vieron que lo hizo en
> Egipto […] el Señor su Dios, que se adelantaba
> a ustedes, para buscarles dónde acampar. De
> noche lo hacía con fuego, para que vieran el
> camino a seguir, y de día los acompañaba con
> una nube.
>
> —DEUTERONOMIO 1:30-33

Estoy tirada en el sofá con la niña bajo los cálidos rayos de luz del verano; ella tiene puesto un pijama de una sola pieza con cremallera y yo una vieja sudadera y una gorra de béisbol. Ella se voltea y se me sube encima, sus pantalones del pijama alrededor de mis hombros, y se inclina hacia mí. Su aliento de bebé huele a leche. Qué gloria; la tierra que fluye leche y miel está dondequiera que ella esté.

Sus pequeños dedos me van pegando esas pegatinas en forma de rana en una mejilla y en la boca. Ella no puede parar de reír: «Una ranita… dos ranitas…». Y yo no puedo dejar de reírme a través de mis labios cerrados por una de las pegatinas: «¡Croac! ¡Croac!». La fea rana vuelve a la vida cuando la besa la risueña

262

princesa y lo encantador y adorable es sencillamente ella, el fascinante milagro de ella cada vez que respira.

Y adondequiera que va, lleva consigo esa corona tejida a mano
de color amarillo, mientras sus fornidos hermanos holandeses
están tirados en el suelo y extienden con ella macilla púrpura
para galletas y ella les hace cosquillas a sus hermanas en el vientre
y en los pies, y ellas ríen hasta que no pueden más, felices solo
con escuchar la musicalidad en cascada de la risa de ella. Ella es
el centro de nuestra atención. El Rey nos está haciendo familia.

Su hermano mayor susurra en su oído, haciéndole cosquillas:
«Tú eres de veras la mejor parte de nuestra historia, Shiló Shalóm
Yu Xin». Yo casi puedo leer esa misma página cuando ella trae
un libro y se lo pone con decisión a Darryl en su regazo al final
de un largo día y él se inclina hacia ella para mirarla a los ojos
y le pregunta con delicadeza: «¿Quieres que tu papá te lo lea?».
Y él está muy cansado del trabajo, pero la levanta en peso, la
mece en el aire y cuando ella se ríe sin poder respirar, tratando de
aferrarse a su cuello, él le canta con suavidad: «Tu papá siempre
va a cuidar de ti». Yo me pregunto si será verdad, y quiero que
sea cierto también. La manera en que confiamos y la persona en
quien confiamos es lo que nos cambia.

Cuando suena mi teléfono
un miércoles por la mañana, yo
respondo. Cirugía del corazón.
Reservada para el viernes. ¿El viernes?

El viernes acostarán a nuestra
Shiló en una ruidosa camilla de
metal. El viernes abrirán el pecho de
nuestra bebé. El viernes se inclinarán para sostener en sus manos
los valientes latidos de su corazón. ¿Y quién sostendrá el mío? Lo

> La manera en que
> confiamos y la persona
> en quien confiamos es
> lo que nos cambia.

puedo sentir como un agudo dolor que me emana por todo el pecho, como mi corazón abrumado se hubiera roto y torcido de una manera totalmente equivocada.

Sí, ni comida ni líquidos y sí, yo estaré con ella en el buró de admisiones a las cinco de la mañana para una cirugía de corazón abierto y sí, yo firmé los papeles de autorización, donde se señalan todos los riesgos e incluso la posibilidad de muerte… sí, mi cabeza ni siquiera puede ir allí y, *Abba Padre, por favor, no nos lleves allí.* Sí, ella solo pesa ocho kilogramos y ya llena todo nuestro pequeño mundo de color.

Ábranme mejor el corazón a mí.

Ella está gritando a todo pulmón cuando las mujeres con guantes y máscaras la llevan a través de las puertas que dan a los quirófanos. Está arañando el aire, tratando de volver conmigo. Tiene las mejillas de un color entre azul y púrpura por el terror y la falta de oxígeno; en un segundo desaparece de nuestra vista a través de las puertas. Mucho después de haberla dejado de ver, puedo escuchar sus gritos desde lejos en el pasillo: «¡MAMÁÁÁÁ! ¡MAMÁÁÁÁ! ¡MAMÁÁÁÁ!».

Ay, Shiló Shalóm Yu Xin. *Paz, paz. Dios mío, por favor, dale una paz perfecta.* Y entonces solo hay un silencio burlón. En algún lugar, en las cámaras internas del laberinto de los quirófanos, se están alistando para abrirle el corazón. A mí se me agrieta el mío. No tengo manera de llegar a ella.

—Creo que no puedo resistir esto. —Ahogo las palabras al hablar, pero Darryl está medio girado y tiene un ojo pendiente al informe del tiempo en uno de los televisores de la sala de espera.

Estamos en medio de una sequía. ¡Si lo sabré yo! Si sabré que él es un granjero que busca la lluvia, que necesita lluvia para una tierra sedienta y agrietada, que se mantiene mirando al horizonte en espera de la lluvia, pero tiene que saber lo agrietados y secos que estamos nosotros aquí y cómo la clemátide que crece como serpentina en el jardín está asfixiando todo lo demás.

—¿Por qué tuvo el midazolam el efecto opuesto? —Muevo la cabeza, tratando de competir con el ignorante meteorólogo de la televisión—. Un efecto paradójico. La agitó más en lugar de calmarla. Vaya manera de comenzar. ¿Y si esto es lo primero en una serie de cosas que no van como planificado? —Como si yo no lo supiera todo sobre eso. Yo soy la tonta, de cuántas maneras, aunque en particular en una, que hizo lo que no se debe hacer y buscó en Google muchas de las cosas que pueden salir mal cuando alguien toma la fina y afilada hoja de la sierra oscilante para cortar por completo el esternón de nuestra bebé, rompiendo la pared de su tórax para llegar a su corazón tan poco desarrollado que tiene un solo ventrículo en lugar de dos y que está en el lado derecho de su pecho, en lugar de en el izquierdo. Sin embargo, tal vez sea mi corazón el que está subdesarrollado, porque me estoy enroscando en mi propio corazón.

—Todo está bien, Ann. Todo va a salir bien. Es Dios quien la tiene. —Darryl aparta la vista de la pantalla. Pero ¿qué quiere decir eso? ¿Dios la tiene a ella o nos tiene a nosotros? Tú me dirás: todo este hospital está lleno por completo con veintiún pisos de niños enfermos, 453 camas con bebés. ¿Y cuántas veces desde que estamos aquí hemos oído en los pasillos de repente: *¡código azul! ¡Código azul!* porque algún bebé se está poniendo literalmente azul con muerte? ¿Y si el próximo código azul lo gritan por nuestra bebé? ¿Y si su corazón se detiene a medio latir en la mano de algún cirujano y nuestra bebé no encuentra la manera de salir viva de aquí?

Claro, hay shalóm en la tormenta; seguro, puedo depositar mi *korbán* para estar más cerca; y sí, seguro, hay un camino sagrado que atraviesa el mar Rojo hacia un vínculo con Abba, el Rey del universo, pero dime tú primero: ¿confías realmente en que ese Rey nos tiene y que cuidará de nosotros ahora que nuestra bebé acaba de pasar esa puerta del quirófano y le abrirán con una sierra su único corazón para impedir que pase por la puerta de la muerte? ¿Qué tal si esta es la última parada inesperada y ella no logra conseguir una vida, o la vida que ha soñado, y ninguna de las cosas que espera se llega a realizar nunca y nosotros nos quedamos aquí, en la tierra del sufrimiento, secos y marchitos?

Cuando Darryl se está inclinando para firmar nuestro acceso a la sala de espera, como si estuviera firmando algún pacto, yo le quiero arrebatar la pluma y hacer que me mire a los ojos: *¿qué tal si yo nunca soy amada de la forma en que quiero serlo? ¿Y si yo muero sin haber sido amada realmente de la forma que yo soñaba? ¿Hay realmente alguien que está cuidando literalmente de nosotros, o todo esto solo es una metáfora y la única que está cuidando de mí en realidad soy yo misma?*

Estas no son simples preguntas retóricas. Son preguntas que claman en lo más recóndito de los corazones destrozados. Me parece que es mejor que alguien divida ese océano de dudas dolorosas y abra una salida.

Él va y busca un asiento en el fondo de la sala de espera. En estos momentos, el pecho de nuestra pequeña Shiló estará descubierto, listo para que la sierra atraviese girando su carne y sus huesos. Y aquí estamos todos, dolidos en todo tipo de maneras sobreentendidas.

~

Las cosas se complicaron entre nosotros sin que pudiéramos haberlo previsto. Se pusieron feas.

—Me parece que no te caigo bien —le dije casi en un suspiro.

—Yo tampoco creo caerte muy bien. —No se había dado vuelta.

No le digo nada, ni que lo ama ni que me cae bien. Él tampoco; ni que me quiere ni que me necesita.

Solo se queda mirando hacia fuera por la ventana de la cocina, más allá de la clemátide que se enreda y da vueltas sobre todo lo que él una vez me había ayudado a sembrar, con una sonrisa, hincado tiernamente en la tierra.

Así como el sol tiene el poder de dar vida a una hoja o de secarla, también las relaciones tienen el poder de sanar los traumas o de causarlos.

Yo me acurruco en una silla en una esquina de nuestra habitación y lloro. Finalmente, él me encuentra, pero antes incluso de que yo le permita comenzar a excusarse, yo estoy sacudiendo la cabeza. Una ola de palabras egoístas se levanta, crece y rompe… y nos quiebra a los dos.

—Tú dices que estás cansado ya y que esto es demasiado, que es más de la cuenta. Bueno, pues ¿sabes una cosa? Entiendo lo que estás diciendo, lo escucho fuerte y claro. Entiendo que dices que *yo* soy demasiado. Escucho que no te caigo bien. No escucho que me digas que me amas. Bueno, ¿qué crees? Ganaste, Darryl, ganaste. ¿Tú? Tú ya no necesitas estar amarrado a mí después de todo.

Él está demasiado herido, dolido, sorprendido, para responder. No quiere llevarme demasiado cerca de mi borde de tolerancia.

Y yo salgo por la puerta., deseando poder encontrar un camino para salir de mí misma.

Conduzco mi auto hasta el lago. Camino por la orilla del agua, pero lo cierto es que estoy ciega a mi propia negación a poner mi alma en silencio. Cuando no te detienes, reaccionas. Cuando, en primer lugar, no te propones a utilizar la fuerza del silencio, no tienes manera de prestarle atención a quien Dios es, ni a tu ubicación ni a lo que tu alma quiere en lo más profundo de su ser. Si no le prestas atención a nuestra única y sagrada vida, pagarás con la vida. Donde no hay cruciformidad que se estira hacia el Dios verdadero y los demás, sino solo un *incurvatus in se*, esta curva hacia adentro, solo hay camino hacia un infierno que nosotros mismos hemos fabricado.

Y ¿en cuanto a revelación? Cuando no buscas una revelación fresca de Dios, sino un almacenamiento de maná viejo, recogido de los días pasados en que estuviste en la compañía de Dios, puedes estar seguro de que ese maná se pondrá rancio, se pudrirá por dentro y llenará de náuseas tu vida. Sigue haciendo esto: examina el alma de todo el mundo, pero no examines la tuya, y será tu propio fracaso el que acabe sofocándote mientras sigas caminando sonámbulo a lo largo de tus días. No hagas un pacto en tu vida con la doxología diaria y la oscuridad del creerte con derecho a algo devorará la única vida que tienes sin que siquiera te enteres. En silencio te airarás, te sentirás con derechos y terminarás como un muerto viviente.

Me mata decir esto.

Esta es mi historia. Así es como se profanan las cosas santas.

Al caminar alrededor del mismo lago que habíamos caminado juntos en nuestra luna de miel, de pie en el borde del agua dentro de una playa desierta en la neblina del amanecer, escucho el romper de las olas suplicantes a mis pies. Si yo no cuido de mí misma, ¿quién lo hará? Encórvate hacia ti misma el tiempo suficiente y terminarás cayéndote.

CÓMO DEJAMOS DE CREER EN LOS MILAGROS

En la sala de espera, yo observo el reloj. El cirujano debe estar poniendo la línea de presión en la vena cava superior de Shiló en estos momentos, preparándose a acceder a sus venas centrales a través de sus venas femorales. Aumentan la dopamina. Cierran las venas con grapas. Elevan su presión arterial. Necesito salir de esta sala de padres sentados al borde de sus asientos; tengo que caminar por algún pasillo en penumbras; tengo que conseguir cualquier tipo de distracción, alguna clase de consuelo que calme o adormezca o alivie aunque sea un poco de este dolor.

Ahora mismo, en algún punto de este laberinto de pasillos, hay un cirujano inclinado sobre el pecho desnudo de nuestra hija, llevando un bisturí hacia la arteria pulmonar derecha de Shiló, haciendo una disección total de esta con respecto a su base y dividiéndola directamente en donde se divide en las ramas lobares.

Extiendo la mano en busca de mi teléfono celular para adormecerme con desplazar la pantalla y clics y otras distracciones consoladoras.

Fue después del éxodo de la esclavitud de Egipto a través del camino que el aliento de Dios abrió en el mar Rojo, después de semanas y de varios centenares de kilómetros, con miles de hombres, mujeres y niños viajando a pie a través del desierto, con alimento y agua y el cuidado que les daba Dios, después de encontrarse con Dios en el Monte Sinaí donde Dios se casó Él mismo con Su pueblo con los diez votos de amor,* después de pasarse meses construyendo el tabernáculo para que Dios pudiera viajar con Su pueblo y habitar en intimidad con él, que Dios envió finalmente a doce espías para que exploraran la tierra prometida que Él les daría (Números 13:1-2). Solo para que el pueblo se encogiera de temor ante los habitantes de esas tierras, que parecían ser más fuertes, altos y rudos que ellos. No confiaron en que Dios les abriría camino.

Para ser claros: no confiaron en el Dios que había hecho retroceder con el aliento de Su nariz el mar entero; no confiaron en el Dios que convirtió las olas en inmensos muros con la palabra de Su boca; no confiaron en el mismo Dios que descendió de manera visible desde los cielos en una columna de nube, una columna que en realidad estaba encendida con fuego, y que luego se movió personalmente delante de ellos y los guio ante sus propios ojos a través de un mar de agua, en un camino seco y polvoriento por el mar Rojo, directo entre las milagrosas olas de lo imposible. No confiaron en ese Dios al que vieron soltar esas murallas de olas para que se tragaran a todo el ejército entero de faraón.

¿Por qué confiar en el Dios que da agua de una roca, que hace que caiga maná del cielo de forma milagrosa, que les provee con Su aliento diariamente una gran cantidad de perdices? ¿Por qué confiar en el Dios que cuida de ellos y que hace que el ángel de la muerte pase sobre sus casas, pero no sobre la de sus opresores? Es claro: puedes ser testigo de primera mano de la obra de Dios y, aun así, no confiar en que Dios te tomará de la mano y te abrirá

---

* «El pacto en Sinaí es a veces pensado como una boda entre Dios y Su Pueblo, entre Dios y la novia que escogió para sí mismo». Ray Vander Laan, «Lesson 9.5: I Led You Like a Bride: A Wedding at Sinai», *That the World May Know with Ray Vander Laan*, video en línea, 1:15, consultado el 14 de noviembre, 2021, https://www.thattheworldmayknow.com/i-led-you-like-a-bride.

el camino. Puedes decir que si vieras milagros, confiarías en Dios, pero nosotros los hemos visto y no confiamos; los israelitas los vieron y no confiaron; entonces ver no es creer, conocer algo no es vivirlo y ser testigo no es confiar.

Era más que el simple hecho de que los israelitas no confiaban en que Dios los llevaría a donde ellos habían soñado ir: ellos no confiaban en que Dios *cuidaba* de ellos. Lo que le rompió el corazón a Dios fue que los israelitas no confiaran en que Él *cuidaba su corazón*. Ellos no confiaban en que el Dios que había cuidado de ellos una vez y los había llevado hasta allí cuidaría de ellos y los llevaría de nuevo en la seguridad de Sus brazos.

> Puedes ser testigo de primera mano de la obra de Dios y, aun así, no confiar en que Dios te tomará de la mano y te abrirá el camino.

La vida es cuestión de confianza; las relaciones son cuestión de confianza también y la moneda de cambio holístico es la confianza absoluta. Confía en el proceso, confía en la obra, confía en la forma, confía en el Camino, confía en el Hacedor de caminos, confía en la bondad de Dios. «Confío en Dios y alabo su palabra; confío en Dios y no siento miedo» (Salmos 56:4). La palabra traducida como *confiar*, del hebreo *batakj*, significa literalmente «adherirse o aferrarse a algo»… o unirse a alguien.[1] La vida está formada por olas, pero hay Uno que camina sobre las olas a quien podemos aferrarnos. Él nos dice: *¡Confía en mí! ¡Confía en mí!* Rodea Su brazo con el tuyo, sigue la fina vena azul que tiene en la muñeca y tu nombre grabado en la palma de Su mano,[*] entrelaza tus dedos las puntas de esos Suyos

---

[*] «Grabada te llevo en las palmas de mis manos; tus muros siempre los tengo presentes» (Isaías 49:16).

que pueden tallar piedra y clavar las estrellas en el cielo nocturno, y envuelve toda tu confianza alrededor de Dios, aferrándote a Él como un cinto, para impedir que tu vida entera caiga alrededor de tus tobillos, enredándote y ahogándote en el proceso. «Porque así como el cinturón se ajusta a la cintura del hombre, así procuré que todo el pueblo de Israel y toda la tribu de Judá se ajustaran a mí —afirma el Señor» (Jeremías 13:11). «Tienes que [...] aferrarte a él» (Deuteronomio 10:20, NTV). Solo estás en el camino de Jesús cuando tienes necesidad de aferrarte a Él a lo largo de todo el trayecto. La única manera de aferrarse a la vida es aferrarse a Él, a ese que susurra: *Hijo amado, te tengo.*

¿Cuánto tiempo lleva ya nuestra niña sometida al bisturí? ¿Están los guantes del cirujano cerrando la arteria pulmonar de Shiló en estos momentos? ¿Estará él mirando hacia arriba para ver las fluctuaciones en su saturación de oxígeno? ¿O habrá ya abierto su vena cava superior y la habrá esqueletizado desde donde se une con la vena innominada hasta donde se encuentra con su corazón? Respira. Late, corazón, late. Y yo dejo atrás otro pasillo, cada vez más lejos, murmurando por todo el camino.

Yo estaría en buena compañía con los israelitas, los hijos que le dieron una bofetada a su Amado en el rostro con su falta de confianza, que tomaron Sus años de fidelidad probada y demostrada y se la tiraron de vuelta en la cara. ¿Podría haber algo más insultante que rehuir la mano extendida de tu amado y murmurar: «No confío en ti»? «No confío en que me ames de verdad, no confío en que cuides de mí de verdad, no confío en que tengas mis mejores intereses en mente, no confío en que estés allí a mi favor, no confío en que me vayas a llevar a ninguna tierra prometida, no confío para nada en ninguno de tus caminos». En lugar de todo eso, me aferraré a la comodidad que yo escoja.

Y el corazón roto de Dios grita: «¿Hasta cuándo ha de murmurar contra mí esta perversa comunidad? Ya he escuchado cómo se quejan contra mí los israelitas» (Números 14:27). El corazón de Dios se duele a causa de esta «perversa comunidad»; eso significa, según la palabra hebrea usada para expresar la idea de «perverso» aquí, «perversa por consumo; una perversión que procede de dejar que los deseos naturales nos consuman».[2] Esta es precisamente la oscuridad a la cual se refería Agustín: nuestro profundo *incurvatus in se*, esa inclinación en el corazón de cada humano hacia sí mismo, consumido por los anhelos de cuidar de sí mismo, consolarse a sí mismo, conservarse a sí mismo. Y es una curvatura que causa que murmuremos, *layan*, que significa «permanecer» o «quedarse»;[3] es decir: negarse a seguir adelante en el camino. Murmurar es detenerse para *quejarse* contra Dios; es lo contrario a estar en *silencio*, ir más lento y prestar atención a Dios y a dónde está tu alma en relación con Él. Murmurar es lo que hizo que los israelitas pasaran cuarenta años en el desierto.

Estas verdades no son populares ni aprobadas por la sociedad, pero son verdades profundamente espirituales y bíblicas: cuidar de uno mismo no es lo mismo que descansar en el cuidado de Dios. Tratar de protegerse a uno mismo puede ser la forma de destruirse a uno mismo. Tratar de salvarse uno mismo puede ser la manera de *perderse* a uno mismo. La independencia de *escoger* mi propio camino puede ser aquello que *destruya* mi camino. Cuando tratamos de cuidar de nosotros mismos, podemos estar desechando el cuidado que *Dios* nos quiere dar. Lo que nos echa al desierto es estar tensos y negarnos a mantenernos en relación con Dios. Esto no se trata del cuidado sabio de dar caminatas largas ni de darte una buena ducha, sino de considerar con sabiduría que hay maneras de cuidarnos a nosotros mismos que pueden eliminar el gozo que *Dios* siente al cuidar de nosotros, así como el gozo que solo podemos experimentar cuando *dejamos que Él nos cuide*. ¿Es eso lo que he hecho, lo que sigo haciendo, en toda clase de maneras? Cuando no espero que Dios cuide de mí, *me estoy exiliando a mí misma al desierto*. Cuando dudo que el Hacedor de caminos esté cuidando de mí, *me inclino hacia un desierto creado por mí misma*. Cuando no espero por completo el *kjésed*, puedo esperar haber fabricado mi propio estilo de desierto.

«En última instancia no hay más que dos clases de personas —escribe C. S. Lewis—: las que dicen a Dios "hágase Tu voluntad" y aquellas a las que Dios dice, a la postre, "hágase tu voluntad". Todos estos están en el infierno, lo eligen. Sin esta elección individual no podría haber infierno».[4] Lo que tiene la última palabra en la vida, y en nuestros días, es si le decimos a Dios: «Tu voluntad» o si le exigimos que nos diga: *Tu voluntad*. Lo primero es confiar. Lo segundo es aterrador.

Dos medicamentos, heparina y prednisolona, estarán corriendo por las venas de Shiló en estos momentos. Tendrá su vena cava superior sujetada. Alguien habrá levantado la parte de la cabeza en la mesa de operaciones, para que Shiló, con sus dos colitas diminutas de cabello, respirando con trabajo en la máscara de oxígeno, esté inclinada para permitir que su sangre venosa drene por sus colaterales y por su vena ácigos, antes que las manos enguantadas del cirujano se deslicen en una derivación bidireccional de polipropileno desde su vena cava superior hasta su arteria pulmonar. Y todos los ojos en ese teatro de operaciones se volverán para observar las pantallas que monitorean la presión de su vena cava superior.

Mis ojos no pueden dejar de mirar la hora; es imposible manejar las alocadas presiones de mi propio corazón que se está endureciendo. Al dar vuelta al final del pasillo, me encuentro de frente con Darryl.

—Ann. —Noto en sus ojos confusión, dolor—. ¿Dónde has estado? —*¿Ayekah? ¿Ayekah? Los papeles se han cambiado.* Puedo ver que sus ojos están tratando de leer los míos y todo lo que yo puedo leer en los suyos es un millón de preguntas incómodas. *No te preocupes; si piensas que yo soy demasiado para ti, no hablaré demasiado.* Y, honestamente, no tengo la más mínima idea de dónde estoy. Solo sé que todo me duele, y ese dolor es que estoy comenzando a saber cómo me he desterrado a mí misma. Así es como terminas cuando te has desprendido de tu propia hendidura en la roca, tu propia base, te has apartado de tu propio refugio seguro para dirigirte testarudamente de vuelta a Egipto.

Parecen haber pasado mucho más que seis y media horas de agonía desde que me quitaron del hombro a una Shiló en gritos, cuando el doctor Caldman, aún con su gorro quirúrgico, nos hace señas de que salgamos hacia el pasillo.

—Ya terminamos con ella.

Oleadas de alivio. La misericordia total de un mar abierto en dos. Nosotros queremos un camino de salida, cuando lo que quiere Dios es hacernos ver que el camino es siempre la confianza. Aferrarnos a Él, como un pámpano, como un cinturón, como a una mano segura al otro lado del agua.

Bien... salió bien. Conexión cavopulmonar bidireccional. Arteria pulmonar ligada. El flujo de sangre desoxigenada desviado desde las extremidades superiores hasta los pulmones, sin pasar por el corazón.

El camino del mar Rojo. Nuestra bebé aún respira.

¿Quién cuida de ella y de las aves? ¿Quién recoge cada lágrima en Su redoma. ¿Quién seguía sosteniendo el mundo en Sus manos cuando mi hermana menor cayó al suelo debajo de aquella rueda que la aplastó?

Dios es la Palabra, el Autor de nuestra historia, y sigue escribiendo esa historia hasta que la última línea es para bien. Ninguna página contiene la historia completa, nada tenebroso llega a escribir la última línea. La Palabra la escribe, solo el Amor mismo lo hace. Así que nosotros permanecemos en Su historia, en la Palabra misma; nos mantenemos en ella y nos aferramos a ella, confiando en que solo hay una Palabra que puede cambiar la historia y restaurar todos los corazones quebrantados con el suyo.

¿Lo creo? ¿Hago más que creer con mi materia craneal? ¿Confío desde lo profundo de mi corazón?

—Ahora estaremos vigilando sus presiones y su oxigenación durante los próximos días, veremos cuánto tiempo tarda su recuperación. Monitorearemos la adaptación de su corazón a las desviaciones, cómo sus pulmones y su cuerpo reciben esta nueva ruta en la circulación. Pero, viendo las cosas en estos momentos, esta cirugía parece que la prepara tan bien como es de esperar para su próxima cirugía del corazón.

Yo no pregunto cuándo se hará la siguiente cirugía. Pregunto cuándo la podremos ver.

—¿Es usted la mamá? —me pregunta la enfermera cuando se nos llama de vuelta a la Unidad de Cuidados Intensivos.

Yo estoy tratando de encontrar a la pequeña Shiló en algún lugar, bajo todo un circuito de tubos, alambres, electrodos, drenes y máscara de oxígeno.

—Sí, sí, yo soy la mamá de Shiló. —*Familia*.

Mi corazón por el tuyo,
mi caminar con el tuyo,
mi vida atada a la tuya,
hasta mi último aliento y, luego, por toda la
eternidad.

—Cuando ella se comenzó a mover, cuando le quitaron los tubos de su espalda en el quirófano, cuando le quitamos el tubo de la garganta, la primera cosa que exclamó fue solo eso: «¡Mamá! ¡Mamá!».

Ay, pequeñita. Todo se empaña. *Mamá está aquí, justo aquí.*
Abba, Abba está aquí, justo aquí.
Clama por tu Abba.

Ella gime por mí. Yo le acaricio los dedos, el cabello. Las enfermeras miden la cantidad de fluidos sanguíneos que están drenando desde los tubos de su pecho. Las pantallas hacen sonidos intermitentes. Yo nunca dejo su lado; duermo en una silla junto a ella toda la noche, con las enfermeras de la Unidad de Cuidados Intensivos de cardiología siempre alertas. Darryl se toma unas pocas horas de sueño ligero en la casa de su hermana, una hora al norte de la ciudad.

Las cosas empiezan a ir mal a la mañana siguiente. Malakai está en casa con fiebre. Malakai, que acaba de ser diagnosticado con diabetes. El muchacho tiene trece años y nunca ha tenido que hacer las veces de su propio páncreas manual al mismo tiempo que se las arregla enfermo. ¿Cómo podemos monitorear adecuadamente sus niveles de azúcar en la sangre, sus niveles de cetona para evitar una cetoacidosis diabética, una seria complicación de la diabetes Tipo 1 que puede desarrollarse de repente mientras se está batallando con la gripe y que deja a la persona en un coma... o de lo contrario, muerta?

—Ya sé; tienes que ir a casa a ver a Malakai; lo sé. —Me estoy diciendo a mí misma que Darryl no está buscando una forma de salir de este laberinto médico, este enredo metropolitano de calles y personas y luces que pone ansioso a un hombre de campo, una forma de tomar los caminos de gravilla de vuelta a la seguridad de la granja con sus arces rojos a los bordes de la calle y el consuelo de los maizales y del cielo abierto y todo el amor que él conoce. ¿O soy yo la que siempre estoy buscando una manera de alejarlo a él?

—De todas formas, tú no me quieres aquí.

—Tú no me quieres a mí.

Palabras siseadas, encubiertas.

Suenan las alarmas. Código azul, código azul, en algún lugar de la Unidad de Cuidados Intensivos de cardiología.

Respira, bebé, respira. Respira, matrimonio, respira. Todos nos estamos muriendo aquí, en la esterilidad de nuestra propia Unidad de Cuidados Intensivos.

Lo puedo ver en sus ojos; lo puedo sentir a lo ancho de mi pecho: ambos nos sentimos totalmente abandonados. Lo que hace infeliz a un matrimonio no es una falta de pasiones ardientes, sino una falta de ser cada uno el refugio seguro del otro. Y ¿por qué no podemos ser los refugios más seguros el uno para el otro, de la misma forma en que somos los refugios más seguros para nuestros hijos?

Él me deja para ir con Malakai. Y yo no voy con él para estar con Shiló. La vida es complicada y puede ser confuso saber lo que debemos hacer, hacia dónde dirigirnos, pero todo en la vida se trata de relaciones y de dirección, porque todo en la vida tiene que ver con la forma en que el corazón establece un vínculo: en una unión sana o en una adicción *incurvatus in se*. En toda esta gigantesca canica azul que gira por el espacio, no hay un solo corazón que palpite con autosuficiencia y cualquier noción de separación solo es un espejismo; todos estamos en unión o en esclavitud; todos nuestros corazones son dependientes de formas que nos llevan a florecer, o al desierto.

Él se marcha callado y dolido a través de las puertas movibles de la Unidad de Cuidados Intensivos de cardiología.

Algo se rompe dentro de mí.

capítulo catorce

EL HACEDOR DE CAMINOS

[Él] puede tratar con paciencia a los ignorantes
y extraviados.

—HEBREOS 5:2

Si existe un lugar en la tierra en que un
amante de Dios pueda estar siempre seguro,
no lo conozco, porque no me fue mostrado.
En cambio, esto sí me fue mostrado: que,
al caer y levantarnos de nuevo, siempre
permaneceremos en ese precioso amor.

—JULIANA DE NORWICH

Shiló aún no ha vuelto a casa doce meses después de su
primera cirugía de corazón bidireccional y su equipo
de cardiología aún no tiene su próxima operación del corazón
ni siquiera en el calendario; afuera en el huerto de la cocina, la
clemátide ya está creciendo otra vez en una maraña de curvas,
cuando yo tomo el chirriante elevador hasta la sala de operaciones de nuestro pequeño hospital de campo para lo que habría
debido ser un simple procedimiento quirúrgico de naturaleza
femenina.

Le entrego a la enfermera de la recepción el papeleo que mi
doctor me había enviado y le echo una mirada a mi teléfono para

ver lo retrasada que estoy para algo que se suponía que sería una remoción de tejido uterino que debía durar veinte minutos.

—Bueno, ¿qué es exactamente lo que la mantiene allí de pie ahora? —La enfermera, con su pluma en la mano, levanta la vista de mis papeles con los ojos bien abiertos y me toca el brazo, como si me pudiera ayudar a mantenerme en pie—. ¿Exactamente cuánto tiempo ha estado usted andando con una hemoglobina en los sesenta y algo?

Es decir que estoy caminando con aproximadamente la mitad de la base normal, que es de 125 g/l. Es como preguntarme: ¿Cómo está usted haciendo llegar suficiente oxígeno a su cerebro?

—Bueno, tal vez eso explique una gran cantidad de cosas —le respondo riendo como una tonta, como si aquello fuera divertido, como si solo quisiera que el año pasado y mi *incurvatus in se* hubieran sido medianamente divertidos, cuando en realidad habían destruido todo lo bueno, lo justo y lo amable, dejándome a mí sonriendo débilmente, mientras por dentro estoy intentando salir con las uñas de un agujero seco y desértico de soledad, de este lugar entre la espada y la pared que yo misma he fabricado.

—¿Quién le ha estado monitoreando los niveles de hierro, de ferritina y de hemoglobina? —Ella toca con el dedo el papel como si se pudiera abrir paso hasta lo que está sucediendo.

—Bueno, yo sí sabía que tenía bajos los niveles de hierro. —Me defiendo débilmente, a medias, tratando de explicar cómo sé que no soy suficiente y que soy demasiado… pero ella me corta en seco.

—¿Bajo el cuidado de quién ha estado usted? Lo que le estoy preguntando es quién ha estado cuidando de usted.

Ella quiere el nombre de un médico, pero los muros de mi

cañón lleno de arañazos suenan con la aullante verdad: he sido yo. Yo misma he estado tratando de cuidar de mí.

La doctora llama para ver de nuevo mi análisis de sangre y saca su estetoscopio para escuchar mi corazón. ¿Mi corazón? Si yo solo vine aquí para que me quitaran algo de tejido del útero.

—Bien, usted tiene que saberlo: tiene un murmullo sistólico en el corazón. Usted está con una anemia tan intensa que su corazón está compensando por la falta de células rojas en su sangre y en los tejidos de su cuerpo y tiene que bombear con mayor rapidez y bombear más sangre diluida a través de su válvula aórtica, lo que crea un murmullo, una corriente turbulenta. —¿*Corriente turbulenta?* Ella no tiene ni idea.

Al mismo tiempo que me río de la vergüenza, me estoy muriendo por dentro.

—Al parecer, en algún momento mi cuerpo se ha ido aclimatando lentamente a niveles más bajos de hemoglobina, de hierro y de oxígeno acá arriba; ¿no, doctora? —Me estoy riendo con incomodidad, pero: cuando nos apartamos hacia el egoísmo con suficiente lentitud, la disfunción se disfraza de una sana normalidad.

> Cuando nos apartamos hacia la disfunción con suficiente lentitud, la disfunción se disfraza de normalidad.

Antes de mi pequeña cirugía, me meten dentro de una de esas batas anchas de hospital que se quitan por arriba y, entonces, después de una consulta afuera en el pasillo, deciden que antes de poderme someter a la anestesia, es mejor verter dos unidades de sangre en mi vena dispuesta y canalizada. Tratan de hacer que mejore mi corazón, que ahora palpita y murmura. ¿Cuánto tiempo ha estado murmurando mi corazón como un israelita? ¿Desde ese momento cuando comencé a tornarme hacia adentro, a cuidar de mí misma, a evitar el sufrimiento y perdí todo sentido de dirección, de conexión?

La roja corriente va entrando, con las delgadas sábanas puestas sobre mis rodillas blancas como la leche y, mientras observo cómo la sangre entra en mi cuerpo, pienso cómo comenzaron todos nuestros preciosos *incurvatus in se*, como un giro hacia adentro para confortar un dolor, en lugar de extendernos cruciformes hacia afuera con ese dolor para encontrar sanidad en la comunión con Dios y con los demás, hasta que nos exprimen el alma hasta dejarnos sin la sangre de vida. Entra la transfusión y estoy sintiendo una transformación interior como un fortalecimiento, un despertar: cada una de las tentaciones que he conocido por tomar mi propio camino ha hablado el lenguaje del derecho. Mi derecho, o Dios en Su trono. Vivir con la sensación de derecho a una historia propia o confiar en la historia de Dios. Y si no *confío* en Dios lo suficiente para crear una profunda *unión* con Dios, me pierdo y me doy vuelta para confiar a toda clase de cosas mis necesidades; y esas uniones pueden crecer hasta convertirse en anhelantes adicciones, porque no son capaces de satisfacer a plenitud.

Todas nuestras adicciones son uniones dirigidas de manera equivocada y la cura de toda adicción es una unión dirigida de manera correcta.

La clemátide del jardín es una maraña de nudos y yo me he desterrado a mí misma y he perdido el camino de vuelta a Darryl, o a nosotros, o a todo lo que soñábamos con ser. Podría echarme a llorar.

La bolsa se está vaciando.

Todo se reduce a lo siguiente: tu plenitud tiene más que ver con la *salud de tus uniones* que con lo *infernal de tus adversidades*.

Todo alivio de paz o de consuelo por el dolor que encontremos en distracciones, en pantallas, en alimentos, en botellas, en bebida, solo es para un momento fugaz, hasta que sintamos la necesidad de más. La verdad que reorienta es esta: la relación es la única realidad gratificante que dura por toda la eternidad.

La manera de salir adelante siempre tiene que ver con moverse en dirección de la conexión. Las olas se abren y hay un camino del mar Rojo dondequiera que nos movamos para establecer una conexión con Abba Padre y con Su pueblo, de manera que el corazón es plenamente visto y conocido *[yadá]*.

La adversidad profunda es compensada por la intimidad profunda.

¿Estoy lista para que mi propio corazón se dé vuelta? ¿Para inclinarme hacia el Amor en Persona?

Después que quedan vacías las bolsas de sangre, me trasladan bajo el resplandor de las luces del quirófano para realizar este procedimiento femenino y yo me siento como un pato estirado y expuesto. Lo último que recuerdo antes de perder el sentido es esto: *Ayuda, por favor.*

TIEMPO DE ADMITIR

Dos días después del procedimiento quirúrgico de veinte minutos, estoy en cama en mi casa con una fiebre de 39,2 °C (102,6 °F) y continuamente doblada a causa de los calambres.

—Ann. —Mi mamá está allí de pie en nuestro cuarto, con el ceño fruncido; sacude la cabeza y su corona blanca de gloria—. ¿Nosotras? No estamos jugando aquí. Yo aún soy tu mamá, ¿y tú? Tú te vas derecho a la Sala de Emergencias. Ponte los zapatos, muchachita. —Me alcanza unas zapatillas sin cordones que me puedo poner con facilidad. Hay cosas en mí que se están aflojando, deshaciendo… y, quizá, comenzando.

En la sala de espera estoy tirada sobre dos sillas. Siento la cabeza demasiado pesada para mi cuello delgado y adolorido y las articulaciones me duelen como si tuviera ascuas encendidas en cada una de ellas. Mamá me acaricia el pelo. Yo cierro los ojos.

Cuando me llevan por fin a una cama de la Sala de Emergencias, estoy hecha todo un desastre; me tiemblan los dientes, me cobijo febrilmente bajo un montón de frazadas precalentadas y una enfermera está buscando un punto para comenzar a administrarme antibióticos por vía intravenosa en un brazo para detener la infección que se está propagando. ¿Que cómo me siento? Mi precioso *incurvatus in se* ha girado, se ha encorvado y enroscado; es un tipo de autoinfección que destruye toda dirección, toda relación y conexión sagrada. La doctora Mapleton prescribe otras dos unidades de sangre para el otro brazo, porque aún estoy arrojando unos niveles de hemoglobina ridículamente bajos y llama a alguien al pasillo para que me hagan rayos X del abdomen y del pecho; pide también a alguien que llame al laboratorio para que me saquen sangre y rastrear de algún modo la infección hasta su fuente, la causante de esta llama interior que me llega hasta los huesos. ¿Les digo que yo ya sé cuál es la fuente de la infección de mi alma?

Ellos deciden ingresarme.

¿Estoy lista para admitirlo? ¿Cómo me he tornado hacia adentro, hacia mí misma?

Me envuelven de nuevo en otro sudario de mantas calientes mientras esperan los resultados de las pruebas y me meten antibióticos en la vena hasta tarde en la noche. Me muevo y me doy vuelta con el dolor febril de las cosas, la mirada fija en la ventana del hospital mucho después que mamá me besa en la frente y vuelve a su casa. *¿Dónde está Darryl? ¿Dónde estoy yo? ¿Ayekah?* ¿Dónde está el camino cuando tu corazón se ha encorvado de una manera totalmente errónea? Escucho las máquinas que gotean; observo las luces de los autos que van pasando por la calle, mientras se ilumina todo el negro celaje. El sufrimiento puede ser el amigo que te lleve adonde no sabías que necesitabas ir. Me atrevo a creer: las desviaciones y las deconstrucciones significan que Dios quiere que hagas el giro adecuado hasta estar en Sus brazos para que Él te pueda reconstruir el corazón.

He estado totalmente equivocada. Yo creía que lo importante era seguir adelante, siempre adelante. Si la vida se te vuelve difícil, si tu salud se va al suelo, si sientes como si el amor se levantó y salió corriendo, si el hombre de los impuestos te está tratando de cazar y si el perro vomitó en la alfombra y tú te rompiste una pierna y todas las cosas se echan a perder, yo siempre decía: *¡Adelante! Solo síguete moviendo hacia adelante, mirando hacia adelante, perseverando hacia adelante.*

Me duele respirar; me duelen todas las coyunturas. Si lo sabré yo: porque la vida es direccional y relacional y grita: «*¡Adelante! ¡Adelante! ¡Siempre adelante!*» desde el timón del barco de la vida, como si fueras Cristóbal Colón. Pero ese adelante no te llevará adonde quieres ir si tu camino está encorvado hacia adentro. Si tu corazón está encorvado hacia adentro, moverse hacia adelante es caminar hacia el capricho.

Ya que la vida es direccional y relacional, el grito de batalla de un alma en el camino es *¡Hacia! ¡Hacia Dios! ¡Hacia la esperanza, hacia la gracia, hacia el amor, hacia la cruciformidad, hacia el hogar!*

En lugar de enfocarte en moverte hacia adelante, lo que importa es hacia dónde te estás moviendo.

Ni adentro, ni movido por el capricho, ni siquiera adelante. ¡Siempre *hacia*!

Mientras trato de darme vuelta con delicadeza en la cama del hospital para quedar frente a la ventana, de cara a las luces, tratando de respirar en medio del dolor, me doy cuenta de que he tenido una epifanía en medio de la noche en una cama de hospital entre respiraciones dolorosas: el sufrimiento no es nuestra mayor tensión. Es el alejamiento. El alejamiento que comenzó en el huerto del Edén con una confianza rota y con una unión rota con Dios. Eso es lo que nos va destruyendo paso a paso.

El mayor problema que tiene la humanidad no es el problema del sufrimiento, sino el problema del pecado, como hace notar de manera sorprendente el teólogo luterano Eberhard Jüngel; es el pecado el que nos deja «sin relaciones»,[1] alejados y solos. Pecar consiste en poner cosas en el camino del Hacedor de caminos que viene a mí y en permitir que haya cosas que interfieran en mi camino hacia a Él. A final de cuentas, pecar es nuestra forma de mantener alejado a Dios. Más que la tensión de cualquier sufrimiento, el pecado que nos mantiene alejados de Dios es la causa de nuestra mayor aflicción.

> El sufrimiento no es nuestra mayor tensión. Es el alejamiento.

El lugar de donde todos estamos en última instancia buscando salir es la *soledad*.

Cuando el sol resplandece en el firmamento con sus colores rosados y escarlatas, yo estoy aún despierta, con una inmensa aflicción, inclinada sobre el borde de la cama, con tal tos que parece que hasta el corazón se me está saliendo. Los espasmos me hacen sentir como si unas pinzas de acero me estuvieran haciendo trizas la caja torácica, aplastándome los pulmones.

Me envían a hacerme un segundo conjunto de rayos X en el pecho. Ahora mis pulmones se están llenando como dos cubos vacíos debajo de un desagüe desbordado. ¿Es así como se siente ahogarse solo en un mar de uno mismo?

—Bien… —La doctora me pone el estetoscopio en varios lugares de la espalda; yo estoy totalmente ronca por la tos y me duelen las costillas—. Estamos… tratando de descubrir qué es lo que está pasando aquí. Usted vino aquí con una infección infiltrada en algún lugar, procedente de su procedimiento quirúrgico; una infección que aún estamos tratando de localizar… Y, sin embargo, esta mañana sus pulmones se están llenando de líquido… francamente, sus pulmones tienen, bueno… algo bien serio. Tal parece que usted tiene neumonía postoperatoria.

Treinta minutos más tarde, la doctora está de vuelta en mi cuarto y le da a la enfermera la indicación de conectarme de inmediato a un monitor cardíaco. *¿Monitor cardíaco?*

—Así que, a esto es donde hemos llegado. —*Ubicación, ubicación, ubicación.* Presta atención. Averigua dónde estás realmente en primer lugar.

—Acabamos de llamar al hospital de la ciudad… para hablar con un cardiólogo. Y lo que ha quedado en claro es esto: usted está en medio de una insuficiencia cardíaca.

¿Insuficiencia… cardíaca? ¿No ha quedado eso ya claro… antes de la cirugía del corazón que tuvo Shiló, en los tiempos en que comencé a retraerme y a volcarme hacia adentro, buscando distracciones, consuelos que no podían sanarme en todo tipo de direcciones y la clemátide comenzó a crecer y a enmarañarse sin control?

—Y la razón por la cual usted tiene neumonía posoperativa es que tiene insuficiencia cardíaca y su corazón no puede trabajar lo suficiente. Su corazón no puede bombear los líquidos que le hemos estado administrando para combatir esta infección, cualquiera que sea y, por eso, sus pulmones se están llenando y usted está tosiendo como si se estuviera muriendo. Es porque usted ha entrado en insuficiencia cardíaca.

Lo sé. Estoy luchando para respirar porque he perdido toda sintonía con el latido fuerte y seguro del bondadoso corazón de mi Abba, y estoy tosiendo como si me estuviera muriendo y mi corazón está fallando porque toda mi vida gira alrededor de esto. Agustín dijo:

«Sin duda, el hombre tiene la voluntad de ser feliz, incluso cuando persigue esa felicidad en un estilo de la vida que vuelve imposible obtenerla [...] He aquí el engaño: pecamos para promover nuestro propio bienestar y, en cambio, resulta en nuestro infortunio [...] ¿Cuál es la razón de esto, excepto que el bienestar del hombre solo puede venir de parte de Dios y no de sí mismo? Pero este abandona a Dios al pecar y peca al vivir bajo su propio estándar».[2]

¿Por qué pensé que podía confiar en mí misma más de lo que puedo confiar en un Dios eternamente misericordioso y formar una unión con Él?

Yo ya no puedo más. La doctora Mapleton extiende una mano y la coloca sobre la mía.

—Ann, está bien, está bien. Esto no es culpa tuya, cariño; es tu falta de hierro la que ha causado el murmullo del corazón y eso te ha llevado ahora a una insuficiencia cardíaca, que a su vez está causando la neumonía posoperatoria. —La doctora Mapleton trata de darme seguridad con la mirada.

Pero ella no sabe lo que yo sé. Sin los clavos de hierro de la cruz de Cristo en las venas que fijan mi corazón al de Cristo... el corazón falla.

Ella saca su pluma, se inclina para escribirlo en letra de molde allí en mi expediente, como un anuncio lumínico de lo evidente:

INSUFICIENCIA

Allí mismo, en tinta indeleble.

Pero lo que ella no sabe es esto: no solo he caído en insuficiencia cardíaca ahora, sino que he estado cayendo en insuficiencia durante demasiado tiempo; insuficiencia hacia mi querido Darryl, insuficiencia en mi matrimonio, insuficiencia hacia mis hijos e hijas, insuficiencia hacia mis más amorosos amigos y hacia una familia paciente, insuficiencia hacia relaciones lastimadas e insuficiencia hacia Dios. Me he encorvado hacia adentro en lugar de girar, he echado la culpa a otros en lugar de ser responsable, he controlado en lugar de calmar, he rechazado en lugar de dejar todo de lado para brindar atención a almas que solo anhelan ser vistas. Cuando no sabes si en realidad eres amado, puedes terminar deseando cosas, haciendo cosas, rompiendo cosas que te dejan con una historia que nunca deseaste, para convertirte en alguien que nunca soñaste ser. ¿Cómo encontrar un camino para salir de esto; una forma de perdonarte a ti mismo por todas las formas en que has fallado tan bruscamente?

«Ver la grandeza de Dios no es nuestra necesidad más profunda, sino ver Su *bondad*», escribe el teólogo Dane C. Ortlund, quien entonces señala a las palabras del vulnerable y venerable Jonathan Edwards, que dijo: «Una mirada a la gloria moral y espiritual de Dios y a la amabilidad suprema de Jesucristo que resplandece en nuestro corazón vence esta oposición y la elimina, e inclina el alma hacia Cristo».[3]

La doctora Mapleton le dice a la enfermera que me anote para otra tomografía, otro ultrasonido, otro conjunto de rayos X torácicos. Un técnico ingresa a la habitación un ecocardiograma y ella lo ayuda a conectar los electrodos a mi pecho.

Yo estoy allí acostada, escuchando mi propio ritmo. Dicen que el murmullo del corazón suena literalmente algo así como *rashhhhhh* y *jashhhhhh*. Puedo escuchar la prisa y la preocupación dentro de mí y todas las formas que pensaba que tenía para abrirme un camino y cuidar de mi persona… esas que me han llevado casi al final de mi vida.

¿Eso es lo que sucedió? Mi corazón está encorvado hacia adentro y ese ritmo de los caminos SAGRADOS, el ritmo que me daba una brújula, una manera de vivir que me dirigía hacia las relaciones más significativas, está destrozado. Me hallo en un estado de de-SAGRADA. *Profanada*.

Allí, bajo una delgada sábana de hospital en la habitación semi iluminada, escuchando solo el silencio y después el caos del chapaleteo y el tormento de mi insuficiente corazón, está esto: en el silencio se encuentra la sanidad mental. En el silencio se encuentra sentido a las cosas. En el silencio se acalla el rugido del enemigo y el alma puede escuchar el susurro de su Hacedor. Tienes que buscar tiempo para estar en silencio con el fin de conseguir una vida. ¿Por qué tuve yo necesidad de una insuficiencia literal de corazón para obtener un tiempo largo, muy largo, de silencio que lo aclaró todo? ¿Tenía yo necesidad de caer en un fallo literal del corazón para que mi vida real no fallara? Lo que está en el camino es lo que está abriendo el camino y Él siempre cuida de nosotros.

> En el silencio se acalla el rugido del enemigo y el alma puede escuchar el susurro de su Hacedor. Tienes que buscar tiempo para en silencio con el fin de conseguir una vida.

Acostada en una cama del hospital, con insuficiencia cardíaca, mientras escucho el ecocardiograma: *rashhh... jashhh... rashhh... jashhh...* solo en esto puedo pensar: solo tienes una limitada cantidad de latidos antes de que se acabe todo. Tienes un tiempo limitado. Ese es todo el tiempo que tienes para perdonar y pedir perdón, para limpiar por completo la pizarra de tu vida, para enderezar aquellas cosas que has hecho mal, para amar, para amar, para amar. Solo tienes una cierta cantidad de tiempo para hacer del amor tu vida. Para eso es el tiempo; para eso es la vida: para tomar tus días y hallar formas de decirle al Amor en Persona que te creó: «Yo también te amo».

Esta es la única y singular expectativa.

No esperes nada más que la misericordia *kjésed* de Dios y acepta que todo aquí es una manera de devolverle Su amor. Tú naciste para este romance SAGRADO. Antes que se te acabe el tiempo aquí, antes que sea demasiado tarde y tu corazón deje de latir con valentía, antes que ya no haya más tiempo aquí para amar, para cambiar tu historia en este lugar, para abrir el camino para que tu vida exprese todo el amor que sientes.

De alguna manera, tengo que respirar.

UNA CARRERA A CASA

Me mantengo despierta toda la noche, tosiendo y ahogándome con el pasado. Las pantallas parpadean, siguiendo a mi corazón desfalleciente, y toso hacia las estrellas, como si pudiera expectorar mis pecados y todo este encorvamiento de mi corazón. Se llenan los alvéolos, la pleura, el Espíritu. Yo solo sigo viendo centellear ante mí todas las escenas: el primer tierno beso del granjerito. El pacto, allí en mi dedo anular, la cruz tatuada en mi muñeca. La forma en que Darryl me abrazó y me meció en el aire el día en que me dijo que sí sobre Shiló. Él acercándose a mí en la oscuridad, leyéndome como Braille en las tinieblas hasta que me conoce *[yadá]* y no me suelta, como si la tormenta hubiera partido en dos las olas y los dos que nos hemos dividido nos hemos vuelto uno de nuevo. Pestañeo en medio de las sombras de la habitación; todo se ha hecho más lento y ha sido revelado hasta quedar solo los latidos de mi corazón en su lucha y mi respiración desesperada.

~ ~

¿Quién de nosotros no ha sido como el hijo pródigo?

Yo soy como el necio hijo pródigo que le dijo a su padre: «Padre, dame ahora la parte de la propiedad que me corresponde. Porque, Abba Padre, aunque seamos parientes, yo estoy pensando en actuar como si hubiera partes de nosotros que están muertas entre nosotros, de manera que yo puedo tener lo que me corresponde porque, tal vez, no confío en verdad en tu manera de hacer las cosas… no confío en tu manera de cuidarme, no confío en tu forma de incrementar mi gozo, sencillamente porque tus caminos no son más elevados que los nuestros; algunas veces tus caminos parecen tan idealistas y santurrones que nos llevan al camino del sufrimiento». La falta más grande que puede tener el alma es la falta de confianza en Dios.

Así que tomé la gracia que se me había dado y encorvé mi camino hacia un país lejano, donde lo malgasté todo en mi propio estilo egoísta de vivir donde pensé que podía evitar el sufrimiento, hasta que mi corazón comenzó literalmente a fallar y de hecho ya no puedo respirar.

Huye de tu pasado, del rechazo, del temor, de los fracasos; vete corriendo y busca tu propia comodidad en todos los lugares equivocados porque crees que puedes escribir una historia mejor que Dios, que te puedes cuidar a ti mismo y cuidar de tu gente mejor que Dios, queriendo ser una especie de dios para ti mismo… y te convertirás en un pródigo, en un israelita se destierra a sí mismo al desierto: hágase, no tu manera de cuidar de mí, sino la mía, *y que la haga yo*.

«Cuando ya lo había gastado todo, sobrevino una gran escasez en la región, y él comenzó a pasar necesidad» (Lucas 15:14). Respira. ¿Podrá tu clemátide, que se enreda donde no debe, enredarse a tu alrededor hasta aplastarte los pulmones? *Respira*. La respiración es un ritmo y eso es lo que yo he perdido; he perdido mi ritmo SAGRADO.

> «Tengo que volver a mi padre y decirle: Papá, he pecado contra
> el cielo y contra ti. Ya no merezco que se me llame tu hijo;
> trátame como si fuera uno de tus jornaleros» (Lucas 15:18-19).

Esta no es la única ocasión en la Escritura en que aparecen estas palabras. La otra ocasión es cuando faraón dice esas mismas palabras con el propósito de manipular a Moisés para salirse con la suya (Éxodo 10:16). ¿Con cuánta frecuencia yo he sido como el hijo pródigo, que en realidad no se está arrepintiendo de sus caminos, sino inventándose como faraón un camino para manipular a su padre y torcerle el brazo con el fin de ganar cosas, de hacer que las cosas sucedan a su manera? El texto no dice que el hijo pródigo regresara al Padre realmente arrepentido; lo que dice el texto es que el hijo pródigo «emprendió el viaje y se fue a su padre»; regresó al padre, abriéndose su propio camino.[4]

Y el hijo pródigo, en medio del estiércol y del lodo, conocía la tradición judía de la ceremonia del *kezazah*, que separa a todo judío que pierde la herencia de la familia a manos de un no judío, una ceremonia en la cual la comunidad llena una vasija de barro con nueces y maíz quemados y la quiebra a los pies del pródigo para simbolizar el alejamiento, el corte de toda relación.[5] El hijo pródigo sabe que se merece el corte de esa unión, el desprendimiento de sus relaciones para siempre, porque eso es exactamente lo que él ha hecho: ha perdido la herencia de la familia; ha perdido todas las cosas valiosas que su padre le había dado. Centrando y trivializando el problema como la pérdida de su herencia y no como la pérdida de la *relación*, el pródigo sabe que la única forma de evitar la ceremonia del *kezazah* donde se le pone en vergüenza y se lo convierte en un extraño, rompiendo todas las relaciones y cortando todas las uniones, es hallar una forma de ganar de vuelta hasta el último centavo de toda la herencia que ha perdido.

Él piensa conocer la mejor manera: «Le pediré a mi padre que me contrate como siervo para poder recuperarlo todo, para *ganarme* mi lugar». ¿Con cuánta frecuencia yo soy como el hijo pródigo, tratando de hallar una forma de trabajar y ganarme la misma posición de antes; de trabajar para Abba en lugar de estar con Abba, de hacer cosas que impresionen a Abba, en lugar de vivir apasionadamente con Abba, en Abba? Resulta que descubres que eres un hijo pródigo cuando solo juegas a hacer las cosas a la manera de Dios, esperando al mismo tiempo que Dios haga las cosas a tu manera. Puede parecer que estás yendo por el camino de Dios mientras tu corazón sigue por su propio camino. Tal vez quieras los caminos de Dios, pero puede ser que quieras más tus propios caminos.

Un ataque de tos bajo un oscuro cielo nocturno. He pecado contra el cielo *(tos)*. He pecado contra Darryl *(tos)*. He pecado contra muchas almas hermosas que merecían más y mejor *(tos)*. He pecado contra un Dios Santo que abrió un camino para salir de la esclavitud de Egipto y entrar en una íntima relación con Él *(tos)*. Todo porque yo pensaba conocer todas las mejores maneras de cuidar de mí misma, y me he encorvado hacia adentro y lejos de la relación con Él y con los demás, cortándome de todas las uniones, desterrándome al desierto y realizando la *kezazah* para mí misma.

Trato de incorporarme en la cama del hospital porque me siento con extrema urgencia de hacer un éxodo de mi propia historia y de mi propia piel y, cada vez que respiro, siento como si la clemátide se enroscara con más fuerza alrededor de mi pecho. *Oh, Dios mío, ¿ayekah?*

Mientras el hijo pródigo era todavía una silueta en la distancia, cuando su corazón aún estaba muy lejano y distante, es Abba Padre quien está afuera en el portal esperando, con el cuello más estirado que el *incurvatus in se* del corazón, el Logos que nos ama más allá de la lógica; es Abba, el Hacedor de caminos, quien sale corriendo desde ese portal, desafiando la vergüenza de dejar Sus piernas al descubierto al levantarse la túnica, de ser el Hacedor de caminos que corre hacia nosotros, que cubre toda la distancia para cubrir todo nuestro desastre al tomar personalmente la vergüenza pública de correr a abrazar a Su hijo que huele a cerdo. Es Abba, el Hacedor de caminos, quien sabe por la pura silueta que se trata de la forma de caminar de Su hijo cuando este piensa que puede tratar de encontrar su propio camino, y Él corre hasta llegar a ese hijo y arreglar las cosas antes que la ceremonia de *kezazah* de la comunidad corte para siempre la unión con Su amada familia. ¿Cómo puede ser esto otra cosa que una historia de un amor que rescata y que es sagrada en tus labios?

El hijo pródigo pudo haber tenido un plan de manipulación, pero el padre tiene un plan para tomar sobre sí toda la humillación del pródigo para que pueda existir una reconciliación completa. El hijo pródigo pudo haber tenido un plan para negociar, pero el padre tiene un plan para liberar, reintegrar y celebrar al pródigo. El hijo pródigo tiene un plan para tomar las cosas en sus propias manos, pero el Padre solo quiere tomar al hijo en Sus brazos. El *kjésed* permanece. No hay nada creado que nos pueda cortar del amor de un Dios que sabe que nuestro temor más profundo es el temor al abandono y que nuestra necesidad más profunda es la unión, y que resuelve ambas siendo el amor más profundo que jamás abandona nuestro lado, nunca.

Antes que una sola palabra salga de la boca del pródigo, Abba Padre cae sobre el cuello de él y lo besa con gracia. *Abba Padre corre como una madre, no para descargar ira sobre ti, sino para llenarte de besos.* Este es el romance que durará hasta la eternidad. Esto es revelación; es una historia de revelación; es decir, nada menos que apocalíptico, porque eso es lo que significa la palabra revelación en griego *apokalupis*. No puede haber una revelación de Dios sin que se produzca un apocalipsis en nosotros. Toda revelación de Dios es más una deconstrucción cataclísmica de nuestro propio reino para edificarnos de nuevo y transformarnos en más del reino de Dios. Cuando yo siento esta revelación del corazón atrevidamente pródigo de Abba Padre Dios, quedo totalmente destruida y renovada. Es una revelación sagrada.

Lo único que puedo decir ahora es el discurso improvisado del pródigo que manifiesta su corazón quebrantado: «Papá, he pecado contra el cielo y contra ti. Ya no merezco que se me llame tu hijo». Pero toda mención de convertirme en una más de los criadas para ganarme de nuevo la entrada en la casa ha sido tiernamente besada por la paternidad de Dios.

En un cuarto sin luz de un hospital, a plena noche, ardiendo de dolor cada vez que lleno los pulmones, mientras suena el monitor del corazón, no oigo el *rashhh* ni el *jashhh* de los murmullos de mi corazón y no escucho las palabras: «Esta hija mía se había perdido, pero ha regresado a casa». Todo lo que oigo son las palabras de Abba sobre todo hijo pródigo suyo: «Este hijo mío se había perdido, pero ya lo hemos encontrado».

Nosotros nunca hallamos nuestro camino de regreso; nunca hallamos la manera de abrirnos paso; nunca hallamos la forma de salir.

Nosotros no hallamos el camino. El Camino mismo nos halla a nosotros. El Camino me halló a mí. El Único que es el Camino, el Único que puede hallar la salida, el único que puede abrir el camino es seguro que nos conducirá por el mejor camino.

Oh, Dios mío, ¿ayekah?

Jinné.

Aquí estoy, Ann. Estoy justo aquí.

Respira.

Antes que el cielo en las afueras de la ventana del hospital comience siquiera a iluminarse con esperanza, antes que yo tome el espirómetro incentivo de nuevo y absorba el aire hasta mis pulmones como una explosión apocalíptica que lo destroza todo en mi pecho, y que me produce lágrimas del dolor, tengo que llamar a casa, aunque sean las cuatro y algo de la mañana. Tengo que hablar con Darryl. Ahora mismo.

> Nosotros nunca hallamos nuestro camino de regreso; nunca hallamos la manera de abrirnos paso; nunca hallamos la forma de salir. Nosotros no hallamos el camino. El Camino mismo nos halla a nosotros.

—¿Ann? —Él está medio dormido, confuso, pero hay preocupación sobre todo en su voz.

—Darryl, no puedo dormir. No puedo respirar. Y todo eso tiene muy poco que ver con una neumonía doble… aunque, más bien sí con insuficiencia cardíaca. Yo solo sé que… no puedo seguir viviendo de esta manera.

Me obligo a tomar otra respiración estranguladora.

—Te… te necesito. ¿Podrías… venir?

Aferrándome al borde acerado del barandal de la cama, me preparo para otra rugiente oleada de tos.

Y en el momento en que rompe la ola de tos, él dice calladamente—: Sí, sí… pienso que puedo vislumbrar el camino.

capítulo quince

LA SEÑAL

Los gozos y deleites más dulces que he experimentado no han sido los que surgen de una esperanza en mi propio estado de bondad, sino en perspectiva directa de las gloriosas verdades del evangelio [...].

Sentí un ardor de alma por ser lo que solo puedo explicar de esta manera [...]: ser lleno de Cristo solamente; amarlo a Él con un amor santo y puro; confiar en Él; vivir para Él; servirlo y seguirlo a Él.

—JONATHAN EDWARDS

Ella viene corriendo por la puerta para saludarme primero, como el padre del pródigo, con la liberalidad de un amor desbordante.

—¿Tu corazón valiente también, Mamá? ¿Tu corazón valiente como el mío? —Shiló se sube a la cama para darme un beso y levanta su camiseta para que yo vea la cicatriz protuberante procedente de su cirugía de corazón que parte en dos su pecho como un camino del mar Rojo; una cicatriz es siempre un recuerdo en la piel, una memoria que se puede tocar.

—Ay, pequeñita, Mamá no tiene un corazón valiente ni una

cicatriz como la tuya. —Le estoy sonriendo, pero mis ojos buscan el rostro de su papá, que entra con algo de incertidumbre detrás de ella. Él es quien lleva todas mis cicatrices. Quiero trazar con mi dedo todas las cicatrices que yo le he hecho, susurrarle que lo siento, pedirle que tenga misericordia.

—Pero ¿mamá? Tú también tienes líneas en el corazón, mamá, ¿ves? —Shiló está siguiendo los cables que van desde las pantallas hasta mi pecho.

—Shiló, ¿a qué está siempre atado el corazón de mamá?

Y en una explosión como de supernova, Shiló rompe en esa maravillosa sonrisa, como si fuera la estrella de la mañana que se levanta desde una oscuridad glacial.

—Yo lo séééééé, Mamá, yo siempre lo sé. —Y sus dedos llegan danzando a su pecho y después lanza ambas manos hacia mí. Y yo estoy riendo, haciendo lo mismo que ella: hago danzar mis dedos en mi pecho y después extiendo ambas manos hacia ella para decir ambas al unísono, con el mismo ritmo, el mismo latir del corazón: «Mi corazón siempre estará atado al tuyo».

Ella echa hacia atrás la cabeza y ríe como si fuera una luz suave danzando sobre un cantarín arroyo, mientras que yo me siento empapada por su hermosura. Tenemos nuestros corazones atados, ella y yo.

Unidas y libres para amar.

—¿Darryl? —Extiendo mi brazo hacia él… toco el lado de la cama del hospital—. Mi corazón también está atado al tuyo… Mi corazón es tuyo también.

Mi corazón por el tuyo,
mi caminar con el tuyo,
mi vida atada a la tuya,

>hasta mi último aliento y, luego, por toda la
>eternidad.

Él mueve la cabeza con lentitud, con los ojos desesperadamente tristes, heridos. Shiló está sacando libros y crayones de su mochila, cantando bajo para sí misma, con su medio corazón latiendo constantemente entre cirugías. Mi corazón tiene toda clase de insuficiencias. Darryl sigue allí de pie, varonilmente, aunque el corazón se le está rompiendo con lentitud.

—Lo siento. No lo puedo ni explicar con palabras. —Lo puedo sentir, encarnado en mí con el peso de la pulmonía y de la dificultad respiratoria: «Es ancha la puerta y espacioso el camino que conduce a la destrucción», dice la Palabra.[*] Aquí la palabra «destrucción» significa literalmente estrechez, mientras que recta es la puerta y angosto es el camino que lleva a una vida de abundancia. El camino del pecado está abierto en toda su amplitud y es fácil, pero se va estrechando hasta que la vida queda aplastada. El camino de la vida es estrecho, pero «se va ensanchando hasta convertirse en una vida espaciosa».[1] El camino que ofrece la menor resistencia lleva a la vida inferior. Es el camino estrecho y de mayor resistencia el que conduce a una gran vida.

> El camino que ofrece la menor resistencia lleva a la vida inferior. Es el camino estrecho y de mayor resistencia el que conduce a una gran vida.

Qué podría yo balbucear jamás sino esto: —He pecado contra el cielo y contra ti. No puedo expresar cuánto lo siento por todas las maneras en que me he volteado hacia mi propio camino

---

[*] Mateo 7:13.

y lo he tomado, en que he fallado de toda clase de maneras desgarradoras. De maneras que rompieron tu corazón.

—Oh, Ann. —Se sienta en el borde de la cama—. Tú no
eres la única… Cada uno de nosotros ha querido ir por su propio
camino, de diferentes formas.

Yo bajo la cabeza hasta su pecho y me quiebro, como una
represa, y todo lo líquido en mí fluye, libre.

He estado adicta a mí misma.

Es una adicción a mi yo. Hay un dolor insoportable cuando
cortas tu corazón y lo abres y ves esto: mi adicción soy yo.

He cometido idolatría.

He quebrantado el primer mandamiento: «Yo soy el Señor
tu Dios. Yo te saqué de Egipto, del país donde eras esclavo. No
tengas otros dioses además de mí» (Éx 20:2-3).

En lugar de colocarme a mí misma sobre el altar como un
sacrificio vivo delante de Dios, me he colocado a mí misma, mis
necesidades, mis deseos, mis sueños, antes que Dios, antes que
Darryl, antes de mi pacto de amor a ambos. En lugar de confiar en
que Dios me cuide, me he volteado a buscar todas las mentiras que
este mundo dolido ofrece para consolarme. En lugar de participar
en los sufrimientos de Cristo, quien guarda Su pacto de sufrir con
nosotros, he seguido buscando la salida, cualquiera que sea, siempre
buscando un éxodo del dolor. Y, cuando seguimos buscando una
manera de salir de nuestro quebranto, lo único que logramos es
arrastrar a tantas otras almas hermosas hacia más quebranto.

Con dolor, yo soy testigo del resultado de mis caminos: nada
destruye una vida como la idolatría. Nada desestabiliza una vida
como ponerse a uno mismo en el centro. Nada convertirá tu vida
en un desastre colosal como voltearte hacia adentro. Todo tu
incurvatus in se te dejará rogando por la cura.

Aunque los caminos son diferentes para cada uno de nosotros, siempre es verdad esto: el único camino que atraviesa todo y que conduce a la salida es participar en los sufrimientos de Cristo. Solo Aquel que mantiene su pacto de sufrir contigo puede llevarte hasta el final del camino.

Siempre: la única salida es voltear hacia afuera, es el amor que se estira para alcanzar a Dios y a otros.

Y siempre, siempre, siempre: si no te apartas para un camino SAGRADO con Dios, te estás condenando a destrozar tu propia vida.

Estoy loca por ir a casa y arrancar esa clemátide, mi propio corazón errante y egoísta que estuvo a punto de matarme, y estoy desesperadamente lista para morir a mí misma para despertarme a la vida SAGRADA que siempre he soñado.

Cuando levanto la vista, todo está borroso y mi pecho se siente como una prensa que me aplasta por dentro.

En lugar de mirar la belleza de Dios mismo, hemos estado mirando un camino, un sueño de otra vida sin sufrimiento que hemos convertido en una especie de dios. En lugar de voltearnos hacia Dios, seguimos regresando al huerto para ir por nuestro propio camino y comer ese fruto maldito, y luego tratamos de convencernos a nosotros mismos y a todo el resto del mundo de que su sabor es divinamente dulce, cuando la verdad es que nunca hemos escogido probar y ver la bondad de Dios que satisface por la eternidad con exquisito sabor.

Cada uno de nosotros se ha tornado hacia su propio camino y se ha alejado de Dios, rechazando Sus caminos que pasan por el sufrimiento, Su forma de atraernos por medio del quebranto, Su manera de cuidar de nosotros a pesar de todo, cuando solo Su camino es el más satisfactorio.

Le seco las mejillas con el dorso de mi mano y volteo a los ojos de Darryl y puedo leer a Dios en ellos. Dios no rompe Su unión ni abandona a aquellos que han roto el corazón de Él de mil maneras diferentes. Nosotros rompemos el corazón de Dios y Él nos llama amados; nosotros nos vamos por nuestro propio camino, pero Él no nos suelta. Nosotros huimos, y Dios busca romance.

«Yo lo amé [...]

Yo lo llevé en Mis brazos [...]
Con cuerdas humanas los conduje, con lazos
de amor,
Y fui para ellos como quien alza el yugo de sobre
sus quijadas;
Me incliné y les di de comer [...].

«¿Cómo podré abandonarte, Efraín? [...]
Mi corazón se conmueve dentro de Mí,
Se enciende toda Mi compasión.
No ejecutaré el furor de Mi ira;
No volveré a destruir [...].
Porque Yo soy Dios y no hombre».
(Oseas 11:1, 3-4, 8-9, NBLA)

Dios de ninguna manera nos abandonará; de ninguna manera se dará por vencido con nosotros. Lo único que puede darnos es Su misericordia *kjésed*. La forma en que el corazón del Hacedor de caminos palpita hacia todos los que estamos luchando, sufriendo y errantes es nada menos que esta: «Se me conmueven las entrañas» (11:8).

«Dios, en cuya mano están todas las criaturas, es tu Padre, y es mucho más tierno de lo que eres tú, o puedes ser, por ti mismo», aseguraba el puritano John Flavel.[2]

La clemátide puede encorvarse y aferrarse a esto o a aquello, así como nuestro corazón se puede encorvar y enfriarse cada vez más con respecto a Dios, pero Él dice: «Yo soy Dios y no hombre, el Santo en medio de ti, y no vendré con furor» (11:9, NBLA). Los caminos del Hacedor de caminos no son los nuestros; son más *altos*, con un compromiso de pacto que estratosférico, una compasión meteórica y una misericordia *kjésed* que llega hasta los cielos. No son nuestros caminos perfectos los que persuaden el corazón de Dios, sino que nuestros caminos imperfectos hacen que Su corazón sienta pasión por nosotros. El Hacedor de caminos obra de maneras infinitamente más altas y *bondadosas* que las nuestras y nunca deja de obrar para cuidar de nosotros de maneras que nos hacen más bien que cuanto hayamos soñado jamás: «Si Dios está a favor de nosotros, ¿quién podrá ponerse en nuestra contra? Si Dios no se guardó ni a su propio Hijo, sino que lo entregó por todos nosotros, *¿no nos dará también todo lo demás?*» (Romanos 8:31-32, NTV, énfasis añadido).

«Lo que pido de ustedes es amor *[kjésed]* y no sacrificios», es lo que dice Dios (Oseas 6:6). «Porque quiero confianza y no sacrificios, y conocimiento de Dios más que sacrificios».* Dios, que solo nos da Su misericordia *kjésed*, desea un fiel amor *kjésed* de unión *de parte nuestra*; que confiemos en las maneras en que Él cuida de nosotros, que entendamos que Él es más que solo un buen Padre, que es un Padre bondadoso y lleno de amor y que tenemos seguridad cuando vamos por Sus caminos. La fe

---

* Robert Alter, *The Hebrew Bible: A Translation with Commentary* (Nueva York: W. W. Norton & Company, 2018), Oseas 6:6.

barata dice que solo es necesario creer. Pero la verdad es esta: los verdaderos cristianos no son solo los creyentes. Incluso los demonios creen (Santiago 2:19). Los verdaderos cristianos son los que giran, esos seguidores fieles que siguen girando y girando hasta convertirse en *confiadores* fieles. El cristianismo nunca es solo un consentimiento mental de fe en Jesús sin unión de vida, sin fidelidad confiada hacia Jesús. ¿Por qué en este mundo tan lleno de dolor no le damos nuestra confiada fidelidad *kjésed* a un Dios que nos ama con *kjésed* de esta manera? Porque no lo conocemos de manera íntima *[yadá]*. Conocerlo verdaderamente es confiar en Él por completo. Dar testimonio de una sincera revelación del corazón de Dios solo es hallar que Su corazón por nosotros es atractivo. Es «una perspectiva incorrecta de Dios [la que] se halla en la raíz de toda hostilidad hacia Dios en el alma humana».[3] Si realmente *conociéramos* a Dios, ¿cómo podríamos tener un corazón dividido?

¿Con cuánta frecuencia queremos que Dios divida algún mar Rojo para nosotros y, sin embargo, nosotros mismos somos los que tenemos un corazón dividido?

CONFESIÓN

—¿Ann? —La voz de Darryl llega con delicadeza a mi oído cuando me apoyo en él en medio de una tos agotadora—. ¿Te puedo… te puedo preguntar… cómo… cuándo sucedió esto; cuándo comenzamos a separarnos?

—Cuando escuché que yo era demasiado… yo quise tomar todo lo que soy y… bueno, tomar otra dirección para no ser una carga, no ser una obligación… solo… no ser *en absoluto*. —El monitor cardíaco está callado.

—Sin importar lo que se haya dicho, ¿me puedes oír ahora, oírme de verdad? —La voz de Darryl es callada, pero seria, sincera—. Tú sientes mucho, ves mucho, amas mucho… pero no eres demasiado.

Me acaricia el cabello.

—¿Recuerdas? ¿Recuerdas lo que el maestro judío mesiánico, Arie Bar David, te preguntó una vez, como un examen, cuál era según Jesús el comienzo del mayor mandamiento de todos?

—Sí… Y yo le dije de manera tentativa el mandamiento que le hacía eco al Shemá, la oración más importante en el judaísmo: «Ama al Señor tu Dios con todo tu corazón y con toda tu alma y con todas tus fuerzas» (Deuteronomio 6:5).

—Y nuestro guía te interrumpió. —Darryl asiente.

—Sí, usaba las dos manos mientras hablaba. —Lo recuerdo como si me estuviera dando indicaciones muy claras.

«Escucha. En el hebreo original —dijo nuestro guía—, Jesús está citando la oración más importante para el pueblo de Dios, el Shemá: "Ama al Señor tu Dios con todo tu corazón (con todos tus sentimientos y afectos) y con toda tu alma (con todo tu aliento de vida, todo tu ser) y con todas, absolutamente todas tus fuerzas. *Con vastamente todo*". *Meód*: vehementemente». Nuestro maestro judío mesiánico, Arie, había sonreído. «Ama al Señor tu Dios con todas, vehementemente todas tus fuerzas».

Toda tu vehemencia fue hecha para amar a Dios mucho. Para amar *kjésed* a Dios. Amor *kjésed* en la dirección correcta.

Tú no eres demasiado, así como las estrellas nunca son demasiado brillantes, como la luna nunca es demasiado grande ni luminosa, como las maravillas del mundo nunca son demasiado.

Tú no eres demasiado para la gente que decide verlo todo de ti. No tienes que desaparecer. Nunca tendrás que desaparecer. Tu vehemencia puede hacerte sentir que no eres suficiente, pero, en realidad, *es tu fortaleza.*

—¡Mamá! —Shiló me llama desde sus crayones y libros en la ventana donde ella ha estado cantando entre labios para sí misma mientras dibuja y colorea todas esas páginas matizadas con sus rojos y azules favoritos—. ¡Mira! ¡Dibujé un cuadro de todos nosotros; tú y yo y papá! —Levanta en alto su garabateado dibujo y después señala, para que no nos lo perdamos.

Tú no eres demasiado, así como las estrellas nunca son demasiado brillantes, como la luna nunca es demasiado grande ni luminosa, como las maravillas del mundo nunca son demasiado.

—¿Ves cómo todos tenemos un gran corazón, en el mismo centro de nosotros? ¡Oh! ¡Esperen un minuto! —Se arrodilla con rapidez en el suelo y pasa su crayón varias veces por toda la página y después salta para ponerse en pie y enseñárnosla—. ¿Ves? Tracé una línea desde mi corazón hasta el tuyo, después al de papá, y de vuelta hasta el mío.

Yo estoy asintiendo, viéndolo todo turbio.

—¡Todos nuestros corazones, todos atados, unidos! —La niña está sonriente; sus ojos parecen danzar.

Unidos. Unos lazos invisibles de unión profunda entre nosotros y con Dios. Yo doy un respiro largo y profundo en medio de mi dolor y Shiló se inclina hacia mí para besarme la mejilla y besar después la de su papá.

—Solo, vayamos a casa juntos. —Darryl sonríe y besa a sus dos chicas en la frente. Vayamos a casa. Ese es el único camino que todo corazón quebrantado necesita encontrar: el bienestar del hogar en Él, la *shalóm* de Dios.

Solo ven a casa.

Todos estamos deseando solamente encontrar una bondadosa forma de llegar a casa, donde no tengamos que caminar solos.

LIBRE

Después de seis noches dolorosas de tos en el hospital, la doctora Mapleton me anuncia que finalmente soy libre, libre; gracias al Dios Todopoderoso, finalmente libre y me dan de alta en el hospital, acompañada por una letanía de píldoras, entre ellas dos dosis diarias de furosemide para el edema pulmonar que me está causando que con frecuencia me quede corta en la respiración, y una advertencia de la doctora Mapleton en cuanto a que este viejo corazón necesitará una serie regular de electrocardiogramas para observar cómo sigue funcionando y que el cuerpo necesitará tiempo para recuperarse. El viaje sigue siendo largo y las decisiones que tomemos pueden retrasarse. *No te retrases en el camino.*

Darryl me regresa con ternura a nuestro hogar en la granja y Shiló canta alrededor de mí como si me estuviera dando una serenata, me abraza las piernas, nos abraza a nosotros dos juntos y todos nuestros hijos han hecho una pancarta que dice Bienvenida a casa, y yo quiero abrazarlos a todos ellos al mismo tiempo y después ir directamente a arrancar la clemátide del huerto, de raíz.

Quisiera decir que me recupero con rapidez, con facilidad, pero estrecho es el camino que lleva a la vida y ese es el único camino que volveré a proponerme tomar, para amar con *kjésed* a mi vez al Hacedor de caminos que acepta de vuelta a Sus hijos errantes; así que justo después de que me tomo mi puñado de píldoras por la mañana temprano, estando aún oscuro, estoy hambrienta por tomar la vía SAGRADA de vida a la cual me estoy aferrando ahora como si mi vida dependiera de ello, el camino a ser apartada y consagrada para Él.

Lo sé ahora con cada fibra de mi ser: *si no te apartas para un camino* SAGRADO *con Dios, te estás condenando a destrozar tu propia vida.* Donde hay un corazón dividido, las aguas no se dividen.

Y yo comienzo de nuevo; lo anoto todo, sin máscaras y con honestidad, en mi diario del camino SAGRADO:

Silencio: Respira profundo… «Ustedes quédense quietos, que el Señor presentará batalla por ustedes» (Éx 14:14). Y, después que aquietas las olas dentro de ti, el rugir de la tormenta interior, los truenos de todo lo abrumador, simplemente al voltear y mirar hacia el alma de Aquel que sufre y que lucha contigo, escuchas a Dios, no en el rugir, no en la tormenta, sino en un suave murmullo (1 R 19:12): «¡Silencio! ¡Cálmate!» (Mr 4:39). Dios nos sostiene en silencio.

Atención: ¿Quién digo que eres tú? Tú eres el Santo que todavía ama con *kjésed* a los que no son santos. *¿De dónde vengo yo y hacia dónde voy?* ¿Si soy brutalmente sincera?

Yo soy Moisés; he golpeado la roca y deseado mi manera más que la suya. Soy la hija pródiga; no sé cómo vivir conmigo misma, perdonarme a mí misma y saber que todo camino curvo es tomado a plena vista de Dios y que todo camino errado que nos deja deshechos es tomado en última instancia en contra de Él; y ¿es posible hallar un camino hacia adelante cuando lo único que te sientes loco por hacer es regresar y deshacer esos caminos que tú creías que eran mejores que los de Él, esos caminos que nunca debiste haber recorrido?

Esto es lo que quiero decir: ¿quién podrá creer que David anduviera alardeando de su importancia y posición hasta que aplastó a una mujer bajo la curvatura de la lujuria de todo su cuerpo y que, no obstante, logró regresar sobre unas adoloridas rodillas raspadas a los pies de Dios para sentir que su fracaso le era levantado por fin de sus pulmones aplastados… para exhalar la expansividad de la gracia que no tiene peso?

¿Quién podría creer que los caminos soberbios de Nabucodonosor desafiaran a Dios hasta el punto en que quedó tirado en cuatro patas como un animal, echando espuma por la boca, antes alardosa y ahora bovina, masticando la hierba que arrancaba de la tierra con los dientes, desnudo durante más de dos mil días bajo el azote de los elementos, hasta que volvió en sí, sometido y dispuesto, y fue devuelto a un poder humilde por la humillación de la pastura, más capacitado aún en Sus caminos que antes, de manera que los años tan necesarios en que estuvo rumiando hierba lo condujeron a la restauración?

¿Quién podría creer que Pedro se quemara el alma con sus repetidas negaciones de Jesús, absolutamente aterrado ante la hostilidad alrededor del fuego de Caifás, solo para que Jesús ya resucitado encendiera una fogata en la playa y Pedro volviera, volviera de verdad, lleno del ardiente olor de la vergüenza y escuchara la humilde hospitalidad de Cristo que lo invitaba a comer, a acercarse, porque hay un camino para que aún se le encomendara la labor en el reino de alimentar con humildad a las ovejas de Cristo?

¿Quién tiene el atrevimiento de creer que hay un camino para todos los que han confiado en su camino más que en el de Él, los han deseado su camino más que el de Dios?

Yo no.

Esto es lo que escribí: *yo. No.*

¿Cómo encontrar una forma de creer que de un naufragio puede nacer una resurrección?

Incluso cuando no puedo ver, confío en que la brújula SAGRADA continúa inclinándome a diario hacia Dios y, cuando siento que mi corazón se está encorvando hacia adentro, esa es la señal para acudir a mi hendidura en la roca, mi base, Su Palabra; dejar que Su susurro *kjésed* del corazón hable verdad al mío, una apocalíptica revelación tras otra. Estoy confiando en el Hacedor de caminos y aferrándome a Él y a la manera diaria y SAGRADA de vivir para que en mí crezca una unión más profunda con Dios, porque esto me lleva una y otra vez hacia uniones saludables que sanan las adicciones dañinas.

Estoy débil a causa de mi corazón errante y mi cuerpo está lento y exhausto, falto de aliento, y tengo que aprender a actuar con ternura con todas las partes rotas de mi ser y de mi vida. Malakai tiene niveles bajos de azúcar que lo llevan a ataques epilépticos y después una fláccida inconsciencia, y nosotros tenemos que estar bajo las luces blancas de la Sala de Emergencias, de rodillas, orando para que nuestro hijo diabético siga con vida. Llevamos en el auto a otro de los hijos para que le den radiaciones en la tiroides y nos embarcamos en esta calibración diaria e incansable de medicinas para la enfermedad de Graves y para tener una tiroides que funcionará manualmente de por vida. Le seguimos dando a Shiló sus anticoagulantes a diario y la llevamos a todas sus citas con el cardiólogo para monitorear los paliativos que necesita su medio corazón. Y nunca dejamos de suplicarle a Dios que le dé una larga vida.

Me detengo de incontables maneras.

Dejo de comparar dónde estamos con relación a todos los demás. Dejo de vivir como si no tuviera poder de intervenir. Dejo de vivir sin fronteras. Dejo de pensar que merezco más que la simple necesidad de servir. Dejo de girar y de encorvarme y de enroscarme y de aferrarme con confianza a todo lo que no sea Dios.

Y comienzo. Comienzo a vivir de manera sagrada, apartada para Dios, redireccionando todos mis caminos.

Comienzo la terapia. Comienzo mi dirección spiritual. Comienzo el posgrado. Comienzo el papeleo con Darryl para patrocinar una segunda escuela de refugiados procedentes del Congo, ya que nuestra primera familia de refugiados, venidos de Siria, han comenzado a ser autosuficientes. Comienzo una sociedad para crear una tienda de comercio justo para dar poder a las mujeres marginadas. Comienzo a destruir mi propio *incurvatus in se* con una vida cruciforme, alcanzando hacia fuera al preocuparme y enroscarme hacia otras personas con necesidades porque el camino a la felicidad es siempre bendecir, bendecir, bendecir. Comienzo a vivirlo de todas las maneras posibles: la única forma de hacer lo que es correcto cuando parece una cosa imposible, es escoger la manera cruciforme. Es rendirme, vivir con generosidad, con los brazos extendidos de una forma vulnerable, con las palmas de las manos totalmente abiertas. En Cristo, podemos vivir como Cristo. Cruciforme es la figura y el modelo de la unión, con los brazos extendidos hacia Dios y hacia la gente. Y la forma *cruciforme* es siempre la que *transforma*.

Comienzo a caminar cada día en el exterior, lo que los

japoneses llaman «tomar un baño de bosque», lo que yo llamo mi empape de gloria diario, porque toda la tierra está llena de Su gloria y yo necesito empaparme de Su gloria a fin de cambiar los afectos de mi corazón. Comienzo a correr y a ejercitarme en la máquina remo porque mover el cuerpo hace que se mueva toda la tensión.[4] Comienzo a cortar cada conversación interna de temor, preocupación y angustia con la oración: «En Tus manos encomiendo...».

Trato de perdonarme a mí misma porque Jesús ya lo ha hecho y, ¿por qué no puedo yo creer que Su gracia es suficiente? Todos los días, lo primero que hago es contar Sus bendiciones, contar todas las formas en que Él me ama, contar todas las formas en que Su misericordia *kjésed* cuida de nosotros y nos mantiene cerca de Él:

… *agradecida porque mi corazón sigue latiendo hoy.*
… *agradecida por el perro acostado a los pies de Darryl.*
… *agradecida porque estamos a salvo y alimentados y porque hay un montón de platos para lavar al final del día.*
… *agradecida porque, cuando rompe la mañana, rompe todos los errores de todos los ayeres, rompe todos nuestros domos de tinieblas, de manera que todas Sus nuevas misericordias nos inundan y les damos la bienvenida para comenzar de nuevo.*

Así comienzo una y otra vez, cada mañana, a practicar una forma SAGRADA de vivir.

Tal vez la vida sea un largo arrepentimiento en su dirección. Esta es la única forma SAGRADA en que mis pulmones, mi corazón, no me duelan al respirar: silencio, atención, cruciformidad, revelación, examen, doxología.

Lleva tiempo, pero el cambio se puede hacer permanente... *si permitimos que Dios nos sostenga.* El cambio se produce cuando cambia la *identidad* y esta tiene que ver con *aquellos* a quienes estamos unidos y cómo nos ven, nos tratan y actúan hacia nosotros. Nuestro Dios es el Dios que permanece *con* nosotros, exactamente para que nos podamos ver a nosotros mismos de la forma que *Él* nos ve: amados, apreciados, deseados, escogidos, porque esto es lo que cambia nuestra *identidad* y ese cambio es lo que transforma toda nuestra vida. La unión saludable cura las adicciones dañinas porque, cuando unimos nuestra identidad al hecho de ser ya amados, no hay nada más que podamos desear. Vuelve las hojas de Su Palabra, vuélvete hacia Él, vuélvete y vive, deja el que Él te ame con un amor SAGRADO, apartado para Él, y toda tu vida se puede transformar.

Pon un paso delante de otro, en la dirección correcta, y podrás tener otra vida.

Camino fácil. Vida vacía.

Camino difícil. Vida santa y satisfactoria.

Camino estrecho. Camino difícil. Vida santa y satisfactoria.

HALLADA

Comienzo a ayunar y orar al principio de la Cuaresma. Una mañana tras otra, me siento con mi diario SAGRADO, cruciforme y suplicándole con todo mi corazón a Dios que en Su misericordia *kjésed* me dé una señal clara de que Él es aún nuestro Hacedor de caminos. Incluso cuando seguimos estrellándonos contra las paredes, y nuestra gente se sigue aplastando y quemando, y las olas siguen rompiendo y chocando y nuestros corazones siguen siendo destrozados y quebrantados, ¿en verdad sigue siendo Él nuestro Hacedor de caminos? Después de semanas de lamentarme y de ayunar y de orar diciendo: «Muéstrame que tú eres nuestro Hacedor de caminos, dame alguna señal de que tú. Eres. Aún. Nuestro. Hacedor. De. Caminos», me encuentro perdida en toda clase de formas, conduciendo un auto de alquiler por un retorcido camino de campo, atravesando valles y alrededor de montañas, en el bello y verde estado de Tennessee, miles de kilómetros lejos de nuestra granja, tratando de hallar mi camino a una reunión de oración de mujeres. Parada en el borde del camino, estoy mirando sobre mi hombro para asegurarme de que ninguna camioneta esté a punto de venir a toda carrera sobre esa colina antes de que yo pueda hacer una rápida vuelta en U, porque mi GPS (y mi EPS) me han estado chillando al oído: «Redireccionando, redireccionando», así que eso es lo que estoy tratando de hacer.

Y este es el momento en que comienza el milagro.

Pero, como la mayoría de los milagros, te puedes perder el comienzo, si no estás prestando atención al maná en cada momento. Metido en la consola del centro, mi teléfono, sin indicación alguna, se conecta por Bluetooth con los altavoces del auto alquilado. Yo no puedo lograr que eso suceda ni siquiera en casa, detrás de mi propio volante, cuando estoy tratando valientemente de hacer cuanto truco hay bajo el sol para lograr esta maniobra difícil de emparejamiento técnico entre los altavoces del vehículo y un teléfono recalcitrante; ni hablar de que el teléfono se conecte de manera espontánea, sin dificultad alguna y de su propia cuenta al altavoz de un auto alquilado cualquiera que yo nunca había visto en mi vida. Pero aquí está mi teléfono, conectándose con estos altavoces, y el devocional de audio que yo he tratado media docena de veces de descargar durante todo aquel largo día de viaje, ahora decide de repente conectarse y echarse a andar, a todo volumen con el texto devocional de Juan 14:1, 3-4: «No se turbe su corazón […]; si me voy y les preparo un lugar, vendré otra vez y los tomaré adonde Yo voy; para que donde Yo esté, allí estén ustedes también. Y conocen el camino» (NBLA).

> *Dios mío, escúchame. Ese es precisamente mi punto: soy una mujer de edad mediana que trata desesperadamente de conocer el camino que debe seguir para atravesar una vida que no está yendo de la forma que soñaba, porque yo no soy como soñaba y sigo tratando de hallar el camino.*

Estoy haciendo mi vuelta en U precisamente cuando los altavoces dejan oír las palabras de Tomás a Jesús, el clamor de todos los pródigos: «¿Cómo vamos a conocer el camino?» (v. 5, NBLA).

Su pregunta no es ni siquiera un pensamiento completo en mi mente cuando tomo una curva en el camino, y encuentro allí, en la realidad, una señal literal, una cartelera en letra negrita:

JESÚS ES EL HACEDOR DE CAMINOS

Y en ese mismo instante, a todo volumen a través de las bocinas del auto alquilado, oigo estas palabras de Dios: «Yo soy el camino, la verdad y la vida; nadie viene al Padre sino por Mí» (Juan 14:6, NBLA).

El Hacedor de caminos nunca deja de obrar de maneras mucho más grandes de lo que jamás has imaginado.

Piso los frenos, me voy a la cuneta que está frente al cartel, me inclino sobre el volante y lloro.

Yo soy la hija pródiga que quiso su propio camino. Estoy a

miles de kilómetros de mi hogar en otro país. He estado ayunando por días enteros, por semanas, con un hambre voraz por probar la *shalóm* de Dios, y estoy perdida, y me he dado vuelta y Abba, el Hacedor de caminos, acaba de correr hasta mí, me ha abrazado, me ha besado con Su misericordia *kjésed* y me ha susurrado quién es Él una y otra vez: Hacedor de caminos, Amante *kjésed*, Abba Padre, Bondadoso Pariente hasta el final de los tiempos… y tú eres amada, abrazada, escogida, mía.

Ven, déjame amarte. «Vengan a mí, y yo los haré descansar. Obedezcan mis mandamientos y aprendan de mí […]. Conmigo podrán descansar» (Mateo 11:28-30, TLA).

Ven a casa conmigo, Aquel que hizo un pacto de sufrir contigo. No tienes nada que temer. Solo hay doxología, doxología, doxología.

Al besar a Dios con mi gratitud, mi alabanza, mi reverencia, mi adoración,* mi corazón se divide con el camino del mar Rojo de agradecimiento a Dios cuando llamo a Darryl para decirle cómo viene Dios.

—No sé… ni siquiera sé cómo explicar esto. —Estoy llorando, porque ¿quién es un Dios como este? Y yo quiero el camino SAGRADO, ser apartada para un romance como el suyo—. En Su gracia, Él dio… y Él me dio a mí la señal de que Él es siempre nuestro Hacedor de caminos. Él es más que un cartel que señala el camino para llegar a algún lugar; Él es el Camino, es la *Persona* que se da a sí mismo por nosotros para que podamos conocer una nueva forma de ser…

Doxología, doxología, doxología.

---

* *Proskunéo* (adoración) literalmente significa «besar, como el perro lame la mano del amo; postrarse, hacer reverencia», como en Mateo 4:9 y Salmos 2:12. *Nueva Concordancia Strong Exhaustiva*, «4352 *proskunéo*». (Editorial Caribe, Miami, FL, 2002), p. 178.

—¿Esperabas otro camino? —Este mundo es SAGRADO y lo que lo profana es nuestro afán de querer ir por nuestro propio camino.

Tengo un nudo en la garganta. ¿Tal vez tenía… expectativas? Pero Jesús es el Camino mismo, algo muy superior a un genio que convierte nuestra vida en fantasía; Él es el camino a una nueva manera de vivir en intimidad con el Dios trino. ¡Por esto! *Esto:* la intimidad es el objetivo mismo de la historia… *y de nuestra historia.*

—¿Ann?

Yo sé. Yo sé lo que él me va a decir; lo sé en medio de las fracturas y fisuras de mi corazón…y del suyo.

—Lo que está en el camino siempre está abriendo un camino.

> La intimidad es el objetivo mismo de la historia… *y de nuestra historia.*

—Un camino para que tengamos una unión *kjésed* más cercana con Dios, por medio del sufrimiento.

—Ann, ¿estás bien? ¿Tu respiración? ¿Tu corazón? —Su preocupación por mí en las semanas que siguieron a mi estancia en el hospital me encuentra a mil kilómetros de distancia. Nunca demasiado; siempre lo suficiente para ser abrazada.

—Sí, sí… mi corazón está mejor que bien. —Dondequiera que los corazones están atados entre sí, están libres para sentirse seguros.

Cuando le abran de nuevo el corazón a Shiló, se pondrá esto a prueba de maneras que nunca hemos soñado.

capítulo dieciséis

EL CAMINO DE MOISÉS

Desea solo a Dios y tu corazón estará satisfecho.

—AGUSTÍN

Nada creado ha podido jamás llenar el corazón del hombre. Solo Dios lo puede llenar de manera infinita.

—TOMÁS DE AQUINO

Antes del amanecer en el tercer viernes de la Cuaresma, están listos para cortarle el esternón a Shiló y volver a entrar. Uno hace cuanto tenga que hacer para llegar hasta un corazón quebrantado. Siempre queda otra oportunidad.

A las tres de la mañana, en medio de la oscuridad, él y yo nos ponemos nuestras camisas idénticas con el letrero «Fuerte de corazón» impreso a lo largo del frente, porque eso es lo que estamos haciendo: entre la espada y la pared, entre su medio corazón y lo desconocido, entre Egipto y el mar, él y yo sabemos que somos fuertes en la medida que estemos unidos y que la fuerza de nuestras uniones es nuestra fortaleza real. Con nuestras camisas idénticas, parecemos señales: *fuerte de corazón*, con un corazón unido por Dios. Como los letreros, nos convertimos en marcadores del camino, puesto que señalamos más allá de nosotros

321

mismos, hacia *el mismo Hacedor de caminos*. En nuestra habitación, sumidos en la oscuridad que precede al alba, antes de despertar a Shiló para el largo camino que nos resta hasta la gran ciudad y las luces del quirófano y los cirujanos que nos esperan, Darryl desliza sus brazos alrededor de mí, inclina la cabeza y acudimos a Dios:

> *Señor, danos la gracia para abrazar*
> *los misterios que no comprendemos,*
> *la cruciforme apertura para vivir en tierna sumisión*
> *a tus caminos que son más sabios y bondadosos que los*
> *nuestros,*
> *y a la profunda shalóm de estar sencillamente*
> *contigo*
> *aquí,*
> *aquí mismo,*
> *con nosotros.*

Comenzamos centrados en una forma SAGRADA y apartada de ser, de ser amados, sostenidos, conocidos, seguros.

En esta ocasión, esta cirugía del corazón puede ser diferente porque tenemos una nueva manera de ser. Ninguno de nosotros recibe nunca la oportunidad de reescribir el pasado, pero todos podemos seguir escribiendo; todos escribimos nuevas líneas y sueños y amor en nuestras harapientas y maltratadas historias, y podemos seguir confiando en que esas historias no terminarán hasta que la última línea sea para bien.

Yo le pregunto directamente a Darryl qué necesita él de mí y qué quiere de mí a través de esta cirugía del corazón para sentirse visto, seguro, a salvo, conocido, de manera que yo no vuelva a dañar las arterias de su propio corazón tan vulnerable cuando nos enfrentemos a los interrogantes en la vida de nuestra bebé.

—Solo… —Su gran mano holandesa alcanza la mía—. Está presente conmigo, sé sincera conmigo, cuídame mucho… y toma un café conmigo. —Entonces hace un guiño y sonríe—. Ah, ¿y qué te parece un beso de vez en cuando? ¿Qué piensas?

—Pienso… pienso que sí puedo hacerlo. —Y se lo demuestro, larga, lenta y tiernamente.

Entonces, cierro los ojos y le soy brutalmente sincera:

—Pienso que tengo miedo de otra cirugía, de enfrentar un océano de cosas desconocidas donde todo puede ir mal. Tengo miedo de que salga mal, de estar equivocada… de ser demasiado. —Ahí está. Ya lo dije.

—Oye —Él me levanta el mentón—, ¿recuerdas?

Yo asiento: *No puedes ser demasiado, como las estrellas nunca podrán ser demasiado brillantes, como la luna no puede ser demasiado luminosa, como los mismos caminos de Dios jamás podrán ser demasiado.* Yo lo miro: Él es un marcador de caminos que señala hacia el Hacedor de caminos, y todos los sentimientos y temores y angustias y las cosas desconocidas abrumadoras, todas ellas son señales en el desierto que apuntan hacia Dios, para que se las entreguemos a Dios, para amar a Dios con vehementemente todas nuestras fuerzas, para estar por completo, sinceramente, en vulnerabilidad y de cerca con Él en todo, porque Su compañía es el único camino real a través de todo.

Antes incluso de despertar a Shiló para el día de su cirugía del corazón, él y yo hemos hecho esta tierna cirugía de corazón en nosotros mismos, despegándonos de todas las formas de expectativas torcidas y de mentiras encorvadas, y reorientándonos hacia una forma de ser fuerte de corazón, la seguridad y la unión con esta liturgia de intimidad:

CERCANÍA MUTUA,
ALCANCE CRUCIFORME PARA OBTENER
CONSUELO *DEL* OTRO,
ANHELAR LA PRESENCIA EL UNO DEL OTRO Y SER
UNA HENDIDURA EN LA ROCA *CONFIABLE*
PARA EL OTRO, A MEDIDA QUE SEGUIMOS REGRE-
SANDO A LA ROCA MISMA, NUESTRO REFUGIO
SEGURO Y OPORTUNO.

Cuando levanto en peso a Shiló de su cama para comenzar nuestro largo recorrido hacia ese bisturí que oramos que la salve, ella lleva puesta lo que escogió semanas antes; para este peregrinaje, ella está preparada, sabía lo que vendría: allí, sobre sus pijamas, Shiló lleva puesto una capa azul y rojo con la palabra *HEROÍNA* bordada en blanco en el frente. Yo la enrosco en mi hombro, le beso la frente y ella se me pega a mí; está tibia; en este momento está viva. ¿Cómo es posible que un ser humano tan pequeño le llene a una el corazón con tanto amor lleno de dolor? Ella es también una valiente señal, una marcadora de camino, que señala hacia el Héroe de todas nuestras historias de amor, que viene desde muy lejos para rescatarnos y salvarnos de la soledad de nosotros mismos. Yo sigo peinándole el cabello suelto.

Darryl está esperando en la puerta trasera de la casa, con nuestros cafés ya hechos y en la mano. Ya me ha acariciado en la intimidad.

Él asiente al verla dormida, viendo que yo no quiero dejarla ir nunca.

—¿Lista para comenzar?

Yo asiento y respiro hondo.

El único resultado que importa es que acudamos a Él. Si el final de esto es su muerte, aun así, nosotros acudimos a Él. Si el resultado es dolor, o vergüenza, o llamas, o cadenas o tumbas, nosotros seguiremos acudiendo a Él. La verdadera libertad consiste en ser libres del resultado y acudir a Él.

Cuando nos inunden las olas, puede venir esta desesperación de salir a la superficie para hallar el camino hacia arriba, la salida hacia la vida que esperamos. Pero el camino para atravesar todo esto consiste en no esforzarnos ni afanarnos por salir hacia arriba, sino en quedarnos quietos e ir hacia abajo y hacia las profundidades de Dios. El camino de salida consiste en entrar en Dios. Allí dentro de las profundidades de Dios, todo está tranquilo y calmado. Con la bebé envuelta en su capa, vamos tropezando en medio de la oscuridad, como peregrinos en el camino, yendo hacia abajo, más profundo aún. Que vengan las olas que quieran.

—¿Mamá? —Shiló me susurra en el oído mientras esperamos en el preoperatorio—. Tú y papá sean fuertes como yo, mamá.

—Sí, pequeña, la forma en que Jesús está con nosotros nos da una nueva manera de ser… de ser valientes. —Yo respiro hondo, y le beso una mejilla a la pequeña marcadora de camino que nos señala a casa. Darryl le está frotando la espalda y yo la estoy meciendo hacia atrás y hacia adelante, y estamos cantando suavemente sobre cómo Jesús nos ama; oh, cuánto nos ama.

Darryl hace un guiño y le hace a Shiló la seña de pulgar hacia arriba cuando ella le pone su sombrero plástico rojo favorito de bombero en la cabeza y le ajusta el protector, porque «Los dos vamos a ser súper valientes; ¿de acuerdo, papá?». Tengo un bulto que me arde en la garganta. Él aún lleva puesto el sombrero de bombero cuando el sedante previo a la cirugía hace que ella se quede dormida en mis brazos, y me tengo que apoyar en él para no caerme mientras me balanceo con todo el peso de la niña sobre mí, y le canto al oído: «Mi corazón por el tuyo, mi caminar con el tuyo, mi vida atada a la tuya…».

Ella es mi todo y es el *korbán* que yo nunca quiero entregar, pero debo hacerlo, para acercarme más y amar a Dios con toda la abundancia de mi corazón. Yo soy Ana y he venido con mi Shiló a ofrecerle a Dios la niña por la que he orado, porque es pecado todo sueño que se interponga entre el corazón y Dios.

A TRAVÉS DE LAS OLAS

Ella apenas se mueve cuando la toman de mis brazos. Yo me doy vuelta y caigo en los brazos de Darryl. Él aún no se ha quitado el sombrero de bombero que le dio Shiló. Ambos estamos encendidos por una pasión entregada al Hacedor de caminos y a cualquier forma en que Él nos quiera amar, quiera cuidar de nosotros. Las llamas forjan y forman, no solo el alma, sino también el camino hacia Dios. *Padre, en tus manos encomendamos nuestro espíritu, nuestra vida* (Lucas 23:46).

> Mientras más profundo confío en la soberanía de Dios, en aceptar y recibir lo que Él nos dé, más profunda es mi intimidad con Dios.

Mientras más profundo confío en la soberanía de Dios, en aceptar y recibir lo que Él nos dé, más profunda es mi intimidad con Dios.

Esta es la gran paradoja, la gran sorpresa que no debería ser sorpresa en absoluto: la soberanía de Dios por encima de todo se debe a que Él es

Rey, y mi intimidad con Él, a través de todas las cosas, se debe a que Él es *familia*.

Este mundo es de nuestro Padre, y las antiguas palabras de la Confesión Belga adornan Su soberanía total con una intimidad profundamente consoladora:

> «Esta doctrina [de la soberanía total de Dios sobre todas las cosas] nos da un inenarrable consuelo, puesto que nos enseñan que nada puede suceder por casualidad, sino solo por disposición de nuestro bondadoso Padre celestial, quien vigila sobre nosotros con un cuidado paternal, sosteniendo a todas las criaturas bajo Su señorío, de tal manera que ni uno solo de los cabellos de nuestra cabeza (puesto que todos están enumerados), ni siquiera un pajarillo, pueden caer al suelo sin la voluntad de nuestro Padre».[1]

Y lo siento, esa verdad eterna, que el Hacedor y tranquilizador de las olas responde a cada una de nuestras oraciones como si fueran olas. Algunas veces, se lleva el dolor, como la marea, y todo el sufrimiento retrocede como las olas que se retiran, llevándose al mar todo nuestro dolor como una exhalación de alivio.

Pero es más frecuente que no sea así y que Él no barra con el sufrimiento, sino que surja con más de sí mismo, que venga con una ola de misericordia *kjésed* para levantarnos hasta la siguiente respiración en un brote de esa gracia que nos sostiene cuando no podemos ver forma alguna de seguir adelante.

Tal como la certeza de las olas, tal vez Él no barra el dolor hasta el mar, sino que barre hacia adentro *para llevarme a mí*. Tan seguro como las olas, puede que Dios no barra nuestro dolor de vuelta al océano, pero siempre entra tronando como un océano lleno de fuerza. Y siempre, pase lo que pase, al igual que las olas, Él mece todo nuestro dolor como un Padre que canta una canción de cuna hasta que finalmente llega la paz. *Sin importar el camino, por dondequiera que vaya, que sea solo el camino del Hacedor de caminos, porque Sus caminos son más que buenos; Sus caminos son amorosos y repletos de bondad.*

Mi viejo y defectuoso corazón late con las antiguas palabras de Santa Teresita de Lisieux: «Yo tuve que pasar por muchas pruebas antes de alcanzar el refugio de paz, antes de probar los deliciosos frutos del perfecto amor y de un abandono total a la voluntad de Dios».[2]

Darryl desliza su brazo alrededor de mí, mientras que nuestra Shiló se está deslizando de nuevo bajo el bisturí. Damos un paso delante del otro. Esta vez, recordamos que ambos necesitamos tener fuerte el corazón: cercanía mutua, alcance cruciforme para obtener consuelo del otro, anhelar la presencia el uno del otro y ser una hendidura en la roca confiable para el otro, y esta vez oramos en voz alta, porque a menos que seamos un cordón de tres dobleces, todo se viene abajo. Esta vez, caminamos juntos por los pasillos y su mano nunca deja ir la mía. Esta vez, me doy vuelta y enrosco mis pensamientos alrededor de Dios.

Ahora estoy leyendo el mapa correcto. El camino de Jesús siempre pasa a través del valle del sufrimiento, del Getsemaní, y atraviesa directamente la puerta de la Esperanza *que es Él* (Oseas 2:15). Yo estoy descubriendo eso también: estar impulsado y motivado a sentirte siempre bien no es una forma estabilizadora de navegar por la única vida que tienes. Si la única forma de navegar por tu paisaje interior consiste en manipular, controlar y dominar tu paisaje exterior, habrás perdido el mapa que conduce al gozo. La vida no es lineal; no siempre se mueve hacia adelante, sino que avanza en círculos, en un laberinto que se va acercando a Dios, y el camino que parece estar dando una vuelta en el sentido incorrecto también nos podría estar abriendo un camino más cerca de Él, y de casa y del Cristo que habita en nuestro interior. Solo porque la senda no parece ir hacia arriba y hacia delante, no quiere decir que no nos vaya acercando a Dios. El camino de Jesús nunca tiene que ver con la movilidad hacia arriba, sino que siempre nos lleva hacia un camino más profundo: hacia la intimidad con Dios. Todos los mapas verdaderos señalan el camino: los Getsemaníes son lugares de intimidad. En toda encrucijada, se nos llama a recordar la instrucción del Camino en Persona, a quien seguimos y que siempre lleva cargando una cruz y que se dirige por la senda del sufrimiento hacia un lugar de muerte. ¿Por qué esperar otra trayectoria, cuando lo estamos siguiendo a Él? Cruciformidad es siempre la sanadora trayectoria de la intimidad. El Salvador Sufriente no quiere nada menos que estar con nosotros, y el sufrimiento es la forma en que Él está por nosotros, con nosotros y en nosotros. Si quieres que el Hacedor de caminos te abra un camino, debes saber que Su camino siempre corre a través del sufrimiento; Él no tiene otro camino. No porque no nos ame; al contrario, es exactamente porque nos ama.

Si nuestro Hacedor de caminos hizo un camino a través de un increíble sufrimiento para estar con nosotros, ¿cómo no vamos a creer que cualquiera que sea el sufrimiento al que nos enfrentamos, nunca se

> Si quieres que el Hacedor de caminos te abra un camino, debes saber que Su camino siempre corre a través del sufrimiento; Él no tiene otro camino. No porque no nos ame; al contrario, es exactamente porque nos ama.

debe a que Él nos ha abandonado? Su eterna misericordia *kjésed* demuestra para siempre que, cualquiera que sea nuestro sufrimiento, Él está ahí con nosotros, y no solo como un pariente bondadoso, sino como el Rey más sabio que lo controla todo. ¿Cómo nos podríamos conformar a la imagen de nuestro Salvador Sufriente, si nunca sufriéramos? Si Dios hubiera creado un mundo sin grandes sufrimientos, ¿sería este un mundo sin grandes almas? ¿Acaso no es el sufrimiento la tinta de todas las historias de amor y de las gestas épicas más inolvidables? Elimina las adversidades, y estarás eliminando la valentía. ¿No había sido ella tan fuerte en mis brazos, tan pequeña y decidiendo ser tan valiente? Quita del mundo el abrumador sufrimiento y estarás eliminando a los vencedores del mundo. La comprensión de lo que el teólogo Martín Lutero escribió cambia todas mis trayectorias: «La gloria de Dios se manifiesta en nuestro sufrimiento, mejor que en ninguna otra forma».[3] Si la principal finalidad del ser humano consiste en glorificar a Dios, y la gloria de Dios se manifiesta mejor en sufrir como Él, ¿cómo pude yo pensar que Él abriría para mí un camino que no pasa finalmente por el sufrimiento? Y, ¿cómo pude malinterpretar al necio del que habla C. S. Lewis en *El gran divorcio*?

> «Eso es lo que los mortales entienden mal. Dicen de un sufrimiento temporal: "No hay bendición futura que pueda compensarlo", sin saber que el Cielo, una vez alcanzado, trabajará en reversa para convertir incluso esa agonía en una gloria».[4]

El camino a través de este mundo es un camino de sufrimiento, siguiendo a un Salvador Sufriente, que abre el camino a toda la gloria del mundo venidero.

—¿Quieres bajar al vehículo y guardar tu sombrero de bombero? —Yo sonrío débilmente, asiento hacia sus grandes manos de holandés, porque anda caminando por estos pasillos del hospital, sosteniendo en la mano el rojo sombrero plástico de su hija china.

Él sacude la cabeza.

—No. —Respira profundamente y después exhala—. Es que lo siento como una forma de seguirla cargando a ella. —La forma en que este hombre carga su cruz podría parecer como el camino glorioso de Jesús. Cuando un hombre sabe que se ha inscrito a un amor que sufre, se convierte en un señalador que apunta hacia el amor más real de todos.

UNA BRÚJULA SAGRADA

Seis largas horas, interminables, de un cirujano trabajando de forma minuciosa en la cavidad torácica de nuestra hija, seis horas de caminar de un lado para otro, seis horas de dar gracias, porque el agradecimiento es lo que nos da la fortaleza que necesitamos para llevar nuestras cruces. Y mientras seguimos tratando de aliviar nuestra tensión a base de caminar, mi corazón sigue tomando la vía SAGRADA, siempre el éxodo hacia una unión sagrada con Él, porque si no tienes un ancla que te centre, cualquier ola te lanzará hacia el abismo.

Silencio: Puedo hacer esto en cualquier parte. Inhala, exhala, los pulmones se levantan, y caen; tanto la respiración como la vida son literalmente olas, y cuando aprendemos a estar quietos y respirar, hasta con el sonido de nuestra respiración misma repetimos Su nombre, YHWH, y aprendemos a montarnos sobre las olas, a caminar sobre el agua. Siempre lo primero es mantenerte en silencio de manera que puedas saber quién es Dios aún, y no puedes llegar al silencio pensando, sino respirando. Respira con lentitud y poco a poco llegarás al silencio. Puedo hacer esto. El silencio en el corazón se produce con la lentitud en la respiración. Yo no era más que polvo hasta que Dios me besó y me dio vida por medio de Su cálido aliento… y cuando mi respiración se vuelve lenta, regreso con lentitud al calmado silencio que hay delante de Su soberanía.

Atención: Dondequiera que estén nuestros pies, la sagrada obra interior es prestarle atención a lo que uno le está prestando atención. ¿Cuántas veces mi terapeuta, Curt Thompson, me ha ilustrado lo que escribe en su libro *Anatomy of the Soul* [La anatomía del alma]: «Aquello a lo que le prestas atención es lo que recordarás, y lo que recuerdes es lo que anticiparás en el futuro»?[5] Presta atención a la misericordia y la recordarás, y esperarás que acuda la misericordia a reunirse contigo mañana, con los brazos bien abiertos. Cuando yo presto atención a las preguntas que Dios le hace a mi alma, las preguntas del mismo Dios en la Escritura, estoy prestándole atención al Amor en Persona que me está llamando: *¿Quién dices que yo soy? ¿De dónde vienes y hacia dónde vas? ¿Qué quieres?*

Subimos varios tramos de escalera en un vestíbulo del fondo para pasar el tiempo; Darryl va subiendo por delante de mí. Mi corazón asciende, predicándole la verdad a mi alma, ubicando mi alma en relación con Él de manera que todo mi yo pueda estar en relación con Él:

> *Yo afirmo que tú eres Rey soberano y pariente íntimo, y yo vengo de ser uno de los pródigos a ser Ana, y quiero ser libre de todas las ataduras y unirme a ti en una shalóm real. Y… sí, tú lo sabes: quiero volver a tener a Shiló Shalóm Yu Xin en mis brazos de nuevo.*

Cruciforme: Este es siempre el asunto: la forma de todo lo real y perdurable es siempre cruciforme. Estirarse, hacia Dios y hacia las almas, es algo que transforma por dentro. La sumisión precede a la salvación. Cuando soltamos algo, estamos haciendo camino para poder ser llenos de nuevo. No hay camino hacia la transformación sin una cruciformación; sin someter la forma de lo que es a la forma de Cristo. Tenemos que someter nuestro *korbán* para acercarnos al gozo, a otros, a Dios. Una y otra vez, voy regresando a esto: la cruciformidad cura el *incurvatus in se*. Si vives de manera cruciforme, *el obstáculo se convierte en el milagro, el obstáculo se convierte en el milagro, el obstáculo se convierte en el milagro*.

Darryl gira en el próximo descanso y emprende el descenso, y nada de esto es inútil. Sí, eso: *El camino de Jesús nunca tiene que ver con la movilidad hacia arriba, con el camino hacia arriba y hacia afuera, sino siempre con el camino hacia abajo, más abajo y más adentro, hacia la intimidad con Dios*. La forma en que pasamos nuestra espera, la forma en que vivimos nuestra carrera desde el nacimiento hasta la muerte, allí es exactamente donde trazamos nuestro camino cada vez más hondo dentro de nuestra propia historia de amor épica con el Amor en Persona. Así que, Señor, aquí está mi *korbán*:

> No hay camino hacia la transformación sin una cruciformación; sin someter la forma de lo que es a la forma de Cristo.

Rindo a ti todos nuestros mañanas; suelto todos mis amores que han tomado un giro incorrecto; vuelvo cruciformes todos mis sueños; atráeme cada vez más cerca, cerca, cerca de ti; ven, déjame amarte. En tus manos, encomiendo todo mi ser.

—¿Tal vez acaben pronto? —Darryl le echa una mirada a su reloj una vez más, al fondo de las escaleras. Media docena de horas en una cirugía del corazón para una reparación paliativa, la manera de cortar para sanar.

—¿Quieres un café? —Me lee los ojos y me toma de la mano. Darryl pide el café. Yo abro la aplicación de la Palabra en mi teléfono y bebo, bebo, bebo.

Revelación: Esta Palabra no es únicamente un libro para leer temprano por la mañana; no es solo un libro compartimentado, un libro «para momentos de tranquilidad», sino un libro para cualquier situación y cualquier lugar; esta es siempre tu base segura.

Cuando no puedas ver el camino de salida, acércate más a la luz. Si no apartamos un tiempo para estar con Dios, ¿podremos esperar ver la forma en que Dios está abriendo las olas? A menos que nos estemos llenando más de Sus caminos que de otras fuentes de información, ¿estamos realmente queriendo que Dios abra el camino? Nosotros decimos: «Muéstranos el camino». Y Él nos dice: *Sí, aquí estoy. Yo soy el camino.* Decimos: «Indícanos qué camino tomar». Y Él nos dice: *Sí, aquí estoy. Yo soy el camino.* Decimos: «Muéstranos por qué camino debemos ir». Y Él nos dice: *Sí, ven aquí, aquí mismo.*

Darryl me entrega mi café y yo leo en voz alta:

> «Dios es nuestro refugio y nuestra fuerza;
>   siempre está dispuesto a ayudar en tiempos de
>   dificultad.
> Por lo tanto, no temeremos cuando vengan
>   terremotos
>   y las montañas se derrumben en el mar.

¡Que rujan los océanos y hagan espuma!
¡Que tiemblen las montañas mientras suben las
  aguas!

El Señor de los Ejércitos Celestiales está entre
  nosotros;
  el Dios de Israel es nuestra fortaleza»
  (Salmos 46:1-3,7, NTV).

—Exacto. —Darryl sopla suavemente sobre su café humeante y señala hacia mi camisa—. Fuertes de corazón. ¿Qué vamos a temer?

¿Cómo, en el nombre de todo lo bueno, obra Dios a favor nuestro y nos mantiene seguros cuando esa temida llamada telefónica estalla, o la metralla de la vergüenza destroza todo lo que parece ser una esperanza, o el cielo azota por todas partes y se traga completos tus sueños, o las garras de la muerte nos descorazonan profundamente, y cómo seguir caminando tambaleantes hacia delante escondiendo nuestras entrañas ensangrentadas? Entonces el malvado nos susurra que, si realmente Dios es amor, entonces en realidad deberíamos ir por caminos sin sufrimiento. Y nosotros nos desprendemos de esa mentira y la aplastamos con la verdad: puesto que Dios es realmente amor, entonces siempre vamos realmente por el camino con Él y, porque Dios es realmente amor, nuestra alma siempre está segura. «Aunque la higuera no florezca» (Habacuc 3:17); aunque la cuenta en el banco, la cama, la silla y el calendario estén vacíos; aunque la tierra de la tumba esté fresca; aunque nos ardan los pulmones con el peso de tratar de seguir respirando en medio de las olas que nos están ahogando, en Cristo, *lo que importa para siempre está seguro también para siempre.* ¡Tenemos la seguridad de confiar en Dios, porque, sin importar el camino, nuestra alma siempre está segura en Cristo! «[Nadie puede] tocar el alma» (Mateo 10:28, NTV). El infierno puede tratar de darnos una paliza, pero Dios obra incluso en las cosas infernales y las convierte en buenas. *Dios es la Palabra, y la Palabra convierte todo en una buena historia, hasta que la última línea es para bien.* Dios no se dedica a hacer transacciones; no hace tratos con nosotros de que no sufriremos a cambio de nuestro amor fiel; Dios se dedica a las *relaciones*, a abrirnos el camino para estar *con* nosotros en medio de nuestro sufrimiento, porque Él *es* el Amor fiel. Dios no impide que suframos; *Él nos sostiene mientras sufrimos.*

> «Ni un solo cabello de su cabeza perecerá [todos están contados, están bajo mi cuidado]. Al mantenerse firmes, ganarán su alma [manténganse firmes, no serán decepcionados]» (Lucas 21:18-19, NTV. Insertos de la autora).

Nada en ti; en el tú real, en el tú que es tu alma, el tú que existirá para siempre; nada se perderá jamás. Mantente fiel, mantente unido a Él y, en medio de todo, tu alma estará segura.

Examen: ¿A qué le temo exactamente?

Cuando regresamos a la sala de espera del quirófano, veo a su cirujano entrar, buscando nuestros rostros. Yo trato de leer el suyo. Está hablando de que las cosas no fueron como estaban planeadas.

—Bueno, el plan consistía en hacer un túnel Fontan lateral. —Yo asiento... sí, él nos lo había explicado durante la cita preoperatoria.

—Pero cuando entramos allí, su arteria derecha, al contrario de lo que habíamos pensado, no era lo suficientemente grande para hacer un túnel lateral. —El cirujano va trazando líneas en un papel y yo estoy intentando prestarle atención, pero solo me quedo contemplando sus manos: sus manos sostuvieron el corazón roto de ella. Esas manos.

—¿Va... Va a estar bien?

—Así que tuvimos que encontrar otra vía allí mismo en el quirófano y decidimos diseccionar sus dos venas hepáticas de su arteria derecha, quitar de su lugar su seno coronario y aumentar con un parche pericárdico y entonces coser por encima su arteria derecha. —Él nos está tratando de trazar un mapa del corazón de la niña, con todos sus cortes, conductos y secciones.

—Y entonces, las dos venas hepáticas fueron anastomosadas, conectadas, al injerto PTFE. —Levanta la mirada—. Y esa parte fue un éxito.

Los tres sonreímos y se rompen en nosotros las oleadas de tensión—. Esta cirugía para terminar de redirigir el flujo de la sangre de su corazón de un solo ventrículo nos debería durar décadas, antes que tengamos que pensar en el próximo paso: un trasplante de corazón.

Doxología: Agradecimiento, agradecimiento, agradecimiento.

—Por ahora solo nos toca esperar y ver si hay alguna complicación mientras se recupera.

Sin importar lo que venga, o lo que parezca venir en el camino, le damos gracias a Dios. Besamos a Dios: doxología, doxología, doxología.

PASE LO QUE PASE

Después de la cirugía, los días y las noches pasan indistintamente y se mezclan, como sangre, entre sí. Shiló es un pálido y frágil laberinto de cables y líneas. *La vida no es una marcha lineal hacia adelante, sino un laberinto que avanza en círculos hacia Dios, y el camino que parece estar dando una vuelta en el sentido incorrecto también nos podría estar abriendo un camino hacia Su hogar en nosotros.* Yo me mantengo acariciando el revés de la mano de Shiló, observando sus ojos, porque todos estamos buscando los ojos que buscan los nuestros y todo luchador merece un testigo. Toda vida necesita sus compañeros de vida. Cuando alguien tiene que soportar el dolor, se merece que al menos otro dé testimonio de su situación. Nosotros estamos aquí para eso; para todo eso, y no somos más que dos padres entre el gran montón de padres de ojos cansados que viven pegados al costado de la cama de algún hijo en una Unidad de Cuidados Intensivos Cardíacos.

—Dime lo que necesitas —Darryl me susurra en un momento de la segunda noche, después de la media noche—. ¿Por qué no duermes unas pocas horas y me dejas estar aquí ahora en este turno?

—No, Darryl... no, no. —Apoyo mi cabeza en su hombro—. Yo puedo esperar aquí unas pocas horas más. ¿Por qué no duermes un poco tú primero? —Vamos, déjame amarte después de todos mis caminos desviados; venga, déjame hacer al menos eso ahora por ti.

—Bueno, si tomo el primer turno, voy a dormir aquí en una de esas sillas de la sala de espera, al otro lado de esa puerta. Voy a dejar mi teléfono prendido y con el despertador puesto para las tres. —Sus labios me dan un beso ligero en la frente—. Envíame un mensaje de texto si pasa algo... y no lo vamos a discutir: me toca el turno a las tres. Luego te toca a ti. —Estamos aprendiendo el arte de turnarnos.

—¡Oye! —susurro con fuerza cuando él está casi en la

puerta. Él se vuelve con las cejas levantadas, listo para lo que sea necesario.

—Solo que… tú… —Sonrío, tratando de tranquilizarlo—. Tú, en el día segundo… en el tercero… o el que sea de llevar puesta la misma camisa… aún te ves muy bien. —Él me sonríe y me hace un guiño.

—Tú también. —No le importa que yo tenga manchas de café en mi blusa y que no huela muy bien—. La blusa… te queda bien. —*Fuerte de corazón.*

Yo sacudo la cabeza y él me tira un beso mientras abre un poco la puerta. Nos estamos convirtiendo en los señaladores hacia los sueños que hemos estado buscando.

En la sala a oscuras, encendida solo con los monitores, yo pongo una silla junto a la cama de ella y acaricio sus pequeños dedos mientras ella hace esfuerzos para respirar bajo su máscara de oxígeno. Le beso las puntas de todos los dedos. *¿Qué si nuestras manos hubieran andado buscando a tientas por todas partes durante nuestra vida entera y nunca se hubieran encontrado con las tuyas? ¿Qué si tu risa nunca hubiera llenado todos los espacios vacíos de nuestra historia? ¿Qué si nunca nos hubiéramos abrazado de manera tan estrecha que nuestros corazones hayan finalmente escuchado el ritmo del hogar?*

No, pequeña, la adopción no es tal vez la palabra correcta para describir la forma en que nuestros mundos se encontraron. Porque tú eres más que una simple adición a nuestra familia; más que una opción para nosotros. Tal vez siempre sea más que una historia de adopción; tal vez sea siempre más como la historia de un injerto.

Todos nosotros somos los injertados. Cortados y heridos. Unidos en los lugares de pérdida. Unidos y siempre creciendo juntos. Corazones llenos de cicatrices, atados y tallados hasta ser uno solo. Un solo corazón fuerte palpitando en conjunto mientras vamos cada vez más y más profundo en Su amor. Ya pueden venir las olas, cualesquiera que sean. Precisamente después de la una de la mañana, la siguiente ola rompe y el corazón de Shiló, traumatizado por la cirugía, salta y entra en el loco galope de una arritmia y su habitación comienza a gritar con alarmas. Más de una docena de miembros del equipo de cardiología inundan el cuarto y rodean la cama. Allí está también Darryl, con sus ojos agotados.

Por encima de las alarmas, la doctora del turno de noche trata de explicar los riesgos de esta acelerada arritmia, mientras el corazón de ella golpea fuera de control a más de ciento cincuenta palpitaciones por minuto en su pequeño cuerpo... teniendo en cuenta también los riesgos muy reales de los medicamentos que serían necesarios para frenar su corazón y llevarlo de nuevo a su paso estable.

—Sinceramente, no sabemos hacia dónde irá esta situación. —Ella sacude la cabeza mientras observa las luces que se mueven en la pantalla.

—Lo que sea necesario... —Darryl dice en voz baja, con seguridad.

Padre: en tus manos encomendamos nuestros sueños y nuestras pesadillas. Tómanos de la mano. Sostennos. Sostennos en tu misericordia kjésed y, adondequiera que vaya el camino, tú eres nuestro camino, tú eres nuestra senda.

La única manera de sobrevivir a las olas es mantener el ritmo de tu corazón en sincronía con el de Aquel que camina sobre el agua.

Yo sigo acariciándole el cabello hacia atrás, sigo con la esperanza de que, por la mañana, ella aún esté con nosotros.

Me atrevo a creer, pase lo que pase: no hay quebranto que el cielo no pueda sanar,[6] pero no hay quebranto en la tierra que no se sienta más en el cielo. Dios, porque es el Amor en Persona, es el mayor sufriente del universo y el más paciente. Y el sufrimiento debe tener suficiente propósito en el mundo si Dios mismo se propone soportarlo todo *con nosotros.*

Cuando el sol se levanta, ella está allí, justo allí, con nosotros… *doxología, doxología, doxología,* gracias sean dadas a Dios porque ella está dando la próxima respiración y la próxima respiración, por la siguiente onda de su corazón en la pantalla, aunque ninguna de las conmociones inducidas médicamente ha cambiado en realidad el ritmo de los latidos de su corazón.

EL CAMINO A CASA

El equipo de cardiología de Shiló no para de buscar la razón y las formas de funcionamiento de su corazón, pero sigue experimentando con medicinas diferentes para hallar una forma de reducir su velocidad hasta llegar a un ritmo de *shalóm.* Y Shiló no deja de quejarse y de toser con dolor a lo largo de los días, llorando y suplicando llena de temor durante las noches.

—¡Casa! *¡Caaaaasa! ¡A caaaaasaaa!* —Durante horas, noche tras noche, ella gime el grito de todos nuestros corazones, intenta arrancarse su máscara de oxígeno, como si se quisiera ir a su casa porque allí podrá respirar. *Ya lo sé, pequeña, ya lo sé.* Darryl se acurruca junto a ella en su cama del hospital, la toma en sus brazos, la mece junto con todas sus tuberías y la duerme en sus brazos. En los brazos de nuestro Padre ya estamos en casa.

Cuando la sumisión cruciforme es nuestra forma de vivir, las olas de la vida, una tras otra, se pueden volver un ritmo que nos mece y nos equilibra en el descanso de Dios.

Las olas que vienen en el camino están abriendo el camino.

Profundamente traumatizada por la cirugía, exhausta y asustada ante la corriente constante de técnicos, especialistas y enfermeras, Shiló lucha por controlar la única cosa que puede: se niega a comer. Durante cuatro días, no come nada. Yo trato de conquistarla y le suplico. ¿Helado? ¿Yogurt? Darryl hace volar tenedores con comida alrededor de ella como si fueran aviones acrobáticos. ¡Listo el arroz para el aterrizaje! Shiló, pálida y asustada, cierra los ojos y se da media vuelta. Nos duele el corazón.

En medio del laberinto y el enredo de los tubos, Darryl la lleva a su regazo, le acaricia el cabello mientras ella gime y los pesados tubos de drenaje quirúrgico tiran de su incisión. Él le lee historias como *Winnie the Pooh y Piglet*, le canta canciones como «Cristo me ama» y le susurra que es una *Hija de Dios* muy valiente. Le frota crema en los pies. Ella se duerme con la cabeza sobre el pecho de él, que sube y baja con su respiración.

El quinto día, Darryl está recogiendo y haciendo volar judías verdes de la bandeja de Shiló y le canturrea con su aguda voz:

—Y papá pájaro encontró un gusano verde muy largo que estaría muy jugoso para su pequeño pajarito… y vuela el gusano poooor el aiiiiire… ¡Allá va! ¡Hacia abajo! Y el pequeño pajarito abre bieeeeeeen grande la boca para papá pájaro…

Y Darryl abre la boca bajo la larga judía verde y la echa en su boca… y *traga*.

—¡Y el pequeño pajarito se traga el gusanito enseguida! ¡Qué sabroso!

Yo me estoy aguantando la risa, maravillada mientras el gran granjero, tratando de conquistar a su pequeña Shiló a que dé una mordida, una sola mordida, juega al papá pájaro y al pajarito, una judía tras otra, volando hacia arriba y hacia abajo y abriendo bien grande la boca.

—Y entonces...

Y entonces, al mediodía del quinto día... ¡Shiló abre la boca!

Y, ¡plop! ¡La pequeña judía disfrazada de gusano termina en la boca de la pajarita real! Papá gana y mamá no puede parar de reír de felicidad y Shiló sonríe tímida y papá se inclina para darle un sonriente beso.

Más tarde, cuando él termina de lavar con delicadeza alrededor de la gran incisión tapada de Shiló, durante un baño tibio en la cama para calmarla y tranquilizarla, lo observo desde el otro lado de la cama, donde le estoy dando masaje a Shiló en su manita, maravillada de verlo actuar con tanto cariño hacia ella. Puedo sentirla, la curvatura de mi corazón.

—¡Oye!

Darryl levanta la mirada con el paño de lavar en la mano y las cejas levantadas en su semisonrisa, con aspecto tímido; se parece a aquel granjerito de dieciséis años que un día conocí.

—Solo quería que supieras... que no sé si alguna vez te he amado más que ahora, viéndote así, mi granjero holandés sirviendo a su valiente hijita china adoptiva de un millón de pequeñas maneras. —Nada es más atractivo que el sacrificio. Nada crea y guarda más una historia de amor que el sacrificio. El amor tiene forma cruciforme.

Pero él está moviendo la cabeza, susurrando casi sin sonido. No levanta la mirada mientras le lava los talones de los pies.

—Ella es y siempre ha sido simplemente mi hija. Y esto es solo amor.

Yo asiento y parpadeo. Estaba equivocada; equivocada en muchos sentidos, y él estaba en lo cierto: familia injertada. Ligada y unida y pegada hasta que nos convertimos en uno. Y lo único que yo puedo hacer es esta danza de dedos sobre mi pecho, este encorvarme sobre la cama con todo mi corazón, para extender mi brazo sobre Shiló y hacia el pecho de él.

Él ve lo que yo estoy haciendo, sonríe, hace danzar sus dedos a través de su pecho y extiende su brazo hacia mí.

—Mi corazón…

Y antes que yo pueda terminar…

—Está atado al tuyo.

Y Shiló, bajo su máscara de oxígeno, se mueve… y la vemos mover su mano para hacer danzar sus dedos sobre su pecho desnudo y lleno de cicatrices, y después estira su bracito para alcanzar nuestras manos unidas y Darryl la toma de la mano.

> Nada es más atractivo que el sacrificio. Nada crea y guarda más una historia de amor que el sacrificio. El amor tiene forma cruciforme.

—Hasta mi último aliento y, luego, para siempre y por toda la eternidad. —Su padre la toma en sus brazos, nuestros corazones atados, fuertes. Aquí, justo aquí.

No sentimos vergüenza alguna por necesitarnos unos a otros; la necesidad es nuestra mayor necesidad. Así es como vivimos la historia de amor de nuestros sueños. Esta es la forma de todas las historias épicas de amor: la dependencia profundiza la unión. La vulnerabilidad que ata nuestros corazones no nos está amarrando; nos está liberando. Y esto es también cierto: la dependencia *a Dios* es la que profundiza la unión *con Dios*, y esa dependencia es nada menos que una confianza que sabe que puede estar segura de que el puente no se vendrá abajo, que los brazos podrán cargar con todo el peso, que el corazón siempre estará abierto, que nuestra persona siempre podrá depender de Aquel que cuidará de nosotros durante todo el camino. Es decir: la dependencia consiste en tener fe. La necesidad es nuestra mayor necesidad porque la necesidad nos enrosca en la dirección de la dependencia, de la fe. Y no existe un amor profundo sin dependencia y no hay amor sin fe; no hay amor si no podemos confiar, depender, inclinarnos hacia el que amamos. Esto es lo que busca Dios: corazones que tengan fe en Él, corazones que le sean fieles a Él. Lo profundo llama a lo profundo, la dependencia llama a la dependencia, el *kjésed* llama al *kjésed*.

Me transforma esto:

«La palabra griega traducida como "fe" es *pístis* que, como casi todas las palabras griegas terminadas en *is*, se refiere a una realidad actual y dinámica. Una traducción tal vez más precisa, aunque tal vez más torpe, sería "fiar". O tal vez la deberíamos traducir como "fidelidad". En el cristianismo histórico, no se entiende la fe como una certeza única y absoluta, basada en una experiencia única de salvación. *[La fe] es un movimiento activo y constante hacia Dios y con Dios*».[7]

Toda la vida cristiana es más que un solo acto de fe al pie de la cruz: la vida cristiana es un *moverse en fe* de momento en momento hacia Dios, con Dios, confiando en que Dios cuidará de nosotros; una dependencia en que Él nos sacará adelante, nos llevará más adentro; un *fiar* en Dios que injerta en sí mismo nuestro corazón. Fe no es un sustantivo, sino un verbo, y fiar es un acto, un viaje sin mapa, sino solo con Dios. Fe es no estar seguros cuál camino tomar, pero siempre ir hacia Él, en Él.

Fiar es viajar aferrados a la confianza en Él. Y entonces, esta es la verdad más profunda: todo pecado es lo contrario de fiar. El pecado consiste en negarnos a confiar en Dios, a unirnos a Dios; es encorvarnos contra toda necesidad de depender de Dios; es decir, el pecado es relacional y rompe más que leyes; el pecado rompe la confianza; quebranta la unión. El pecado es lo contrario a la unión.

Padre, en Tus manos encomiendo el corazón suturado y desenfrenado de Shiló. Te lo ruego, no a mi manera encorvada, sino a tu manera bondadosa.

Cuando no puedo comprender los tiempos de Dios, mi corazón se ajusta al tiempo SAGRADO de Su corazón.

—¿Mamá? —Shiló se mueve, se estira hacia mí en medo de la noche durante mi turno, desde la cama del hospital—. Mamá, ¿cómo llegamos allá? ¿Cómo llegamos allá?

No estoy segura de lo que me pregunta mi pequeña a la que le faltan los dos dientes delanteros. Después de haber estado todo el día nosotros tratando de persuadirla a que coma, a que dé otro paso, a que vaya arrastrando los pies llevando su monitor y venoclisis y oxígeno por el pasillo hasta el cuarto de juegos de esta ala del edificio, ¿es eso lo que está murmurando ahora en voz alta en medio de sus sueños, en medio de monitores y cables y oxígeno? ¿Cómo llegar al fondo del pasillo al cuarto de juegos común de este piso?

—¿Cómo llegamos a dónde, Shiló? —Me inclino cerca de ella—. ¿Al cuarto de juegos, pequeña? Pues… paso a paso… paso a paso. —Hacia adelante… *hacia* allí.

Pero Shiló me pone la mano en la mejilla:

—No, mamá. ¿Cómo llegamos allí? Cómo salimos de aquí y llegamos allí… ¿Cómo llegamos a *caaaasaaaa*?

Ay, pequeñita. Esa es siempre la pregunta; esa es siempre la misión: cómo salir de aquí para llegar allá… *a casa*. Ella me suplica con la mirada. La veo tan frágil y al mismo tiempo tan fuerte. Mis ojos se llenan de lágrimas.

A través de fiar. Con esa confianza de la unión, un momento tras otro…

Tomo su rostro entre mis manos.

El largo camino SAGRADO de fiar es lo único que nos llevará al hogar.

—Shiló, te lo prometo: pronto estaremos en casa. —Mis ojos tratan de poner calma en los suyos. Un corazón unido es un corazón fuerte: *en casa*.

—Mamá, ¿puedes hacer que sea más rápido? ¿Por favor? —Sus ojos buscan locamente los míos. Yo la beso con delicadeza en la frente. Ay pequeñita, lo sé, lo sé, pero eso es precisamente lo que sucede: tú no puedes ir más rápido para llegar a casa, para levantarte y salir de todo esto. Tu corazón tiene que ir más lento, literalmente; tienes que ir cada vez más profundo, más profundo en Él… *confía*. Una fe SAGRADA: *Silencio. Atención. Cruciformidad. Revelación. Examen. Doxología.*

Por fin, Shiló se ha quedado dormida y mi mente está haciendo su camino SAGRADO interior, un vulnerable paso tras otro, moviéndose a casa, hacia Dios, mientras yo salgo por un instante y bajo por las escaleras para buscar una taza de café. Darryl me había susurrado que descanse un poco, que salga a tomar el aire, algo para despertarme, y entró al cuarto para estar más cerca de ella.

Mientras me dirijo a tomarme el descanso de mi café con

leche pequeño, paso por la planta baja de la biblioteca pública y mis ojos apenas logran verlos: allí, en el escaparate del frente de esta biblioteca pública de hospital hay seis libros, seis libros de entre miles de libros más de la biblioteca, puestos en un caballete, en el frente, con la cubierta a la vista. Me detengo. La biblioteca del hospital no está destacando Beatrix Potter, ni Paddington Bear ni Winnie the Pooh, sino seis libros infantiles sobre la Pascua y el éxodo de los israelitas de Egipto, a través del mar Rojo.

Es como una señal. Dios es un ser de comunicación y revelación, y todo es una señal que nos apunta el camino hacia Él cuando no hay camino y todo ha sido pensado para servir como señal que nos indica dónde se encuentra el hogar de la comunión íntima en Él.

En silencio, sobre suelo santo, me acerco al exhibidor, tomo con delicadeza el primer libro, después el segundo… Voy hojeando esos libros infantiles para verlo todo en grabados enteros y a todo color: los hijos de Dios cruzando a través de las inmensas murallas de agua del mar Rojo, un éxodo para poder entrar; de la esclavitud a la conexión. No se trata de una fábula para niños: *se trata de los hijos de Dios, ejerciendo literalmente su fe*.

Mis manos recorren maravilladas todas esas páginas, hambrientas por la historia que todos seguimos viviendo: allí están las nubes de polvo rojizo que levantan los carros de faraón al atravesar el desierto… y la gran extensión de un interminable mar de color azul profundo que se estrella a sus pies. Abro el siguiente libro: las tribus están discutiendo. Las tensiones se han agitado hasta convertirse en un frenesí. El terror se levanta como un tsunami. El tiempo parece estarse acabando. Siguiente libro de ilustraciones: el pueblo se está quejando de Moisés y gimiendo ante Dios. Habían dejado de ser esclavos, pero aún seguían esclavos de la

ceguera ante sus posibilidades, aunque es probable que los israelitas superaran a los egipcios en una proporción de diez a uno.
Pero el temor es un artista mentiroso y estafador que estira la
realidad, un astuto mago que siempre engaña y, así, los israelitas
ven a los centenares de egipcios que se aproximan como si todo
un horizonte se estuviera llenando de repente con un monstruoso
horror. Sin embargo, allí está Moisés de pie, en silencio, atento a
Dios, con las manos extendidas de manera cruciforme... y Dios,
en una tempestad de amor, con un soplo de Su nariz, divide el
mar en dos para abrirles el camino de salida de la esclavitud y de
entrada a la conexión con Él, y el pueblo de Dios rechaza la idea
de morir ahogados en su temor, la parálisis de las preguntas, la
amargura de sentirse abandonado, y dan un valiente paso de fe
seguido de otro, y su fe los lleva a las aguas más profundas; solo
es posible encontrar un camino a través de las olas cuando tu fe,
tu confianza, tu seguridad, no son tan débiles como las olas, sino
que están cimentadas en Aquel que es el Camino.

Vuelvo las páginas del siguiente libro y, en ellas, me encuentro al pueblo de Dios pasando directamente a través de aquel mar
imposible y sin camino, y me vienen a la mente las palabras de
Martín Lutero, cuando tuvo que enfrentar su propia situación
sin camino:

> «[Cuando me enfrento] a un cuerpo de agua que debo atrave-
> sar y no encuentro lugar por donde cruzar, ni puente alguno,
> ni barco, o bien me tengo que ahogar o quedarme de este lado
> y volver sobre mis pasos. De forma similar, aunque haya lle-
> vado una vida buena aquí en la tierra e ido por el buen camino,
> aun así, cuando llegue la hora de partir de esta vida, debo tener
> un camino y una senda diferente por las cuales cruzar. Ahora,

estas no se hallan en ningún otro que en el Cristo que sufrió y murió por mí, para que por medio de Él yo pueda alcanzar la vida eterna [...]. Aquel que está y permanece constantemente a nuestro lado y dentro de nosotros, en particular en la hora en que esta vida llega a su fin, y que está tan cercano que solo Él se encuentra en nuestro corazón [...], el Salvador que ha pasado por la muerte hacia el Padre por mí, con el fin de llevarme allí también. Entonces [yo sé que] voy por el Camino correcto, el Camino que debemos tomar para viajar por él desde esta vida hasta el más allá. Esta travesía comienza con el bautismo».[8]

El camino es siempre un bautismo, una senda hacia abajo, hacia abajo, siempre en la dirección de lo más profundo de las aguas, para quedar sumergidos por completo en Cristo.

No creo haberme dado cuenta de esto con tanta fuerza como entonces, al ver todas esas pinturas y esas coloridas representaciones visuales de estos Caminos del mar Rojo: Eso es lo que estaban haciendo todos los que forman parte del pueblo de Dios... El éxodo a través del mar Rojo es ir hacia abajo, muy hacia abajo de las aguas, como quien desciende a una tumba, muriendo a sí mismo, sumergiendo todo su ser en Dios para después levantarse, resucitado, transformado en una nueva forma de vida, una nueva y sagrada forma de ser, una nueva forma de fiar. Los judíos llaman este cruce por el mar Rojo una *micvá*, literalmente una reunión de aguas con el propósito de una purificación espiritual... *¡como un bautismo!* La palabra *micvá*, que podría traducirse como renovar o rehacer, se deriva de la misma palabra hebrea que *esperanza*.[9] Todo camino del mar Rojo es una *micvá*, un ir cada vez más profundo hasta morir en las profundidades de Cristo... ¡para resucitar, levantarse hacia la esperanza! ¿Fue nuestro bautismo diferente en algo a nuestro propio camino del mar Rojo, un descender a las aguas, un sepultar el antiguo yo en el perfecto amor sacrificial de Cristo, para levantarnos hechos nuevos, resucitados a la danza y al romance del Dios trino?

Allí está, allí en el siguiente libro: Miriam, Aarón y Moisés, después de horas de fiar a través de las profundidades del mar, caminan a través de su propio camino del mar Rojo hasta el otro lado, y allí hay danza; allí está Miriam con su pandereta, porque cuando los israelitas tuvieron que huir de Egipto en medio de la noche y no pudieron llevarse nada consigo, fueron las mujeres las que se acordaron de llevarse sus panderetas, listas para danzar. Porque, a pesar de que se estaban enfrentando a un mar Rojo sin camino, su fe confiaba de manera activa en que siempre hay una forma de darle gracias a Dios por Su misericordia; su fe confiaba de manera activa en Dios y en que Él cuidaría de ellos a lo largo del camino; su fe confiaba de manera activa en que, en medio de aquellas murallas de olas y de aquellos inmensos sufrimientos, uno puede tener grandes expectativas en cuanto al romance de Dios por medio de Su misericordia *kjésed*.

Yo parezco una tonta, riéndome con todos esos libros para niños sobre los caminos del mar Rojo y siento ganas de tomar una pandereta para cantar y danzar: *doxología, doxología, doxología*.

Totalmente despierta ahora, me olvido del café, recojo todos y cada uno de aquellos libros, como si fueran maná en medio de un desierto de espera y los llevo de vuelta a Darryl y Shiló en la habitación del hospital. En medio de los sonidos de los monitores del corazón, los tubos y las guías, abro los libros al lado de nuestra pequeña... y presencio el milagro allí mismo a vivo color. Hace un parpadeo y una vuelta, yo era la caminante errante que volvía en la camioneta de mi granjero y lo decía en voz alta, como un caminante perdido, que ahora no había habido forma alguna en que nosotros adoptáramos a una bebé llamada Shalóm Yu Xin que vivía en China y que, literalmente, tenía el corazón destrozado. Y ahora estamos aquí, junto a una cama del cuarto piso de un hospital, tratando de que esa bebé se recupere de una brutal cirugía de ese mismo corazón destrozado. Darryl está hojeando todos estos libros para niños para ver las ilustraciones del camino del mar Rojo con su amada hija Shiló Shalóm Yu Xin, y lo único que yo puedo oír es el canto de Ellie sobre todos nuestros caminos del mar Rojo:

Cuando no podemos ver el camino
Él abrirá las olas
Y nunca andaremos solos
Por el camino del mar Rojo.

En una cama inclinada de hospital, Shiló parece un rayo de luz que nos inunda con gloria y Darryl es una ola de gracia que me atrapa cuando estoy cayendo, y también está el Dios trino que nos lleva por en medio de cada camino del mar Rojo con el amor escarlata de Su pasión cruciforme, que nos corteja mientras danzamos. Lo único que se necesita para el Camino es lealtad a Dios, unión con el Amante de nuestra alma, la fe en Aquel que nos ama con *kjésed*, nos adopta y protege, habita con nosotros para siempre y nos ama con Su vida que da vida.

El día catorce, cuando el cardiólogo da luz verde para que Shiló se vaya a casa con un bloqueador beta que debe usar tres veces al día, un monitor Holter para el corazón e instrucciones para nosotros de detenernos en silencio para controlar los latidos de su valiente corazoncito a intervalos definidos a lo largo del día, como si fueran momentos destinados para la oración, nosotros comenzamos a reír y llorar al mismo tiempo y Shiló se incorpora en la cama moviendo las manos y diciendo: «¡Ahora, mamá! ¡Ya nos vamos a casa! *¡Casa! ¡Caaaaaasaaaa!*».

Después de abrochar delicadamente en el asiento del auto a una Shiló emocionada, exhalamos con incontrolables suspiros de alivio mientras salimos del oscurecido estacionamiento en el sótano del hospital y subimos a la luz y a la emancipación de aire fresco que significa *irnos a casa*.

—¿Darryl?

—Ajá… —Él está vigilante, esperando a que la primera luz pase a verde, y salen de mí unas palabras que yo he esperado décadas para pronunciar.

—La forma en que te has quedado conmigo durante estos últimos catorce días… y la forma en que te has quedado conmigo… —Me quedo sin voz. Me vuelvo hacia él y digo—: La forma en que has amado a nuestra Shiló Shalóm Yu Xin durante estos últimos catorce días… —Intento tragar ese ardiente bulto que tengo en la garganta—. Simplemente… las formas en que nos has dado amor en las dos últimas semanas en el hospital me han dado más amor que ninguna luna de miel. —El amor cruciforme es siempre el que corteja a través de cualquier circunstancia.

El semáforo cambia a verde, pero él se vuelve hacia mí.

—Porque… te amo. Porque las amo realmente, a ti y a Shiló.

Y el GPS nos dirige con su agudo acento cantarín: «Recalculando, recalculando». Está tratando de encontrar un camino a través de un laberinto de zonas de construcción alrededor del hospital y nos lleva por calles desconocidas. Yo extiendo el brazo y pongo mi mano sobre la rodilla de Darryl mientras él

El amor cruciforme es siempre el que corteja a través de cualquier circunstancia.

conduce. Tal vez, todos los laberintos que parecen llevarnos más lejos en realidad sean reorientaciones que nos llevan más cerca.

—¿Ann? —Darryl pasa al carril de la derecha en el siguiente semáforo con una sonrisa de un kilómetro de ancho en los labios y mueve la cabeza—. Levanta la vista. Mira el nombre de la calle por la que nos está llevando ahora el GPS.

Y yo levanto la mirada y no puedo creer lo que veo (aunque lo creo por completo) en un letrero verde y blanco junto a las luces:

CAMINO DE MOISÉS

capítulo diecisiete

LA LUNA DE MIEL

Que tu religión sea menos cuestión de teoría
que de amor.
—G. K. CHESTERTON

El creyente, después de todo, es un ser
enamorado.
—SØREN KIERKEGAARD

Los matrimonios son unas cosas frágiles; no son logros
para sentirnos orgullosos, sino milagros para estar
agradecidos.

Él y yo volamos a través de un océano de olas; volamos hacia
una isla tropical donde estaremos juntos y solos por vez primera
en nuestra vida para celebrar nuestro vigésimo quinto aniversario, nuestra segunda luna de miel. No existe manera de cambiar
el pasado porque todas nuestras cicatrices se vuelven parte de
nosotros, pero podemos celebrar que hemos permanecido juntos y
que hemos superado las olas, que estamos aquí. Aquel primer voto
fue: «Acepto»; el de ahora es: «Estoy aquí, justo aquí». Cuando
dos corazones logran reparar una fractura al injertarse el uno en
el otro, esa fractura se convierte en su fortaleza.[1]

Lo que yo encuentro es una cabaña de un solo cuarto en un
solitario sembradío de piñas para mi granjero y para mí. Tiene

puertas francesas que dan directamente al océano y a los campos de piña con bandadas de ruidosas gallinas; de esa manera, si él necesita ir a trabajar, tienen buena tierra. Tal vez se sentirá en casa… o al menos tendrá una vía de escape. Tal vez si yo me siento rechazada, perdida, pueda encontrar solaz en las olas.

Después de aterrizar, alquilamos el único auto económico que les queda en el lote, un Kia azul, y nos lanzamos tentativamente hacia el extremo más lejano y silvestre de la isla, para después tomar un camino solitario y sin salida hacia la granja, solo para nosotros durante los siete días siguientes. Yo respiro hondo. Estoy nerviosa. Debajo del palmar que nos lleva a la granja, los granjeros que nos alquilaron el lugar dejaron encendida la luz del portal del frente de la cabaña. Sonreímos con cara de tontos. Esta es una manera de caminar y de regresar, de vuelta a la luz que está siempre encendida. El amor es una interminable vuelta al hogar.

Caminamos enseguida hasta el borde del agua y nos mojamos los dedos de los pies en el océano. Hemos perseverado, solo porque el *kjésed* del Hacedor de caminos siempre nos sostiene. Él desliza su brazo alrededor de mí, mientras recorre con la punta de sus dedos la curva de mi hombro desnudo y vemos cómo el sol se pone como una ascua que penetra en las olas, una bola de fuego que se hunde en su propio mar Rojo.

—¿Esta semana… con qué sueñas tú? —Me vuelvo para verlo de frente, como si necesitara ser lo suficiente para retener la atención de un hombre—. He hecho una lista de todas las cosas diferentes que podemos hacer y que a ti te encantan. Un poco más adelante hay cuatriciclos y motos acuáticas para alquilar, y también me parece que hay tablas de *windsurf* en algún lugar.

Él me inclina la cabeza para que lea sus ojos.

—Nada de alquilar. Nada de reservar. Nada… nada de

aventuras ni de logros. ¿Qué es lo que realmente me encantaría? Solo estar contigo. Lo único que quiero... es estar contigo.

Yo asiento y la barbilla me tiembla un poco. Yo puedo cambiar; él puede cambiar; las personas pueden cambiar; las cosas pueden cambiar; las historias pueden cambiar; nuestras formas pueden cambiar; nuestra manera de ver las cosas, de existir y de ser puede cambiar.

Mantenemos las puertas francesas abiertas hacia al océano, a la brisa con fragancia del limón y al olor de las algas y de las olas que llegan durante toda la noche. Nos acostamos y permanecemos despiertos, escuchando el mar, y nos encontramos el uno al otro y la gracia sublime nos encuentra, y no dormimos. Nuestros cuerpos hablan por nuestras almas.

Nos buscamos y nos tocamos y yo pongo mi mano en su mejilla curtida por la intemperie, y sus ojos, como piezas de arte distinguidas, enmarcados por décadas de arrugas, no dejan de mirar los míos. Él me conoce. Él me conoce *[yadá]*. Conoce todos los bordes de mi historia que duelen cuando se tocan, los lugares que están fracturados y tensos, los lugares dentro de mí que duelen, sensibles por estar vacíos. Él sabe lo que me avergüenza. Lo ha visto todo de mí. Y no me refiero a las arrugas ni a la celulitis; me refiero a la fealdad y a las palabras arrojadas que no se pueden recoger y guardar en ninguna botella, a los pecados que han estropeado y llenado de cicatrices largos trechos de mi alma... y de la suya.

Nuestros ojos sostienen mutuamente la mirada. Hay un viejo amor que ve con una especie de doble visión santa, que recuerda a un joven amante en toda su aparente infalibilidad y que ve también al amante maduro en toda su hermosa humanidad. Esto debe ser lo que significa estar desnudo y no sentir vergüenza.

El amor apasionado es mucho más que un simple enamoramiento. La palabra *pasión* significa literalmente «sufrimiento», lo cual significa que los amantes son los más pacientes. Es decir, los viejos amantes son los más apasionados de todos. Son los viejos amantes los que han sufrido con ternura a través de las crisis y de los hijos y del incontable pasar indistinto de los días y de los sufrimientos en silencio de aquellos que viven la pasión incesante más genuina. Son los viejos amantes los que están dispuestos a sufrir el uno por el otro, y esto es lo que hace que todos sus demás sufrimientos se vuelvan soportables. Son los viejos amantes los que han sufrido apasionadamente durante largo tiempo el uno por el otro, y ambos unidos, y así han cultivado el amor filial mutuo más apasionado de todos. Y es el amor sufrido, apasionado, filial, esa risa fácil y confianza total, la solidez de la compañía y de la amistad y de la unidad, lo que constituye el amor más feliz de todos. Y es el viejo amor el más sugestivo de todos, porque sugiere que todo lo que somos es visto realmente y conocido y que, aun así, somos amados de una manera total. Solo al ser realmente conocidos de maneras que quisiéramos que nadie conociera jamás llegamos a conocer en realidad lo que significa ser amados.

¿Qué podría ser más arriesgado que arriesgarnos a envejecer con alguien hasta llegar a gastarnos de manera que solo nos quede el alma desnuda?

El sol se levanta en el horizonte y nosotros nos unimos y pactamos; necesitamos y somos necesitados; deseamos y somos deseados. Ya no somos los avergonzados; somos los salvados. Las historias de amor más seguras son siempre historias de rescates, salvados de vivir solos en nuestra propia alma, encorvándonos dentro de nuestro propio corazón. Nuestra piel, al renovar nuestros votos, nos renueva una y otra vez.

Él y yo estamos escribiendo otra línea de nuestra historia de amor que no quiero que termine nunca, aunque faltó poco para que yo misma la acabara, y esta es una de las cosas más ciertas que conozco: nuestra adicción a girar, siempre girar hacia lo novedoso de una y mil formas, las nuevas cosas que brillan, las nuevas distracciones, las nuevas cosas que comprar, que comer, que leer, que mirar, que cliquear, todo esto nos enferma el alma tanto que no podemos ver la belleza que hay en las cosas viejas, en las cosas familiares, en las cosas ya gastadas, en las cosas probadas y ciertas y profundamente sagradas. Recorro la curvatura de su brazo, bosquejo la palma de su mano. Yo conozco a este hombre. La familiaridad incuba la clase de amor real del cual todas las clases de novedades solo pueden soñar.

—¿Cómo te las arreglas para hacer que mi corazón siga dando brincos? —le susurro calladamente, mientras nuestras piernas están enredadas entre las sábanas. Escogeré el amor aburrido de las décadas de ayudarme con la cremallera en la nuca del vestido, de compartir la misma mesa y pasarme la jarra del agua una noche tras otra y después lavar los platos blancos del diario y apagar las luces, porque lo cierto es lo siguiente: los verdaderos románticos son los aburridos, los que permiten que otro corazón perfore el suyo, hasta que los dos se convierten en uno solo.

Si nuestra adicción a girar para enamorarnos de todo tipo de novedades nos enferma el alma, entonces esto también es lo más cierto de todo: la plenitud consiste en enamorarse de los mismos ritmos sagrados de antaño, del mismo lugar de siempre, de la misma gente milagrosa de siempre, día tras día, una y otra vez. Este es el camino del Amor en Persona. Aquel que es Amor no puede dejar de amar el mismo sol que danza una y otra vez a través de estos mismos cielos, día tras día, y no puede dejar de cortejar a este mismo mundo cada vez que da una vuelta en la misma coreografía rotante de la luna y las estrellas y el espacio y la gracia infinita.[2] Nunca pasa de moda que el Amor mismo se siga enamorando de Sus mismos amores de siempre.

—Y tú... —Coloca unos cuantos hilos de plata míos detrás de mi oído y sonríe—. ¿Cómo te las arreglas para seguirte volviendo cada vez más hermosa?

Su sonrisa es lenta y relajada... familiar. Él está sonriendo como si fuéramos jovencitos, y yo me río porque mi granjero piensa que conoce lo que significa crecer. El matrimonio no se trata de ser siempre felices; el matrimonio se trata de siempre *crecer en la dirección correcta*. La vida no se trata de evitar los traumas y los sufrimientos; la vida se trata de nuestro crecimiento a través de ellos. Y hasta el amor más viejo, los días más difíciles, pueden conocer un crecimiento lento en nuestra propia y singular manera de crecer, para los que tienen ojos para ver. Todo ecosistema que permanece siempre igual y nunca crece, está estancado. Se está muriendo. Si una relación no está cambiando, creciendo, por lento que sea ese crecimiento, se está muriendo. La búsqueda de un estado inmutable de felicidad nos lleva a un estado de estancamiento y de desesperación. Los matrimonios centrados en la felicidad implosionan, porque ese centro cambiante no es sólido. La felicidad inmutable no existe, porque la felicidad va y viene como las olas del mar, y la única cosa inmutable es el mismo cambio. Las relaciones sanas tienen un sano movimiento que recuerda las olas, con sus alzas y bajas,

> La plenitud consiste en enamorarse de los mismos ritmos sagrados de antaño, del mismo lugar de siempre, de la misma gente milagrosa de siempre, día tras día, una y otra vez.

y creen que siempre habrá otra manera de levantarse. Los dos se convierten en uno para volverse más fuertes, para perseverar y sufrir y cambiar y ser santificados y crecer, levantándose hacia una nueva vida juntos.

Este es el inefable milagro del matrimonio: haces la promesa de seguir amando a la misma persona de siempre, que a su vez sigue creciendo y convirtiéndose en desconocido.

Dios sabe que este es el más profundo de los votos: «Estoy aquí, justo aquí». No es la falta de infatuación lo que hace infeliz a un matrimonio, sino la ausencia de una profunda unión mutua.

> No es la falta de infatuación lo que hace infeliz a un matrimonio, sino la ausencia de una profunda unión mutua.

Lo que transforma un matrimonio, una vida, es escoger en un millón de pequeños momentos volvernos hacia el rostro del otro en lugar de acudir a alguna distracción, alguna pantalla o alguna adicción. Hacer de tu cónyuge tu persona favorita es lo que puede hacer feliz tu matrimonio. El enamoramiento solo es el indomable impulso que se produce antes de caer con suavidad en un profundo desfiladero de compañía mutua a través del dolor y del sufrimiento que conduce al camino de la dicha verdadera. El enamoramiento es una parte emocionante dentro de todo el proceso, pero la perseverancia en el amor es lo que lo convierte en una historia de amor.

La pasión del Cristo es el amor apasionado por excelencia; permanece en Cristo y te será posible permanecer enamorado.

Mis ojos no se desprenden de los suyos. Los suyos no dejan los míos. Y no queremos dejar nunca de vernos el uno al otro con esta clase de santa visión doble.

> La pasión del Cristo es el amor apasionado por excelencia; permanece en Cristo y te será posible permanecer enamorado.

—¿Estás bien? —Su voz es tierna mientras me atrae hacia sí; me rodea con su brazo y mi cabeza queda descansando allí, sobre su pecho. Puedo escuchar los latidos de su corazón. Fuertes.

—Cada vez que me dices solo esas dos palabras: «¿Estás bien?», yo oigo: «Te veo. Estoy aquí para ti. Me importa dónde estás. ¿En qué me necesitas? ¿Cómo me puedo entregar a ti de manera que sepas que estás profundamente segura?».

El camino para atravesar lo que sea es saber que somos amados en medio de lo que sea.

Él besa mi frente con delicadeza.

—Perfecto. Eso es precisamente lo que yo quería decir... —Su corazón late allí mismo, junto a mi oído.

Después que abrimos las sábanas, antes de salir caminando hacia el océano y las olas que rompen continuamente, yo me deslizo dentro de la falda de seda que él mismo escogió para mí en Israel; mi granjero entregando en Tierra Santa sus dólares ganados con sudor y mugre para comprar esta falda de seda con rosas pintadas junto a un río que tuerce su camino a través de un huerto. No recuerdo que él hubiera hecho algo tan magníficamente generoso antes. Al nivel de la cintura, hay cosidos unos cristales en medio del jardín de flores.

Él se me pone detrás frente al espejo inclinado de la cabaña, me desliza los brazos alrededor de la cintura y me susurra en la nuca:

—¿Sabes? La mañana contigo... aún la siento como si estuviera en el huerto del Edén.

—¿Después de todo lo que ha pasado?

—Especialmente después.

Sus labios rozan mi mejilla. Fue en ese primer huerto del Edén donde nosotros rechazamos el camino de Dios, pero en el otro, en el huerto de Getsemaní, el Hijo del Dios trino inclinó la cabeza y dijo: «No mi camino, sino solo el tuyo». Y después fue al árbol del Calvario con el fin de guiarnos hacia nuestro hogar en el huerto restaurado del Edén al final de los tiempos, con su «río de agua de vida, claro como el cristal, que salía del trono de Dios y del Cordero, y corría por el centro de la calle principal de la ciudad. A cada lado del río estaba el árbol de la vida [...]; y las hojas del árbol son para la salud de las naciones» (Apocalipsis 22:1-2), donde habrá una comunión y una consumación de la historia de amor que superará todos los sueños. Nunca habrá otro alejamiento; nunca una lágrima más; nunca otro camino más que la bondad de Él. «Ya no habrá maldición. El trono de Dios y del Cordero estará en la ciudad. Sus siervos lo adorarán; lo verán cara a cara, y llevarán su nombre en la frente. Ya no habrá noche; no necesitarán luz de lámpara ni de sol, porque el Señor Dios los alumbrará. Y reinarán por los siglos de los siglos» (vv. 3-5). Y nos despertaremos para ver todos nuestros sueños convertidos en realidad: nosotros seremos plenamente conocidos y conoceremos la plenitud de Dios. Todo será de la manera en que fue creado originalmente, incluso y, especialmente, nosotros. El sueño está casi aquí y ya ha llegado; Él ya nos ha declarado suyos y nos ha dado un nombre como propiedad suya: Amados.

—¿Te puedo preguntar...? —le murmuro a él ya en la playa, mientras sus labios encuentran los míos y un fotógrafo se arrodilla en la arena e intenta capturarnos en imágenes para conmemorar nuestras dos décadas y media de matrimonio.

—¿Por qué no me besaste de esta manera en el día de nuestra boda, cuando el fotógrafo trató de retratarnos después de nuestros votos? —El borde de mi falda con el jardín es acariciado por las olas.

—Supongo que será que ahora tengo más práctica —me dice en broma, y me acaricia el cuello con la nariz. Yo, sorprendida ante su atrevimiento, lanzo mi cabeza hacia atrás, me río demasiado fuerte con la felicidad que sentimos los dos por haber decidido seguir practicando nuestra fe. Y entonces, una ráfaga sorpresiva desde el océano nos sacude y él se siente valiente y me besa lentamente por un lado del cuello sin timidez, sin sonrojo.

«Como el estruendo de una catarata» (19:6), el gozo se abrirá paso también, cuando la cuerda del tiempo se detenga y nosotros nos levantemos en oleadas de adoración porque al fin ha llegado Jesús en busca de Su novia, porque «Ya ha llegado el día de las bodas del Cordero. Su novia se ha preparado» (v. 7), y nosotros ya habremos practicado durante toda nuestra vida sagrada para este beso de doxología, doxología, doxología. La dote de la novia ha sido pagada por completo en la cruz por el Cordero cuya sangre cubrió los postes de las puertas en Egipto para abrir el camino para que el ángel de la muerte pasara por encima de nosotros, por el corazón sacrificado del Cordero que es Jesús, el Único que nos ha amado hasta la muerte para traernos de vuelta a la vida más real de todas.

«El ángel me dijo: "Escribe: '¡Dichosos los que han sido convidados a la cena de las bodas del Cordero!'". Y añadió: "Estas son las palabras verdaderas de Dios"» (v. 9). Nunca se han escrito palabras más verdaderas. Nosotros hemos leído la última página y sabemos de qué manera termina nuestra historia… nuestra historia termina en que somos amados sin fin; la última línea es siempre para bien. Las metáforas de este mundo darán paso al matrimonio eterno. Los caminos difíciles son convertidos en un camino hacia la boda santa. Por cada camino que parece no ser un camino, Dios abre un camino «en el mar [...] entre las muchas aguas» (Salmos 77:19) hacia el festín de amor, que jamás tendrá fin.

Nuestro felices para siempre es seguro: después de que suceda todo habrá una boda con el Amor en Persona.

La consumación que vendrá superará a todo lo demás.

—¿Después de todo?

—*Especialmente.*

Somos sostenidos; el sueño se cumplirá. Tenemos que seguir confiando en que ese es siempre el camino de Su universo; el único camino que importa al final de todo.

Darryl toma mi mano y me guía hacia las olas, y el agua se siente como un lavamiento, como una renovación, y la forma en que su cuerpo le da estabilidad al mío se siente como un ancla, y yo y mi falda de jardín de Tierra Santa nos estamos bautizando en el mar. El primer éxodo a través de las aguas, con el brazo extendido de Dios, no fue solo para salvar de todo lo que esclaviza, sino también para hacernos un camino que nos permitiera estar con Él. Dios mismo da testimonio de esto:

> Nosotros hemos leído la última página y sabemos de qué manera termina nuestra historia... nuestra historia termina en que somos amados sin fin; la última línea es siempre para bien.

«Ustedes son testigos de lo que hice con Egipto, y de que los he traído hacia mí como sobre alas de águila. Si ahora ustedes me son del todo obedientes, y cumplen mi pacto, serán mi propiedad exclusiva entre todas las naciones» (Éxodo 19:4-5).

Cuando llegue el nuevo y último éxodo del Apocalipsis, todos los que mantengan firme su fe en el Camino estarán «de pie a la orilla del mar [de vidrio]» «y [cantarán] el himno de Moisés [...] y el himno del Cordero» (Apocalipsis 15:2-3), el cual no es sino un canto épico de amor en dos movimientos sagrados, un cántico de amor en el éxodo y un camino de entrada para siempre. Cuando Moisés cruzó el mar Rojo, guio a todo Israel en este cantico de amor a Dios:

> «Cantaré al Señor, que se ha coronado de triunfo
>> arrojando al mar caballos y jinetes.
> El Señor es mi fuerza y mi cántico;
>> Él es mi salvación.
> Él es mi Dios, y lo alabaré;
>> es el Dios de mi padre, y lo enalteceré.
>
> Bastó un soplo de tu nariz
>> para que se amontonaran las aguas.
> Las olas se irguieron como murallas;
>> ¡se inmovilizaron las aguas en el fondo del mar!
>
> Por tu gran amor [misericordia *kjésed*] guías al
>> pueblo que has rescatado;
>> por tu fuerza los llevas a tu santa morada»
>>> (Éxodo 15:1-2, 8, 13).

«Entonces Miriam la profetisa [...] tomó una pandereta, y

mientras todas las mujeres la seguían danzando y tocando panderetas, Miriam les cantaba así: Canten al Señor» (vv. 20-21).

Hasta el día de hoy, los judíos se levantan a cantar exactamente estas palabras cada mañana, este himno del mar, este himno de Moisés, una verdadera serenata de la misericordia *kjésed* desde aquel día hasta hoy. Y por eso colecciono panderetas en la parte de afuera de mi cocina, porque aún hay mujeres que toman sus panderetas en medio de sus Egiptos y se aferran a ellas cuando se hallan entre la espada y el mar Rojo, confiando en que habrá un camino para atravesar ese mar y en que Dios es digno de agradecimiento: *doxología, doxología, doxología*. Y algún día, pronto... muy pronto, nosotros seremos los que cantaremos el himno de amor de Moisés con el himno del Cordero antes de nuestro banquete de bodas al final de los tiempos, cuando seremos suyos y estaremos allí, junto a Él, como escribiera Spurgeon: «El festín del amor; allí, donde el amor está en casa».[3]

Cada una de esas mañanas tropicales de nuestra segunda luna de miel, él y yo nos deleitamos con un cuarto de arándanos frescos y un cubo de yogurt fresco de la tienda de víveres a la salida de Bay Road, compartiendo un tazón en el camino al océano. Observamos cómo las nubes de lluvia de todos los días se abren sobre las olas y esa luz solar dorada cae con la lluvia mientras sonreímos de oreja a oreja y reímos con un arco iris sobre nuestras cabezas ya blanquecinas. Dios puede encender en llamas la lluvia y disparar un arco de amor, de *shalóm*, directamente hacia las tormentas, mientras nosotros dejamos las puertas francesas de la cabaña abiertas de par en par.

Nuestro amor está haciendo de metáfora. Pronto llegará la realidad.

EN CASA

Cuando regresamos a casa, yo cuelgo la llamativa falda de Tierra Santa en la parte trasera de la puerta de nuestro cuarto, para no olvidar el sabor anticipado de ese para siempre. Una pandereta cuelga lista y agradecida en la pared.

Darryl y yo nos llevamos a Shiló y salimos a caminar con ella una agradable tarde de domingo hasta el río. Shiló va cantando como si fuera una corona cantora sobre los hombros de Darryl y yo voy tomada de su mano, fijando este momento en la mente como una pintura. Nos detenemos debajo de las viejas ramas de nuestros retorcidos sauces allí, a la orilla de las aguas.

Shiló se inclina por encima de la cabeza de Darryl, le da unas palmaditas en la mejilla a su papá y le señala hacia el otro lado del riachuelo poco profundo, cuyas aguas se levantan con suavidad sobre las piedras.

—Papá, ¿me llevas hasta la otra orilla?

Yo sé lo que él está pensando, incluso antes que responda, porque sé lo que me ha dicho a mí, y a Dios.

—Por ti, sí, adonde sea, de la manera que sea.

Ese es el camino de salida; es lo único que yo necesito para darme vuelta y decirle a mi Primer Amor, a mi Abba Hacedor de caminos, sin importar el camino sin salida en el que parezca estar; sin importar las olas que rompen más adelante: aquí estoy. Iré por el camino que sea si es contigo. Cualquiera que sea el camino, mientras tú estés conmigo y yo contigo.

El Camino es una Persona, y la única manera de ser una persona plena y satisfecha es abrazar Su romance SAGRADO.

Me inclino contra los sauces y sonrío como una tonta embriagada de amor porque el padre está cargando a su hija entre risas a través de las aguas cantarinas. Y tal vez el río corra con el himno de Moisés, el himno de Miriam, el himno del Mar y el himno del Cordero… y esa despistada y joven esposa que se casó mientras el predicador hablaba de la «Canción de Annie» ya sabe ahora quién es, porque sabe de quién es, porque Él se hizo camino para casarse con ella, y su nuevo corazón palpita por este camino de fiar y confiar que canta un himno de amor que él mismo escribió:

Ven, que yo dejaré que tú me ames de cualquier
forma en que quieras amarme.
Ven, haz un camino hacia mí,
Para tomarme, y hacerme…
Tu hija, tu novia, solamente tuya.

¿Qué otro canto SAGRADO puedo cantar como respuesta al Hacedor de caminos que nunca deja de hacer que todas las cosas se conviertan en amor?

Y las aguas del viejo río de la granja siguen corriendo con este himno del latido *kjésed* del corazón del Hacedor de caminos que nunca se detiene:

Yo estoy aquí, justo aquí, y tú ya estás en casa.
Ya eres abrazado.
Ya eres amado.

Shiló y Darryl voltean en medio de la corriente del río, sonrientes como si estuvieran caminando sobre el agua, y Shiló me hace señas y me dice *¡Ven!* Y Darryl asiente con una amplia sonrisa. Y yo me río y me adentro en el agua que me llama… y sí, iré; tomaré el camino sagrado hacia la otra orilla.

El camino

SAGRADO

del caminante

LA BRÚJULA DEL CAMINANTE
UN ESTILO DE VIDA *SAGRADO*

ILENCIO PARA *CONOCER* A DIOS

¿Cómo puedo estar quieta, en silencio, y respirar en un lugar de confianza con Dios hoy? (Sal 46:10)

_____

_____

TENCIÓN PARA *ESCUCHAR* A DIOS

¿Quién digo que es Dios hoy? (Mc 8:29)

_____

_____

¿De dónde vengo y a dónde voy hoy? (Gn 16:8)

_____

_____

¿Qué quiero hoy? (Jn 1:38)

_____

_____

RUCIFORMIDAD PARA *SOMETERME* A DIOS

¿Qué necesito hacer o rendir para vivir de manera cruciforme hoy? (Lc 9:23)

_____

_____

EVELACIÓN PARA *VER* A DIOS

¿Cómo experimenté una revelación fresca de Dios en su Palabra hoy? (Sal 119:105)

_____

_____

 XAMEN PARA *REGRESAR* A DIOS

¿A qué le temo hoy? (Mc 4:40)

_____

_____

 OXOLOGÍA PARA *AGRADECER* A DIOS

¿Por qué puedo agradecer a Dios hoy? (1 Ts 5:18)

_____

_____

MANIFIESTO DEL CAMINANTE

Hoy, me encuentro en el Camino del silencio
    y la confianza:
Soplan vientos tempestuosos
Sobre los caminos del mar Rojo.

Hoy, me encuentro en el Camino del silencio
    y la confianza:
No hay temor,
Pues soy siempre amado,
Por siempre en comunión,
Y giro; doy vuelta,
Porque Él me llevará hasta la meta.

Hoy, me encuentro en el Camino del silencio
    y la confianza:
Lo que está en el camino me lleva al
    Camino.
(Sabes que vas por el camino del mar Rojo
Cuando tu corazón está más cerca de Él).

Hoy, me encuentro en el Camino del silencio
    y la confianza:
Lo que parece encubierto en la nube
Es una llama que alumbra el Camino.

Hoy, me encuentro en el Camino del silencio
    y la confianza:

No importa solo avanzar; lo que más
importa es el objetivo.
No hacia adentro, ni errante, ni hacia
adelante, ¡sino siempre *hacia Él!*

Hoy, me encuentro en el Camino del silencio
y la confianza:
Jesús es mi persona favorita.
*(La verdadera libertad es ser libre del resultado
y acudir a Él).*

Hoy, me encuentro en el Camino del silencio
y la confianza:
Solo puedo atravesar las aguas
Cuando me someto a vivir en la cruz.
(Incurvatus in se podrá afirmar
que la salida del quebranto es encovarse hacia
adentro,
pero escapar del dolor es extenderse hacia afuera,
cruciforme).

Hoy, me encuentro en el Camino del silencio
y la confianza:
El camino más fácil conduce a la vida más
pobre.
Es el camino angosto, el más difícil, que
conduce a una vida abundante.
(Camino fácil; vida vacía.
Camino difícil. Vida santa y satisfactoria.

Camino angosto y difícil. Vida santa y
  satisfactoria).

Hoy, me encuentro en el Camino del silencio
  y la confianza:
El obstáculo es el milagro.

Hoy, me encuentro en el Camino, si en
  silencio lo pongo por obra:
Doxología, doxología, doxología.

LA ORACIÓN DEL CAMINANTE

Dios, dame la gracia para aceptar
los misterios que no puedo entender,
la apertura cruciforme de vivir
en sumisión a tus caminos,
más sabios y más bondadosos
que los míos,
y la profunda shalóm de estar simplemente
aquí y ahora, contigo,
y tú conmigo.

AGRADECIMIENTOS

A sí como los hijos de Dios caminaron por en medio del mar Rojo en comunidad, así también esta historia entre las olas ha sido una travesía de sanidad en una comunidad que estoy deseosa de agradecer.

A Darryl, que me escogió hace cuántas lunas llenas; tú has sido mi ancla en Cristo en medio de la tormenta y la crisis y el subibaja de la marea, y te amo hasta la luna y de regreso hasta el corral de los cerditos en la granja. Tú has sido un reflejo de Jesús para mí; me has mirado a los ojos y me has susurrado: «No hay de qué avergonzarse». Eres mi refugio, mi guarida, mi regalo más preciado de la mano del mismo Dios. Aunque todo lo demás se derrumbara, gracias al Camino en Persona, no habría manera de que mi amor por ti se esfumara, así que no temeré; todo estará bien. Mi corazón está fundido al tuyo; somos uno. Nunca podré agradecerte suficiente, Darryl, por el regalo de esta vida a tu lado.

Al hermoso y valiente corazón de todas las mujeres en Morning Star Foundation en China que amaron a Shiló Shalóm Yu Xin con todo su ser; tendrán para siempre mi más grande estima y mi más profunda gratitud. Su sacrificio de amor desinteresado, incluso en medio de pérdidas desgarradoras, es nada menos que la fragancia de Cristo. A la madre biológica de Shiló; no pasa un solo día sin que piense en ti, sin que ore por ti, sin que anhele con pesar encontrarte; gracias, maravíllate de la hija que llevaste en tu vientre.

A Ellie Holcomb, Nicole Witt y Christa Wells, quienes tomaron una línea de uno de mis blogs y escribieron *Red Sea Road* [El camino del mar Rojo], que nos dieron un himno de esperanza cuando parecía no haber camino.

A Arie Bar David, Ji Yun, Kyle Strobel y Curt Thompson; desde las costas de Israel hasta el gran estado de Texas y a ambas costas de Estados Unidos, ustedes nos abrieron los ojos a más del corazón de Dios.

A Lisa-Jo Baker y John Blase; ustedes entraron en esta historia hace mucho tiempo; la fortaleza y la seguridad, lo honesto, lo verdadero y lo amable. Caminaría mil kilómetros más con peregrinos fieles como ustedes. No se imaginan cuánto significan ustedes para mí.

A Bill Jensen, Don Jacobsen, Damon Reiss, Debbie Wickwire, Carolyn McCready, Sandy Vander Zicht, Tom Dean, Mick Silva y Sara Riemersma; cada uno de ustedes es como Aarón y Hur; me sostuvieron de rodillas, en oración; son como mi familia. Estoy en deuda con ustedes por Su gracia ilimitada y, cuando estén delante de nuestro Señor, mis manos se enrojecerán de los locos aplausos que daré al ver sus coronas colocadas a los pies de Él.

A Molly, John y mamá, mi familia. Pertenecemos el uno al otro para siempre; nunca estaremos solos y, cuando parezca no haber camino, el Hacedor de caminos se abrirá un camino hasta por el ínfierno para llegar a nosotros y susurrar: «Eres mío». Tenemos un nuevo Padre y hemos sido abrazados hasta el final de los tiempos y, luego, por la eternidad. Los amo más de lo que pueden imaginar. Saldremos adelante, porque tenemos un Hacedor de caminos.

A Caleb, Joshua, Hope, Levi, Malakai y Shalóm. Por partir mi corazón de alegría por su simple existencia, por todas las veces en que se han sacrificado y me han perdonado y se han vuelto a levantar con determinación y con gracia abundante y perseveraron; no podría amarlos más. Son media docena de los seres humanos más cautivantes, y ser su madre, darles testimonio y cercanía en cada momento y sin importar nada ha sido el mayor privilegio de mi existencia. No puedo esperar para ver las maravillosas y sinceras historias que escribirán con su vida. Su mamá piensa que cada uno de ustedes es una joya de otro mundo.

A Shiló. Mi hija adorada, escogida y amada. No hay suficientes páginas, tinta ni palabras para expresar cuánto te amo; como ser tu mamá de corazón es como estar en terreno sagrado; como, sin importar lo que necesites, tienes mi promesa de que haré la vocación de mi vida hacerte sentir profundamente vista y conocida, plenamente segura y en paz. Tu familia entera piensa que eres lo mejor que nos ha sucedido; estamos deslumbrados por ti, enamorados de ti; estamos aquí para ti y nuestro corazón está atado al tuyo por toda la eternidad.

Al Hacedor de caminos. En el fondo de mis pozos cenagosos más profundos, descubrí que tus manos no buscaron alcanzarme; tus brazos siempre han estado sosteniéndome. Cuando toqué fondo, tú fuiste la roca debajo de mis pies y, Jesús, tú no eres una simple creencia para mí; tú eres mi aliento. No eres una simple teoría; eres mi gravedad. No eres un lente para ver mi vida; eres mi vida entera. Dios trino, mi propio Hacedor de caminos, tú no eres una esfera de alguna vida multidimensional… Eres toda mi atmósfera, mi tierra, mi pulmón, y lo único que me mantiene de sofocarme en mí misma.

Aquí estoy, Señor, toma todo de mí; hágase tu voluntad, por tu camino.

Todos estamos conectados al Amor; Él es siempre el camino.

NOTAS

Capítulo 1: En el principio

1. Daniel J. Siegel y Tina Payne Bryson, *The Power of Showing Up: How Parental Presence Shapes Who Our Kids Become and How Their Brains Get Wired* (Nueva York: Ballantine Books, 2020), pp. 9-14.
2. Dietrich Bonhoeffer, *Creation and Fall: A Theological Exposition of Genesis 1–3*, trad. Douglas Stephen Bax, ed. John W. de Gruchy (Minneapolis: Fortress Press, 2004), pp. 128-29.
3. Rabí Yehuda Leib Shapira-Frankfurter, citado en Rabbi Reuven Chaim Klein, «Fascinating Explorations in Lashon HaKodesh», *Jewish Review*, 15 noviembre 2019, https://jewishreview.co.il/where-are-you-2446/.

Capítulo 2: El arte de girar

1. Michael Card, *Inexpressible: Hesed and the Mystery of God's Lovingkindness* (Downers Grove, IL: InterVarsity Press Books, 2018), p. 9.
2. E. James Wilder, *The Pandora Problem: Facing Narcissism in Leaders & Ourselves* (Carmel, IN: Deeper Walk International, 2018), p. 16.
3. Michael Card, *Luke: The Gospel of Amazement* (Downers Grove, IL: InterVarsity Press Books, 2011), p. 29.
4. Bob Dylan, vocalista, «Bye and Bye», por Bob Dylan, audio MP3, pista 4 en Bob Dylan, *Love and Theft*, Special Rider Music, 2001.
5. *The Shawshank Redemption*, dirigida por Frank Darabont (1994; Burbank, CA: Warner Home Video, 2007), DVD.

Capítulo 3: Ven, déjame amarte

1. John Denver, vocalista, «Annie's Song», por John Denver, audio MP3, pista 15 en John Denver, *The Essential John Denver*, Sony Legacy, 2007.

Notas

2. C. S. Lewis, *El peso de la gloria* (Nueva York: HarperCollins Español, 2016), pp. 30-31.
3. C. S. Lewis, *The Pilgrim's Regress: An Allegorical Apology for Christianity, Reason and Romanticism* (1933; reimp., Grand Rapids, MI: William B. Eerdmans, 2014), p. 237.
4. C. S. Lewis, *Mero cristianismo* (Nueva York: Rayo, 2006), p. 148.
5. John Piper, «Jesus Died for Her Beauty» (sermón, Bethlehem Baptist Church, Minneapolis, MN, 6 de julio, 2018), video de YouTube, 3:57, Desiring God, https://www.desiringgod.org/messages/an-impossible-covenant/excerpts/jesus-died-for-her-beauty.
6. Juan Calvino, *Commentary on Galatians and Ephesians*, s.v. «Ephesians 5:28-33», archivado en Christian Classics Ethereal Library, https://www.ccel.org/ccel/calvin/calcom41.iv.vi.vi.html.
7. C. H. Spurgeon, *Evening by Evening; or, Readings at Eventide* (Nueva York: Sheldon and Company, 1869), p. 86.
8. Thomas Watson, *The Godly Man's Picture* (Zeeland, MI: Reformed Church Publications, 2009), p. 189.
9. Juan Calvino, *Institutes of the Christian Religion*, ed. John T. McNeill (Filadelfia: Westminster, 1960), 2.8.18 (2:385).
10. Calvino, *Institutes*, 3.11.10 (2:737).
11. N. T. Wright, «What Is Marriage For?» *Plough Quarterly*, no. 6 (2015), https://www.plough.com/en/topics/life/marriage/what-is-marriage-for.
12. Paul E. Miller, *A Loving Life: In a World of Broken Relationships* (Wheaton, IL: Crossway, 2014), p. 24.
13. T. S. Eliot, «Little Gidding», *Four Quartets* (Boston: Mariner Books, 1943).
14. Denver, «Annie's Song».

Capítulo 4: Cómo ser conocido

1. Mihaly Csikszentmihalyi, *Flow: The Psychology of Optimal Experience* (Nueva York: Harper Perennial Modern Classics, 2008), pp. 2-4.
2. Helen Keller escribió: «Existe gozo en el acto de olvidarse de uno mismo, por eso intento que la luz en los ojos de otros sea mi sol, la música en sus oídos mi sinfonía, la sonrisa en sus labios mi

felicidad». *La historia de mi vida* (Barcelona: Renacimiento, 2019), p. 95.

3. Yang Bai et al., «Awe, the Diminished Self, and Collective Engagement: Universals and Cultural Variations in the Small Self», *Journal of Personality and Social Psychology* 113, no. 2 (2017): pp. 185-209, https://doi.org/10.1037/pspa0000087.

4. David Elliot, «The Christian as Homo Viator: A Resource in Aquinas for Overcoming "Worldly Sin and Sorrow"», *Journal of the Society of Christian Ethics* 34, no. 2 (Otoño/Invierno 2014): pp. 101-21, https://doi.org/10.1353/sce.2014.0044.

5. Paul G. Kuntz, «Augustine: From Homo Erro to Homo Viator», *Augustinian Studies* 11 (1980): pp. 79-89, https://doi.org/10.5840/augstudies1980114.

6. «He rozado apenas la superficie de este infinito mar como con el ala de un gorrión; bienaventurado si te atreves a sumergirte en sus profundidades […]. Cristo ha conectado Su destino con el tuyo, Su honor con el tuyo, Su vida con la tuya, Su felicidad con la tuya. Tú estarás en el cielo, o Él estará desconsolado. Tú estarás en el cielo, o Él será imperfecto. Eres miembro de Su cuerpo y, si Él perdiera uno de Sus miembros, Su cuerpo entonces no sería perfecto, tampoco la Cabeza. Estás unido al Señor; eres "un mismo espíritu" con Él y ahora puedes decir con valentía: "¿Quién nos separará?", porque tal es la unión eterna que no existe separación entre Cristo y el alma que está unida a Él […]. ¡Qué clase de matrimonio es este! ¿Sabes, estimado amigo, de qué estoy hablando? No me es posible hablar de ello como debería, pero es una verdad asombrosa. No es ficción, no es un mito, no es una simple figura literaria, sino que lo es en hecho y en verdad. Por esta causa, Cristo dejó a Su Padre y se unió a Su iglesia, de tal manera que ya no son más dos, sino uno; y ahora, los que hemos creído en Jesucristo, somos uno con Él en este tiempo y hasta la eternidad. Su amor lo ha hecho así, de tal manera que podemos parafrasear las palabras que venimos de leer y decir: "He aquí, ¡qué clase de amor el Esposo nos ha otorgado para que seamos llamados la esposa de Cristo!"». Charles Haddon Spurgeon, «Christ's Love to His Spouse», en *The Metropolitan Tabernacle Pulpit: Sermons Preached by C. H. Spurgeon*, vol. 42, 1896, The Spurgeon

Center, https://www.spurgeon.org/resource-library/sermons/christs-love-to-his-spouse/#flipbook.

7. Abraham Heschel, *Los profetas* (Buenos Aires: Paidós, 1973, p. 122).

8. «El corazón de Dios se derrama en el corazón del creyente, tanto que el Infinito se ha revelado a lo finito. Y, al compartir con el Señor quiénes somos, Él se agrada en compartir con nosotros quién es Él. Ciertamente, estimados amigos, en cuanto a estas intercomunicaciones, me sería difícil expresar qué tan ricamente pueden ser conocidos los secretos más íntimos de Dios por Su pueblo privilegiado. ¿Sería comprensible decir que un hombre puede conocer mucho más de lo que piensa que conoce? ¡Es posible que conozca más de Dios que lo que sabe, porque una cosa es conocer y otra es saber que conocemos!». Charles Spurgeon, «Private and Confidential», en *The Metropolitan Tabernacle Pulpit: Sermons Preached by C. H. Spurgeon*, vol. 60, 1914, Christian Classics Ethereal Library, https://ccel.org/ccel/spurgeon/sermons60.xlii.html.

9. Juan Calvino, «The Work of the Holy Spirit and Faith», en *Reformed Reader: A Sourcebook in Christian Theology, Volume 1, Classical Beginnings, 1519–1799*, ed. William Stacy Johnson y John H. Leith (Louisville, KY: Westminster John Knox Press, 1993), p. 240.

Capítulo 5: No hay lugar como el hogar

1. C. S. Lewis, *El peso de la gloria* (1949; reimp., Nueva York: HarperCollins Español, 2016), pp. 41-42.

2. Juan Calvino, *Commentary on Corinthians*, vol. 1, s.v. «1 Corinthians 1:4-9», archivado en Christian Classics Ethereal Library, https://ccel.org/ccel/calvin/calcom39.viii.ii.html.

3. J. I. Packer, *Knowing God* (Downers Grove, IL: InterVarsity Press Books, 1993), p. 206.

4. Daniel J. Siegel y Tina Payne Bryson, *The Power of Showing Up: How Parental Presence Shapes Who Our Kids Become and How Their Brains Get Wired* (Nueva York: Ballantine Books, 2020), pp. 9-14.

5. Packer, *Knowing God*, pp. 201-2.

Capítulo 6: Venga tu reino

1. N. T. Wright, *Surprised by Hope: Rethinking Heaven, the Resurrection, and the Mission of the Church* (Nueva York: HarperOne, 2008), p. 29.

2. Mary Oliver, *Winter Hours* (Nueva York: Mariner Books, 1999), p. 93.

3. Jonathan Edwards, citado en Douglas A. Sweeney y Jan Stievermann, eds., *The Oxford Handbook of Jonathan Edwards* (Oxford: Oxford UP, 2021), p. 170. Cita original: «Miscellany 332», en *Works*, vol. 13, p. 410.

4. Eugene H. Peterson, *God's Message for Each Day: Wisdom from the Word of God* (Nashville: Thomas Nelson, 2020), p. 48.

5. Timothy Keller, *The Reason for God: Belief in an Age of Skepticism* (Nueva York: Dutton, 2008), p. 23.

6. C. S. Lewis, *Mero cristianismo* (Nueva York: Rayo, 2006), p. 42.

7. Richard G. Tedeschi y Cara L. Blevins, «Posttraumatic Growth: A Pathway to Resilience», en *The Routledge International Handbook of Psychosocial Resilience*, ed. Updesh Kumar (Oxfordshire: Taylor & Francis, 2016), pp. 324-33.

8. Viktor E. Frankl, *El hombre en busca de sentido* (Barcelona: Herder, 1991), p. 114

9. A. W. Tozer, *The Pursuit of God* (Chicago, IL: Wingspread Publishers, 1948), p. 77.

10. Peter A. Levine, *Healing Trauma: A Pioneering Program for Restoring the Wisdom of Your Body* (Boulder, CO: Sounds True, 2008), p. 11.

11. Matthew W. Bates, *Salvation by Allegiance Alone: Rethinking Faith, Works, and the Gospel of Jesus the King* (Grand Rapids: Baker Academic), p. 43.

Capítulo 7: El camino del mar Rojo

1. Charles Spurgeon, «Direction in Dilemma», en *The Metropolitan Tabernacle Pulpit: Sermons Preached by C. H. Spurgeon*, vol. 9, 1863, Christian Classics Ethereal Library, https://www.ccel.org/ccel/spurgeon/sermons09.lv.html.

2. Curt Thompson, *Soul of Shame: Retelling the Stories We Believe About Ourselves* (Downers Grove, IL: InterVarsity Press Books, 2008), p. 127.

3. Alastair J. Roberts y Andrew Wilson, *Echoes of Exodus: Tracing Themes of Redemption through Scripture* (Wheaton, IL: Crossway, 2018), p. 125.
4. Christopher J. H. Wright, *The Mission of God: Unlocking the Bible's Grand Narrative* (Downers Grove, IL: InterVarsity Press Books, 2006), p. 265.
5. Wright, *Mission of God*, p. 275 (énfasis añadido).
6. «What the Starling Said», *Irish Times*, 9 agosto 2000, https://www.irishtimes.com/opinion/what-the-starling-said-1.301184.
7. Ann Voskamp, *Un millar de obsequios: El desafío a tener plenitud de vida allí mismo donde estás* (Grand Rapids, Vida, 2013).

Capítulo 8: En la tormenta

1. Elise S. Eslinger, «Shalom to You», en *United Methodist Hymnal* (Nashville: United Methodist Publishing House, 1989), p. 666.
2. Cornelius Plantinga Jr., *Not the Way It's Supposed to Be: A Breviary of Sin* (Grand Rapids, MI: William B. Eerdmans, 1995), p. 10.

Capítulo 9: La peregrinación

1. San Ignacio de Loyola, *A Pilgrim's Testament: The Memoirs of Ignatius of Loyola*, trad. Parmananda R. Divarkar (Roma: Gregorian Biblical BookShop, 1983), p. 44.
2. Eugene H. Peterson, *The Jesus Way: A Conversation on the Ways That Jesus Is the Way* (Grand Rapids, MI: William B. Eerdmans, 2007), pp. 39-40.

Capítulo 10: El temor de ser hallada

1. James K. A. Smith, *You Are What You Love: The Spiritual Power of Habit* (Grand Rapids, MI: Brazos Press, 2016), p. 25.
2. San Agustín, *The Confessions of Saint Augustine*, libro 2, trad. E. B. Pusey (Salt Lake City: Project Gutenberg, 2002), https://www.gutenberg.org/files/3296/3296-h/3296-h.htm.
3. San Agustín, citado en Santo Tomás de Aquino, *Summa Theologica*, partes 1–2 («Pars Prima Secundae»), trad. Fathers of the English Dominican Province (Salt Lake City: Project Gutenberg, 2006), https://gutenberg.org/cache/epub/17897/pg17897.html.

4. Juan Calvino, *Institutes of the Christian Religion*, ed. John T. McNeill (Filadelfia: Westminster, 1960), 1.11.8.

Capítulo 11: Familia

1. G. K. Chesterton, *The Innocence of Father Brown* (Nueva York: Cassell and Company, 1911), p. 6.
2. Matthew W. Bates, *Salvation by Allegiance Alone: Rethinking Faith, Works, and the Gospel of Jesus the King* (Grand Rapids: Baker Academic), p. 78.
3. J. I. Packer, *Knowing God* (Downers Grove, IL: InterVarsity Press Books, 1993), p. 194.
4. R. Michael Allen, *Justification and the Gospel* (Grand Rapids, MI: Baker Academic, 2013), p. 70.
5. «Lord's Day 1», Heidelberg Catechism, Christian Reformed Church, consultado el 15 de noviembre, 2021, https://www.crcna.org/welcome/beliefs/confessions/heidelberg-catechism.

Capítulo 12: La clemátide

1. Agustín, en R. Michael Allen, *Reformed Theology* (Londres: Bloomsbury T&T Clark, 2010), p. 17.
2. Bruce Perry, citado en Laurie MacKinnon, «The Neurosequential Model of Therapeutics: An Interview with Bruce Perry», *The Australian and New Zealand Journal of Family Therapy* 33, no. 3 (2012): pp. 210-18, https://seminarer.dk/wp-content/uploads/2019/10/MacKinnon_AusNZJFamTher_2013.pdf.
3. Todd W. Hall y M. Elizabeth Lewis Hall, *Relational Spirituality: A Psychological-Theological Paradigm for Transformation* (Downers Grove, IL: InterVarsity Press Books, 2021), pp. 81-82.
4. Hall y Hall, *Relational Spirituality*, p. 82.
5. Sue Johnson y Kenneth Sanderfer, *Created for Connection: The Hold Me Tight Guide for Christian Couples* (Nueva York: Hachette Book Group, 2016), p. 22.
6. Johnson y Sanderfer, *Created for Connection*, p. 52.
7. Curt Thompson escribe sobre llamar a alguien para «servir como un "regulador emocional"» en *Anatomy of the Soul* (Chicago, IL: Tyndale, 2010), p. 132.

8. James Clear, *Atomic Habits: An Easy & Proven Way to Build Good Habits & Break Bad Ones* (Nueva York: Avery, 2018), p. 17.

9. Philip J. Flores, *Addiction as an Attachment Disorder* (Lanham, MD: Jason Aronson Publishing, 2011), p. 218.

10. Agustín, *The City of God*, ed. y trad. por R. W. Dyson (Cambridge: University of Cambridge, 1998), p. 609.

Capítulo 13: Cirugía a corazón abierto

1. Chaim Bentorah, *Hebrew Word Study: Revealing the Heart of God* (New Kensington, PA: Whitaker House, 2016), p. 98.

2. Bentorah, *Hebrew Word Study*, p. 125.

3. Bentorah, *Hebrew Word Study*, p. 211.

4. C. S. Lewis, *El gran divorcio* (Nueva York: Rayo, 2006), p. 91.

Capítulo 14: El Hacedor de caminos

1. Eberhard Jüngel citado por Matt Jenson, *The Gravity of Sin: Augustine, Luther and Barth on* homo incurvatus in se (Londres, Reino Unido: Bloomsbury T&T Clark, 2007), p. 191.

2. Agustín de Hipona, *Concerning the City of God Against the Pagans*, trad. Henry Bettenson (Londres: Penguin, 1984), pp. 552-53.

3. Dane C. Ortlund, *Gentle and Lowly: The Heart of Christ for Sinners and Sufferers* (Wheaton, IL: Crossway, 2020), pp. 97-98.

4. Kenneth E. Bailey, *The Cross & the Prodigal: Luke 15 Through the Eyes of Middle Eastern Peasants* (Downers Grove, IL: InterVarsity Press Books, 2005), p. 59.

5. Bailey, *Cross & the Prodigal*, pp. 52-59.

Capítulo 15: La señal

1. G. Campbell Morgan, *Hosea: The Heart and Holiness of God* (Eugene, OR: Wipf & Stock, 1998), p. 19.

2. John Flavel, *Keeping the Heart: How to Maintain Your Love for God* (Fearn, Scotland: Christian Heritage, 2012), p. 57.

3. Morgan, *Hosea*, p. 103.

4. Amelia Nagoski y Emily Nagoski, *Burnout: The Secret to Unlocking the Stress Cycle* (Nueva York: Ballantine Books, 2020), p. 14.

Capítulo 16: El camino de Moisés

1. «Article 13: The Doctrine of God's Providence», Belgic Confession, Christian Reformed Church, 15 noviembre 2021, https://www. crcna.org/welcome/beliefs/confessions/belgic-confession.

2. Santa Teresita de Lisieux, «Chapter III—Pauline Enters the Carmel», en *Story of a Soul (l'Histoire d'une Ame): The Autobiography of St. Thérèse of Lisieux*, Christian Classics Ethereal Library, consultado el 15 de noviembre, 2021, https://www.ccel.org/ccel/ therese/autobio.xi.html.

3. Martín Lutero, *The Annotated Luther, Volume 4: Pastoral Writings*, ed. Mary Jane Haemig (Minneapolis: Fortress Press, 2016), p. 77.

4. C. S. Lewis, *El gran divorcio* (Nueva York: Rayo, 2006), p. 86.

5. Curt Thompson, *Anatomy of the Soul* (Chicago: Tyndale, 2010), pp. 65-67.

6. Tomás Moro, *The Church Hymn Book* (Columbia University, 1873), p. 356.

7. Andrew Stephen Damick, *Orthodoxy and Heterodoxy: Finding the Way to Christ in a Complicated Religious Landscape* (Chesteron, IN: Ancient Faith Publishing, 2017), p. 172 (énfasis añadido).

8. Martín Lutero, *Luther's Works, Vol. 24:31, Sermons on the Gospel of St. John: Chapters 14–16*, ed. J. J. Pelikan, H. C. Oswald, H. T. Lehmann (Saint Louis: Concordia Publishing House, 1999).

9. Avraham Arieh Trugman, «Mikvah: The Art of Transition», Mikvah.org, consultado el 15 de noviembre, 2021, https://www. mikvah.org/article/mikvah%2C_the_art_of_transition.

Capítulo 17: La luna de miel

1. Curt Thompson escribe: «Cuando confiamos, nos arriesgamos a la posibilidad de ruptura por el pago de la reparación y una integración gozosa más profunda dentro y entre nuestras mentes». *Anatomy of the Soul* (Chicago: Tyndale, 2010), p. 248.

2. Gilbert K. Chesterton escribió: «Pero quizás Dios es lo suficientemente fuerte como para regocijarse en la monotonía. Es posible que Dios diga cada mañana: "Hazlo de nuevo" al sol; y cada noche: "Hazlo de nuevo" a la luna», *Orthodoxy* (Nueva York: John Lane, 1908), pp. 108-9.

3. Charles Haddon Spurgeon, «The Marriage Supper of the

Lamb», en *The Metropolitan Tabernacle Pulpit: Sermons Preached by C. H. Spurgeon*, vol. 35, 1889, The Spurgeon Center, https://www.spurgeon.org/resource-library/sermons/the-marriage-of-the-lamb/#flipbook/.

ACERCA DE LA AUTORA

ANN VOSKAMP es esposa de granjero, mamá de siete y autora de cuatro *best sellers* del *New York Times*: *Quebrantamiento*, *The Greatest Gift* [El regalo más grande], *Unwrapping the Greatest Gift* [Desempaca el regalo más grande] y *Un millar de obsequios: El desafío a tener plenitud de vida allí mismo donde estás*, que se mantuvo por sesenta semanas en la lista de *best sellers*, ha vendido más de 1,5 millones de ejemplares y ha sido traducido a más de veinte idiomas.

Nombrada por la revista *Christianity Today* como una de las cincuenta mujeres más influyentes en la cultura y en la iglesia actuales, Ann conoce incontables cielos abiertos de campiña y una intimidad con Dios que descubre los lugares más sensibles. Cofundadora de ShowUpNow.com, Ann es defensora apasionada de los marginados y oprimidos alrededor del mundo y trabaja con Show Up Now, Mercy House Global y Compassion International. Ella y su esposo dieron un salto de fe para restaurar una iglesia de piedra de 125 años de antigüedad y convertirla en The Village Table, un lugar donde todos tienen un lugar y pertenencia.